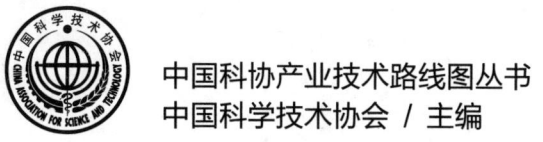 中国科协产业技术路线图丛书
中国科学技术协会 / 主编

智能网联汽车四智融合发展产业技术路线图

中国汽车工程学会　编著

中国科学技术出版社
·北京·

图书在版编目（CIP）数据

智能网联汽车四智融合发展产业技术路线图 / 中国科学技术协会主编；中国汽车工程学会编著 . -- 北京 : 中国科学技术出版社，2024.6

（中国科协产业技术路线图丛书）

ISBN 978-7-5236-0731-2

Ⅰ.①智… Ⅱ.①中…②中… Ⅲ.①汽车 - 智能通信网 - 研究 - 中国 Ⅳ.① U46

中国国家版本馆 CIP 数据核字（2024）第 100329 号

策　　划	刘兴平　秦德继
责任编辑	王　菡
正文设计	中文天地
封面设计	菜花先生
责任校对	焦　宁
责任印制	徐　飞

出　　版	中国科学技术出版社
发　　行	中国科学技术出版社有限公司
地　　址	北京市海淀区中关村南大街 16 号
邮　　编	100081
发行电话	010-62173865
传　　真	010-62173081
网　　址	http://www.cspbooks.com.cn

开　　本	787mm×1092mm　1/16
字　　数	260 千字
印　　张	14.25
版　　次	2024 年 6 月第 1 版
印　　次	2024 年 6 月第 1 次印刷
印　　刷	河北鑫兆源印刷有限公司
书　　号	ISBN 978-7-5236-0731-2 / U・109
定　　价	108.00 元

（凡购买本社图书，如有缺页、倒页、脱页者，本社销售中心负责调换）

本书编委会

首席科学家 李　骏

项目负责人 冯锦山

编写专家组（按姓氏笔画排序）

于海洋	王　宇	王文伟	王玉焕	王俐文
公维洁	史天泽	任毅龙	刘　馨	刘守阳
孙　宁	孙宫昊	杜　恒	李　超	李晓龙
李家文	李奥勇	杨　硕	张伟伟	张晓燕
张新钰	陈桂华	陈晓慧	周　沫	高博麟
黄岩军	曹　静	崔志勇	程　洪	詹惠琴
潘天鹭				

学术秘书组 孙　宁

序

　　习近平总书记深刻指出，要积极培育新能源、新材料、先进制造、电子信息等战略性新兴产业，积极培育未来产业，加快形成新质生产力，增强发展新动能。产业是生产力变革的具体表现形式，战略性新兴产业、未来产业是生成和发展新质生产力的主阵地，对新旧动能转换发挥着引领性作用，代表着科技创新和产业发展的新方向。只有围绕发展新质生产力布局产业链，及时将科技创新成果应用到具体产业和产业链上，才能改造提升传统产业，培育壮大新兴产业，布局建设未来产业，完善现代化产业体系，为高质量发展持续注入澎湃动能。

　　中国科协作为党和政府联系科学技术工作者的桥梁和纽带，作为国家推动科学技术事业发展、建设世界科技强国的重要力量，在促进发展新质生产力的进程中大有可为也大有作为。2022年，中国科协依托全国学会的学术权威性和组织优势，汇聚产学研各领域高水平专家，围绕信息技术、生物技术、先进制造技术、现代交通技术、空天技术等相关技术产业，以及生命健康、新材料、新能源等相关领域产业，开展产业技术路线图研究，研判国内外相关产业的整体发展态势和技术演进变革趋势，提出产业发展的关键技术，制定发展路线图，探索关键技术的突破路径和解决机制，以期引导广大科技工作者开展原创性、引领性攻关，为培育新质生产力奠定技术基础。

　　产业技术路线图重点介绍国内外相关领域的产业与技术概述、产业技术发展趋势，对产业技术需求进行分析，提出促进产业技术发展的政策建议。丛书整体兼顾科研工作者和管理决策者的需要，有助于科研人员认清产业发展、关键技术、生产流程及产业环境现状，有助于企业拟定技术研发目标、找准创新升级的发展方向，有助于政府决策部门识别我国现有的技术能力和研发瓶颈、明确支持和投入方向。

在丛书付梓之际，衷心感谢参与编纂的全国学会、学会联合体、领军企业以及有关科研、教学单位，感谢所有参与研究与编写出版的专家学者。真诚地希望有更多的科技工作者关注产业技术路线图研究，为提升研究质量和扩展成果利用提出宝贵意见建议。

前　言

汽车、交通、城市发展水平是综合国力的重要体现。智能网联汽车是推动技术创新、产业发展的最佳载体，从历次工业革命看，能源、信息和交通一直是变革的驱动内核。本轮科学技术变革正推动人、车、生活、社会形成全新模式，世界科技产业加速重构，而重构的依托正是以智能化为牵引的汽车、交通、城市、能源协同一体化发展，即智能汽车、智能交通、智慧城市、智慧能源（以下简称"四智"）的深度融合一体化。四智融合既是科技变革，也是产业变革，更是社会变革，其深远影响将涉及国家发展和人民生活的方方面面。

在中国科学技术协会的支持下，中国汽车工程学会围绕四智融合一体化发展，组织研究并编制了《智能网联汽车四智融合发展产业技术路线图》。编制工作历时一年有余，研判了面向2035年前后的智能网联汽车、智能交通、智慧城市、智慧能源深度融合路径与融合发展目标。本书以2025年、2030年、2035年为节点，制定了各阶段的具体发展要求及四智融合的总体目标、愿景、里程碑与发展路径，提出创新融合发展需求，以期形成对未来四智融合发展方向明晰、可参考借鉴的路径。

本书梳理了不同领域下四智融合的现状与成果，辨识了不同需求领域应用面临的挑战和问题，识别了相应融合要求，明确各关键分领域技术、各阶段的具体发展要求及要达到的目标期望，在凝聚共识的基础上，探索四智深度融合的发展路线；以智能汽车为核心，实现智能汽车、智能交通、智慧城市与智慧能源共同发展的应用示范；明晰面向各领域的总体与关键分领域技术路线图；从法律法规体系、管理体制、行业市场机制、投融资体制、人才队伍培养、基础设施建设等方面，以2035智慧城市建设为目标，最终形成系统化的政策建议。

本书对智慧城市、智能交通、智慧能源与智能网联汽车融合发展的战略方向、需求背景、技术支持、产业基础、突破路径、政策建议等议题进行了讨论，具有极强的前瞻性、指导性，结合国内各领域发展实际，为中国智能网联汽车产业与智慧城市发展建设提供新的、具有启发性的解决思路；同时也为汽车、交通、城建、通信、计算机等领域的交叉融合提供新的方向、开辟新的路径。最后，对本书的不足之处也敬请广大读者批评指正。

中国汽车工程学会
2024 年 1 月

目录

第1章　四智融合发展现状概述 / 001
  1.1　智能网联汽车国内外发展历程与现状分析　/ 001
  1.2　智能交通国内外发展历程与现状分析　/ 027
  1.3　智慧城市国内外发展历程与现状分析　/ 037
  1.4　智慧能源国内外发展历程与现状分析　/ 052

第2章　四智融合发展趋势需求分析 / 057
  2.1　四智融合发展的内涵与意义　/ 057
  2.2　四智融合发展的愿景与目标　/ 062
  2.3　四智融合发展趋势　/ 064
  2.4　四智融合发展的需求分析　/ 071

第3章　四智融合技术路线图 / 109
  3.1　路线图制定整体思路　/ 109
  3.2　顶层规划：总体发展路线图　/ 123
  3.3　面向四智融合的智能网联汽车发展路线图　/ 127
  3.4　面向四智融合的智能交通发展路线图　/ 151
  3.5　面向四智融合的智慧城市发展路线图　/ 166
  3.6　面向四智融合的智慧能源发展路线图　/ 178

第4章　四智融合发展政策建议 / 191
  4.1　法律法规体系建设　/ 191

4.2 政策组合体系建设	/ 191
4.3 管理体制机制建设	/ 192
4.4 完善行业市场机制	/ 192
4.5 投融资体制改革	/ 193
4.6 设施建设与应用	/ 193
4.7 人才队伍体系建设	/ 194

参考文献 / 195

附录

附录1 我国智能网联汽车相关法律法规	/ 207
附录2 我国 C-V2X 相关标准	/ 209
附录3 国内外智能网联汽车核心技术与产业发展对比	/ 211
附录4 国内外智能交通核心技术与产业发展对比	/ 214

第1章

四智融合发展现状概述

1.1 智能网联汽车国内外发展历程与现状分析

以互联网、大数据、云计算、人工智能等技术为代表的新一轮科技革命，正在引发全球汽车行业的深刻变革，各国高度重视智能网联汽车产业发展，纷纷加速制定政策，创造良好发展环境。目前，以美国、欧洲、日本为代表的发达经济体，将智能网联汽车相关产业视为战略性新兴产业，在国家层面开展顶层设计；在法律层面倾向于采取强制立法手段，对汽车统一联网进行国家法律层面的强力引领；在政策层面聚焦于智能化和网联化，并逐步相互融合；在技术层面，发达国家不仅加大智能网联汽车相关技术的研发力度，也加快技术的推广应用，力争在这一领域掌握更多的主导权；在示范应用层面也大力推动智能网联汽车的试点项目，以积累更多的实际运行经验，推动这一新兴产业尽快成熟。

相比之下，国内智能网联汽车相关产业虽然起步较晚，但发展迅速。国家层面已经出台了一系列政策，对智能网联汽车的发展进行了全面规划。同时，我国也在积极探索适合国情的法律法规，以保障这一新兴产业的健康发展。在技术研发和推广应用方面，我国也在不断加大投入，努力提升自主创新能力，争取在这一领域取得更多的突破。

1.1.1 国外

1.1.1.1 美国

美国围绕支持产业快速发展需求，推动顶层设计、政策法规、测试应用等全方位发展。

在顶层设计方面，美国交通运输部以提升交通安全和运输效率为目标，自2010

年起全面推动了车联网产业的发展,并明确了智能交通战略的主题,即全面推进多模式车联网综合运输一体化发展。2015—2019年版的智能交通战略首次将V2X(Vehicle to Everything,车联网)技术提高到国家战略层面,该战略计划的重点在于实现载运工具的高级自动化和基础设施的互联互通,以进一步提升安全和效率。

美国交通运输部于2016年12月公布了一项重要提案——《联邦机动车安全标准-第150号》(FMVSSNo.150)。该提案明确规定,在美国销售的轻型车辆必须配备V2V通信设备。这一措施的主要目的是确保车辆之间能够有效地发送和接收基本安全信息。为了实现这一目标,专用短程通信(Dedicated Short-Range Communication,DSRC)被选定为车车通信的统一标准。然而,尽管这一标准已经确立,但目前仅有少数车辆安装了DSRC通信设备,这意味着该技术尚未实现大规模的产业化。

自2016年起美国交通部连续发布并更新自动驾驶汽车战略规划(AV1.0~AV4.0),在不同发展阶段,AV1.0~AV4.0也各有侧重。AV1.0要求汽车厂商提供设计、开发、测试和部署四个方面的15项安全评估文件,强调联邦政府对安全技术标准的管理权。AV2.0发布自愿性自动驾驶系统指南,并阐明联邦和各州在自动驾驶系统监管方面的职能。相较之下,AV3.0进一步放宽对自动驾驶技术的发展限制,明确"安全第一""保持技术中立"等监管原则;取消十大指定自动驾驶试验场;强调"人将不再是交通工具唯一的操作者,也可以是自动驾驶系统",作废"机动车辆必须安装方向盘、踏板和倒车镜等传统控制装置,方可在公共道路上行驶"规定。AV4.0则聚焦于使监管政策跟上产业发展步伐,致力于推动企业创新,提升公众对自动驾驶车辆的认知与信任。

在政策法规层面,为了进一步支撑智能网联汽车的落地应用,2017年7月27日,美国众议院一致通过《自动驾驶法案》(Self Drive Act),法案第五章自动驾驶系统网络安全,要求自动驾驶车辆厂商必须作出网络安全计划,包括如何应对网络安全攻击、未授权入侵及虚假或者恶意控制指令等安全策略,用于保护关键的控制、系统和程序,并根据环境的变化对此类系统进行更新,制定内部人员的安全培训和管理制度。2017年,在第115届美国国会会议上,美国参众两院通过了旨在促进联邦层面地理信息数据协调和使用的《地理信息数据法案》(以下简称《法案》)。《法案》对联邦地理数据委员会、国家地理信息咨询委员会、空间基础设施、地理信息标准、地理信息平台的定义和职责等进行了确定,对各类地理信息活动的监督进行了规范,对建立国家空间数据基础设施的相关行为进行了明确。此外,《法案》还确定了地理信息数据、元数据等的定义。2021年1月，美国交通部国家公路交通安全管理局（National Highway Traffic Safety Administration，NHTSA）发布《现代车辆安全性的网络安全最佳实践》（*Cybersecurity Best Practices for the Safety of Modern Vehicles*）2020年版草案，并公开征求意见，草案围绕通用网络安全最佳实践、安全教育、售后市场/用户自有设备、服务性和车辆网络安全技术最佳实践五个关键领域展开研究。此外，还反映了NHTSA在机动车网络安全方面持续研究的成果，包括OTA（Over-the-Air technology，空中下载技术）更新、加密方法、构建网络安全渗透测试和诊断方面的能力等。

2022年3月，NHTSA发布《无人驾驶汽车乘客保护标准》，这是首个针对无人驾驶车辆的乘客安全保护技术标准。该标准明确了完全自动驾驶汽车不再需要配备传统的方向盘、制动或油门踏板等人工控制装置来满足碰撞中的乘员安全。

此外，由于网联化可以有效提高交通系统安全性、效率以及可靠性，对自动驾驶部署有巨大的促进作用，2020年6月，国际汽车工程学会SAE发布了网联协同的《道路机动车辆协同自动驾驶相关术语的分类和定义》（J3216），这份文件重点阐明了以下六个核心问题：

①明确了协同自动驾驶运行期间交互的信息类型；②明确了协同自动驾驶所需要的协同能力；③通过制定相关政策、法规、标准来解决相关问题；④为协同自动驾驶的标准、规范、技术要求和开源平台建立了参考框架；⑤明确了协同自动驾驶通信的清晰度和稳定性要求，提供了节省时间和精力的简便方法；⑥为未来的标准提供了基础和参考，展现了产业界的当前实践，并在可行的范围内保留了现有技术。

从具体内容来看，SAE-J3216修改了J3016的单车智能L3~L5，对C级、所有交通参与者和道路运营者均提供感知信息，深化网联协同，新增D级-依令而行，官方提供车道分配、车辆引导，深化控车理念。由此，美国逐渐由单车智能路线转向使能、赋能融合的网联协同路线。

为进一步提升汽车安全，推动智能网联汽车的发展，美国联邦通信委员会（Federal Communications Commission，FCC）于2020年11月做出了重要决定，经过多方博弈讨论和正式投票，宣布弃用DSRC，将5.895~5.925GHz的频段分配给蜂窝车联网（Cellular Vehicle-to-Everything，C-V2X）技术。

在测试与应用方面，美国智能网联汽车道路测试相对较为开放。自2012年以来，美国共有40个州和华盛顿特区颁布了自动驾驶相关立法（29个州+1个特区）或发布了行政命令（11个州），允许企业开展智能网联汽车道路测试。相关道路测试基本遵循申请制，仅有少部分州执行考试制，同时，多数州的法规已不再限制企业开展测试的道路类型和区域。

为促进自动驾驶车辆和道路基础设施的协同工作，以提高交通运输的效率和安全性，美国联邦公路管理局（Federal Highway Administration，FHWA）自2014年起牵头制定协同式驾驶出行应用研究项目（Cooperative Automation Research Mobility Applications，CARMA）计划，与学术机构合作进行研究和测试，同时提供一个活跃的用户社区推进协同自动驾驶，为所有用户提供支持服务。从2014年至今，CARMA平台迭代了四个版本，操作系统、融合生态和应用功能不断升级，以Cloud、Platform、Messenger、Streets四大产品为基础，面向常发拥堵、非常发拥堵和货运三大类场景，实现仿真、建模、测试、分析和人因测试五个功能，形成了从仿真评估到产品研发再到场景应用技术链条。CARMA平台使得自动驾驶车辆能够通过通信与基础设施（例如信号灯）和其他车辆进行交互和协，从而实现更加安全、高效的运输。

2018年5月，加州公共事业委员会（California Public Utilities Commission，CPUC）设立有人/无人自动驾驶试点项目，为持续推动Robotaxi的商业化进展，允许企业在获得加州车辆管理局（California Department of Motor Vehicles，DMV）测试许可和CPUC的TCP（Transportation Charter-Party，交通租约承运人）承运人授权后开展Robotaxi服务。2022年2月，CPUC向Cruise（电子巡航系统）和Waymo（自动驾驶汽车公司）发放商用部署许可证，允许有安全员的Robotaxi收费运营，6月进一步允许Cruise在没有安全员的情况下提供Robotaxi客运收费服务。2023年8月，CPUC批准Cruise和Waymo在旧金山提供全天候（每周7天、每天24小时）的Robotaxi收费服务，旧金山成为美国第一个实现无人驾驶出租车全面商业化的城市。

2020年6月，针对自动驾驶汽车测试和数据收集问题，美国国家公路交通安全管理局公布《自动驾驶透明度和安全测试参与》（简称AV TEST）计划。AV TEST计划是美国交通部、各州和地方政府与私营企业利益相关者之间，在自动驾驶汽车领域形成的一种自愿、非监管的伙伴关系，旨在提供一个面向公众的线上平台，用于分享自动驾驶系统的路上测试活动信息。

基于加快网联化发展的战略目标，MCity和美国智能移动出行中心（American Center for Mobility，ACM）于美国密歇根州建成。MCity是全球首个网联式自动驾驶测试场，而ACM是美国专注于网联式自动驾驶测试验证的场所，二者都是国际上重要的网联式自动驾驶测试场地。

2020年8月,美国密歇根州政府发布网联式自动驾驶走廊项目,其目的是推动网联自动驾驶汽车(Connected-Automated Vehicle,CAV)和相关基础设施的应用,树立一个安全、高效、适应性强的出行典范。该项目耗时3年,总长度约64千米,连接了底特律市和安娜堡市,旨在探索全面部署基础设施后的成熟商业模式。

1.1.1.2 欧洲

欧盟的智能汽车发展始于智能交通系统(Intelligent Transport System,ITS),并通过车辆的智能化和网联化逐步实现车与交通系统的协同发展,ITS开发及应用也与其交通运输一体化建设进程紧密相连。欧洲强调车路协同和欧洲一体化范围内的协作和数据与标准的共享。欧洲拥有发展智能网联汽车的良好产业基础,也是目前智能网联汽车发展最成熟的地区之一。

在顶层设计方面,2015年欧盟道路交通研究咨询委员会(European Road Transport Research Advisory Council,ERTRAC)发布了智能汽车技术路线图。随着技术产业的持续发展,ERTRAC也多次更新了技术路线图。在2019欧盟"走出单车智能",提出了基于数字化基础设施支撑的网联式协同自动驾驶(Infrastructure Support levels for Automated Driving,ISAD),将ISAD分为5个等级:A~C级为无人驾驶汽车(Autonomous Driving Vehicle,ADV)提供自动驾驶所需车外数字化信息支撑,有效促进了在网联化和车路协同方面的规划。

为了促进各国间的协同推进,2016年欧盟28国的交通部部长共同签署了"阿姆斯特丹宣言",并通过了以ITS-G5(DSRC)标准为基础的协同式智能交通系统(Cooperative Intelligence Transport Systems,C-ITS)的欧盟战略方案。随后,2018年欧盟委员会发布了《通往自动化出行之路:欧盟未来出行战略》,明确提出到2020年在高速公路上实现自动驾驶,2030年进入完全自动驾驶社会。聚焦清洁出行、智能出行、安全出行,搭建智能网联汽车五大平台,推动公路、物流、智能交通系统领域的技术研究,并积极探索商业化物流服务,开展矿山无人驾驶商业化物流业务,做出商业模式创新。

在通信技术选择方面,欧盟尚未确定V2X的通信方式是采用DSRC还是Cellular(蜂窝网络)。DSRC方案的支持者包括大众汽车、雷诺汽车、丰田汽车、恩智浦半导体等。例如,大众汽车于2020年3月发布了基于DSRC技术的CAR2X,其具备8项交通危险状况体系功能。此外,梅赛德斯-奔驰集团、宝马公司、罗伯特·博世有限公司、大陆集团、德国电信股份公司、高通公司等企业公开支持C-V2X技术。但总体来说，欧盟的 V2X 产业发展相对缓慢。

在法律法规方面，欧洲部分国家已允许企业开展道路测试，但各国在道路测试要求方面存在一定差异。德国根据《德国道路交通法规》（StVZO），原型车（包含自动驾驶车辆）取得许可后可在公共道路上进行测试，实现了高度或完全自动驾驶技术在汽车交通领域得以有条件运用的合法化，基于现有法律制度构建了较为弹性的法律规则和一个较为全面的权责体系。2017 年 6 月，德国发布《道路交通法》（第八修正案），允许高度或全自动驾驶系统代替人类驾驶，给予其和驾驶人同等的法律地位，成为全球第一个将自动驾驶纳入生效道路交通法规的国家。2021 年 5 月，德国通过《"道路交通法"和"强制保险法"修正案——自动驾驶法》（以下简称《自动驾驶法》），并于 2021 年 7 月 28 日正式生效。2022 年 2 月，德国通过一项由德国联邦数字化和交通部提出的《自动驾驶车辆批准和运营条例》，该条例对《自动驾驶法》运营管理流程作出了详细规定，同时还明确了自动驾驶汽车的技术要求以及监管机构和汽车制造商等行业内各方的义务，强调了对自动驾驶车辆的数据安全保护。英国发布《无人驾驶汽车的发展路径：无人驾驶技术规则综述》《无人驾驶汽车的发展路径：道路测试指南》，准许自动驾驶汽车在公共道路上测试，并对测试车辆、测试人员等提出明确的要求。法国公布了自动驾驶汽车路线图，政府投资 1 亿欧元在接下来的三年内开展自动驾驶汽车测试。2016 年 8 月，法国通过了允许自动驾驶汽车道路测试的法令，对测试路段和测试等级提出明确要求。2018 年 5 月和 2020 年 12 月又发布两版《法国自动驾驶发展战略》，推动法国自动驾驶道路测试发展。荷兰众议院于 2018 年 4 月颁布《自动驾驶测试法（草案）》，允许自动驾驶车辆在没有人员跟随的情况下进行测试，明确荷兰交通部负责自动驾驶汽车的审批和管理。

在产品与安全管理方面，2019 年年底，欧盟网络安全局（European Network and Information Security Agency，ENISA）发布《智能汽车安全的良好实践》，从智能汽车基本要素定义到威胁场景划分以及应对体系框架，形成了逻辑清晰的"三层"智能汽车安全认知架构，构建了智能汽车整体安全观，提出了网络安全及隐私保护等问题的解决思路和框架，其多项内容在国际范围内尚属首次。2022 年 7 月，欧盟汽车通用安全法规［Vehicle General Safety Regulation，Regulation（EU）2019/2144］生效，它引入了一系列强制性的高级驾驶员辅助系统，以提高道路安全，并建立了在欧盟认证 L3 级及以上自动驾驶车辆的法律框架。2022 年 8 月，欧盟委员会发布 Regulation（EU）2019/2144 的应用规则《关于全自动车辆的自动驾驶系统的型式认证的统一程序和技术规范》[Regulation（EU）2022/1426]。Regulation（EU）2022/1426将只适用于以欧盟小批量模式进行的车辆型式认证。该法规要求车辆制造商建立并实施"安全管理体系"（Safety Management System），以实现对自动驾驶系统的"全生命周期"的有效管理，包括有关的交通场景、评估标准、安全概念、危害和风险分析以及所使用的工具链，乃至对在用车辆产生数据的收集和上报。

1.1.1.3 日本

日本重视智能网联汽车的落地和产业化，政府大力扫清政策法规的障碍。日本采用循序渐进的方式修订智能网联汽车规则，更为强调智能网联汽车的落地和产业化。直面关键的责任划分问题和安全条件问题，国土交通省制定了L3/L4级自动驾驶汽车必须满足的十大安全条件。近年来，日本积极开发先进的安全驾驶、驾驶员监控技术，开发基于V2X协同通信的车辆驾驶辅助系统技术，推进先进技术的商业化应用和社会接受度。在日本政府的引导下，协同式自动驾驶技术快速发展，高级辅助驾驶系统（Advanced driver-assistance system，ADAS）逐渐与V2I深度融合，逐渐应用落地。

在顶层设计方面，日本将ITS和智能汽车纳入国家重点发展战略，并通过发展ITS来推动汽车产业的进步。2013年，日本内阁府正式公布了新IT战略《世界领先IT国家创造宣言》，这一框架为日本的ITS和智能汽车发展提供了指导。在此背景下，日本道路交通委员会和日本信息通信战略委员会共同提出了智能汽车的商用化时间表以及《ITS 2014—2030技术发展路线图》。这一路线图的发布标志着日本正式进入汽车智能化、网联化的发展阶段。此外，为了进一步推进《世界领先IT国家创造宣言》中提出的"实现世界上最安全、最环保、最经济的道路交通社会"的目标，2014年，日本内阁府制定了《创造战略性革新规划》。这一规划旨在通过战略性的创新和改革，推动日本的ITS和智能汽车产业的发展。2016年日本政府制定了一项名为《官民ITS构想及路线图》的计划，该计划明确了发展目标和自动驾驶系统场景以及商用化时间表。为了确保计划的灵活性和适应性，该计划在2017—2019年期间进行了年度动态修订。

2020年7月，日本发布了新的《官民ITS构想及路线图2020》，这次的重点在于将私家车、物流服务和出行服务作为主要的研究和推广领域，其重点内容如表1-1所示。

表 1-1 日本《官民 ITS 构想及路线图 2020》重点领域发展目标

领域	时间	目标
私家车	2021—2022 年	完成驾驶辅助系统优化（L1、L2）
	2023—2025 年	实现高速公路自动驾驶（L4）
	2026 年以后	减少交通事故、缓解交通拥堵、增加产业竞争力
物流服务	2021—2025 年	高速公路卡车队列跟驰、部分地区无人自动驾驶送货服务
	2023—2025 年	实现高速公路卡车自动驾驶（L4）
	2026 年以后	在物流创新领域达到适应人口减少趋势的目的
出行服务	2021—2022 年	达到仅需要远程监管的无人自动驾驶出行服务
	2023—2025 年	实现无人自动驾驶出行服务（L4）特定区域的扩张和运行设计域服务内容和范围的扩大
	2026 年以后	在该领域达到无障碍出行的目的

随后,《官民 ITS 构想及路线图 2021》于 2021 年 6 月发布,该文件总结了近年来日本 ITS 的发展进程,并明确未来 ITS 构想,其阐述的角度包括农村地区、私家车出行城市、公共交通出行、数字社会等。

在法律法规方面,日本自 2016 年以来逐步营造智能汽车法律法规环境,为自动驾驶汽车的研发、测试和商业化应用提供了明确的法律框架。2016 年 5 月,日本警察厅颁布了《自动驾驶汽车道路测试指南》,明确了自动驾驶道路测试需遵循的法规。2018 年 3 月,《自动驾驶相关制度整备大纲》发布,对 L3 级自动驾驶事故责任作出了明文规定。2018 年 9 月日本国土交通省发布《自动驾驶汽车安全技术指南》,针对 L3、L4 级别自动驾驶系统的乘用车、卡车及巴士,列出了十项智能汽车安全条件。2019 年 3 月,日本审议通过《道路运输车辆法》修正案,该修正案允许对交付完成的汽车进行 OTA 升级。企业在实施 OTA 升级前要向国土交通省提出申请,经国土交通省批准后方可进行,更新时需按照国土交通省规定的使用电信线路的方法或其他方法实施。从事系统更新的企业及更新后的汽车都必须符合相应标准。2020 年 4 月,日本《道路交通法》修订版实施,允许 L3 级自动驾驶车辆上路,要求自动驾驶汽车必须装载能记录系统运行状态的装置,明确驾驶员在 L3 级自动驾驶过程中仍有安全驾驶的义务。2022 年 3 月,日本内阁通过一项新的《道路交通法》修正案,允许可远程监管的 L4 级自动驾驶公交车在公共交通网较弱的地方以指定线路行驶。2023 年 4 月,《道路交通法》修正案正式生效,允许 L4 级自动驾驶车辆在日本公路上行驶。此外,日本政府计划到 2025 年度在全国约 50 个地方开启自动驾驶车辆运行服务。

在道路测试方面,日本道路测试实行申请制,测试主体需提前提交测试计划。日本警察厅于 2016 年、2017 年分别发布《自动驾驶汽车道路测试指南》《远程自动驾驶系统道路测试许可处理基准》,对自动驾驶汽车道路测试的安全保障措施、测试流程、自动驾驶系统、测试数据记录、交通事故处理等方面提出了要求,并准许企业申请无人在车内的远程测试。

1.1.2 国内

我国自动驾驶技术体系已有一定基础,自动驾驶产品生态逐渐成型。国内在环境感知技术、控制决策技术和执行系统技术等高级自动驾驶的关键技术已有部分突破。高级自动驾驶汽车的车路协同关键技术初步成型,涵盖了智能车载系统关键技术、智能路侧系统关键技术、车车/车路信息交互与协同控制技术、车路协同系统集成与仿真技术等。网络化动态交通信息获取与交互技术、面向出行行为的区域交通智能分析与控制技术、区域交通网络化智能诱导控制技术、区域交通动态协同优化控制技术等具有一定研究基础和研究成果。此外,国内主流车企积极布局和推进高级自动驾驶汽车相关产品的开发,网联化成为产业发展趋势,前装车联网终端比例不断提升,企业高度重视车联网布局。交通设施的智能化、网联化是智能网联汽车运营的基础。2017年开始,中国已经在无锡打造了全球首个城市级 V2X 示范。同时基于跨界协同创新的智能出行项目推动智慧城市建设,智能出行被行业公认为是下一代汽车优先落地的场景。

1.1.2.1 政策法规

智能网联汽车涉及的政策法规体系复杂,我国持续健全政策法规和标准体系,围绕产品准入与上路通行、事故认定与执法、高精地图、网络与数据安全等各方面,逐步构建适应智能网联汽车发展的新的法律法规环境。

在产品准入与上路通信方面,工业和信息化部、公安部等相关部门接连发布《道路机动车辆生产企业及产品准入管理办法》《道路交通安全法》(修订建议稿)、《关于加强智能网联汽车生产企业及产品准入管理的意见》《关于开展汽车软件在线升级备案的通知》等政策法规。2023 年 11 月,工业和信息化部、公安部、住房和城乡建设部、交通运输部联合发布《关于开展智能网联汽车准入和上路通行试点工作的通知》,

针对 L3 和 L4 级自动驾驶汽车，遴选具备量产条件的智能网联汽车产品，开展准入试点。对取得准入的产品，在限定区域内开展上路通行试点，用于运输经营的需满足有关运营资质和运营管理要求。该文件的发布将加快推动我国高级别自动驾驶汽车产业融合发展、推广应用和安全运行。

在事故认定与执法方面，目前发布的《道路交通安全法》（修订建议稿）、《智能网联汽车道路测试管理规范（试行）》、《自动驾驶汽车运输安全服务指南（试行）》等文件均未从法律层面对自动驾驶领域交通事故责任承担主体相关事项作出规定，仍然统一适用现行道路交通安全法等法律法规及相关司法解释。但是，通过技术手段保留车辆的核心数据和运行信息，能够帮助事后厘清事故原委，据此进行责任划分。

在高精地图方面，2022 年 8 月自然资源部发布《关于做好智能网联汽车高精度地图应用试点有关工作的通知》《关于促进智能网联汽车发展维护测绘地理信息安全的通知》，支持不同类型地图面向自动驾驶应用多元化路径探索，支持试点城市根据产业实际需求，开展高级辅助驾驶地图城市普通道路、高精度位置导航应用等先行先试和示范应用。此外，对智能网联汽车（包括智能汽车、网约车、智能公交以及移动智能配送装置等）涉及的测绘地理信息数据采集和管理等相关法律法规政策的适用与执行问题进行规定。

在网络与数据安全方面，国家互联网信息办公室、工信部等部门连续出台《汽车数据安全管理若干规定（试行）》《关于加强车联网网络安全和数据安全工作的通知》《关于加强车联网卡实名登记管理的通知》等多项政策，持续加强车联网和汽车数据安全管理。2022 年 2 月，工业和信息化部发布《关于印发车联网网络安全和数据安全标准体系建设指南的通知》，提出到 2023 年年底，初步构建起车联网网络安全和数据安全标准体系，完成 50 项以上急需标准的研制。到 2025 年，形成较为完善的车联网网络安全和数据安全标准体系，完成 100 项以上标准的研制。

1.1.2.2 通信标准

面向车联网对于通信时延、可靠性等方面的更高需求，多个标准化组织积极开展 C-V2X 相关通信标准化工作。C-V2X 是 3GPP（3rd Generation Partnership Project，第三代合作伙伴计划）主导推动的基于 4G/5G（the 4th-Generation Cellular Network Technology，第四代移动通信技术 /the 5th-Generation Cellular Network Technology，第五代移动通信技术）演进形成的 V2X 技术，可实现蜂窝通信和直通通信的融合，在技术先进性、性能及后续演进等方面具有优势。2017 年 3GPP 正式发布支持 LTE-V2X

的 3GPP R14 版本标准，该标准能够满足安全和效率提升等辅助驾驶应用以及低级别自动驾驶应用的需求；2018 年 6 月，基于 R14 版本标准，第二阶段的支持 LTE-V2X 增强（LTE-eV2X）的 3GPP R15 版本标准正式完成，满足了车辆编队行驶等部分高级别车联网业务的需求，进一步提升了直通模式的可靠性、数据速率和时延性能；与此同时，第三阶段支持 5G-V2X 的 3GPP R16 版本标准正式启动研究，这一研究旨在实现更先进的高级别车联网业务，与 LTE-V2X/LTE-eV2X 形成互补关系，通过将 C-V2X 与其他通信技术相结合，可以进一步扩展车联网的应用场景和功能。目前 R17 主要围绕 V2X 的安全需求和安全关键问题进行安全增强研究。

C-V2X 标准主要分为消息层、网络层和接入层的协议规范、安全标准以及对应的技术要求规范。我国通信、交通和汽车等行业的协会与标准化组织正在全力推动 LTE-V2X 的技术标准制定工作，目前已经覆盖了接入层、网络层、消息层和安全层等核心技术，初步形成了标准体系。

（1）接入层

中国通信标准化协会（China Communications Standards Association，CCSA）和中国智能交通产业联盟（China ITS Industry Alliance，C-ITS）已经完成了基于 3GPP R14 版本的行业标准和团体标准制定工作。其中，《基于 LTE 的车联网无线通信技术 总体技术要求》（YD/T 3400—2018）和《基于 LTE 的车联网无线通信技术 空中接口技术要求》（YD/T 3340—2018）是两项重要的标准。这两项标准详细规定了基于 3GPP R14 版本的 LTE-V2X 的总体业务和技术要求、系统架构、基本功能以及基本协议技术要求。这些要求覆盖了物理层、MAC 层（媒体接入控制层）、RLC 层（无线链路层控制协议）、PDCP 层（分组数据汇聚协议层）、RRC 层（无线资源控制层）及相关过程要求，为 LTE-V2X 技术的广泛应用奠定了基础。

（2）网络层

在网络层方面，我国也有了新的突破。《基于 LTE 的车联网无线通信技术 网络层技术要求》（YD/T 3707—2020）已经正式发布，该标准详细规定了 C-V2X 网络层的相关协议技术要求。同时，与之配套的测试方法《基于 LTE 的车联网无线通信技术 网络层测试方法》（YD/T 3708—2020）也已经发布。这些标准涉及短消息协议、应用注册、业务管理以及业务公告等方面的技术要求，旨在确保 C-V2X 网络层能够提供高效、可靠和安全的数据传输服务。

（3）消息层

2016年中国智能网联汽车产业创新联盟（China Industry Innovation Alliance for the Intelligent and Connected Vehicles，CAICV）和C-ITS共同制定了中国首个应用层规范《合作式智能运输系统　车用通信系统应用层及应用数据交互标准》（T/CSAE 53—2017）。该规范规定了5种车车、车路直接通信的消息类型和ASN.1编码文件，包括基本安全消息（BSM）、路侧动态目标物数据信息（RSM）、路侧即时交通信息（RSI）、红绿灯信息（SPAT）和地图信息（MAP）。

之后，CCSA和C-ITS在C-V2X标准体系下，以上述标准为基础，发布了《基于LTE的车联网无线通信技术　消息层技术要求》（YD/T 3709—2020）以及相应的测试方法《基于LTE的车联网无线通信技术　消息层测试方法》（YD/T 3710—2020）。此外，还对《合作式智能运输系统　车用通信系统应用层及应用数据交互标准》进行了持续的更新和迭代，发布了《合作式智能运输系统　车用通信系统应用层及应用数据交互标准（第一阶段）》（T/CSAE 53—2020）和《合作式智能运输系统　车用通信系统应用层及应用数据交互标准（第二阶段）》（T/CSAE 157—2020），进一步丰富了应用场景。

（4）安全层

安全是C-V2X产业化的核心要素，目前针对C-V2X的安全标准和技术仍处于初级发展阶段。V2X安全通信标准方面，相关标准化组织针对V2X安全制定相关标准，《基于LTE的车联网通信安全技术要求》（YD/T 3594—2019）与《基于LTE的车联网无线通信技术安全证书管理系统技术要求》（YD/T 3957—2021）已发布。联盟成立信息安全工作组，致力于组织智能网联汽车信息安全标准体系框架研究，制定汽车信息安全相关车载终端技术要求与测试方法。

（5）通信频谱

通信频谱是实现V2X通信的最基础资源。2018年10月25日，工业和信息化部发布了《车联网（智能汽车）直连通信使用5905~5925MHz频段管理规定（暂行）》。这一规定明确了基于LTE-V2X技术的车联网（智能汽车）直连通信的工作频段为5905~5925MHz。该规定详细规定了频率许可、无线电台执照、无线电发射设备型号核准等方面的准则，以及对现有合法业务的保护。此外，还规定了车联网（智能汽车）直连通信无线电设备的技术要求，包括信道带宽（20MHz）、发射功率限值（EIRP）、载频容限、邻道抑制比、频谱发射模板等，标志着我国LTE-V2X正式进入产业化阶段，为我国 C-V2X 基本安全业务的发展奠定了坚实的基础。

同时，CCSA 和 Future Forum（未来论坛）立项有关 5G-V2X 频谱的相关工作。这项工作旨在为 C-V2X 支持自动驾驶等先进业务铺平道路。CCSA 和 Future Forum 与包括全国汽车标准化技术委员会（National Technical Committee of Auto Standardization，NTCAS）、C-ITS、CAICV 等国内各相关标准化组织和联盟进行合作，共同开展研究工作。研究内容涵盖频谱需求、候选频段（如 5.9GHz）等多个方面，为推动 C-V2X 技术的发展和自动驾驶等先进业务提供了更好的支持。

综上所述，为了进一步推动 C-V2X 技术的发展，需要在 C-V2X 应用功能安全和 C-V2X 与 ADAS 系统融合方面开展研究工作，并制定相关的标准，同时也需要积极开展下一阶段针对更高级别自动驾驶车辆应用的相关技术研究和标准制定，以推动 C-V2X 技术在更广泛领域的应用。

1.1.2.3 车载终端

车载终端是指在车内提供无线通信能力的电子设备，是构成车联网的关键节点。目前车载终端（T-Box）主要通过 4G/5G 蜂窝通信网络与车联网云平台连接，提供车载信息和娱乐服务，满足人们在车内的信息娱乐需求。新一代 V2X 车载终端将集成 C-V2X 技术，可以实现车与车、车与路、车与人、车与云平台之间的全方位连接，提供交通安全、交通效率和信息服务三大类应用。

从产业架构的角度来看，整个车载终端的产业架构包括软件提供商和硬件制造商。其中，V2X 软件包括 V2X 应用软件和 V2X 协议栈软件，提供 V2X 应用软件开发、测试服务以及终端设备之间互联互通的 V2X 协议服务。硬件设备包括芯片设备、通信模组和终端设备，芯片设备包括符合国密算法的安全芯片和支持 C-V2X 通信的芯片；通信模组将通信芯片及外围器件进行集成提供服务；终端设备安装在车辆中，将通信模组以及其他电路进行集成提供服务。

1.1.2.3.1 V2X 协议栈软件

V2X 协议栈是整个终端产业链产品中共性的一部分软件，提供物理层以上的 V2X 通信协议解析和打包，也包含了安全和管理等功能。一套成熟、高效稳定的 V2X 协议栈软件是 V2X 通信一致性和稳定性的基础。通常车载终端制造商可以有自己的协议栈软件，也可以选择集成业界成熟的第三方 V2X 协议栈软件。国内企业例如东软集团股份有限公司、北京星云互联科技有限公司、香港应用科技研究院等为终端模块厂商以及 OEM（Original Equipment Manufacturer，主机厂）提供稳定可靠的协议栈软件以及开发支持服务,也使得不同厂商之间在通信上实现可靠的互联互通。

1.1.2.3.2　V2X 应用软件

在终端协议完善的前提下,应用程序是 V2X 技术能够发挥作用的又一重要因素,中国 V2X 应用层标准《合作式智能运输系统车用通信系统应用层及应用数据交互标准(第一阶段)》(T/CSAE 53—2020)中描述了 17 个应用场景,涵盖了安全类、效率类和信息类,协议栈或者终端提供商都可以对这 17 个应用场景进行程序开发。

1.1.2.3.3　安全芯片

LTE-V2X 通信对安全要求较高,需要采用安全证书和加密机制保证 PC5 接口上的消息安全性,国内标准要求支持国密算法。使用硬件安全芯片可以满足 LTE-V2X 通信的国密算法要求,提供国密算法硬件加速提升运算性能。目前国内企业如北京中电华大电子设计有限责任公司、郑州信大捷安信息技术股份有限公司、长春吉大正元信息技术股份有限公司、上海磐起信息科技有限公司、大唐电信科技股份有限公司等公司均可提供国密安全芯片。

1.1.2.3.4　通信芯片

通信芯片方面,在大力推动车路协同、智能网联背景下,车载芯片成为汽车链条的关键一环和核心技术之一。华为、大唐电信科技股份有限公司、高通股份有限公司等企业已发布单双模的通信芯片,并具备量产能力,这些芯片为车联网的发展提供了重要的技术支持。

1.1.2.3.5　通信模组

通信模组方面,模组是将通信芯片和一系列的外围芯片(如存储器、射频前端等)集成在一起,并提供标准接口的功能模块。通过选用支持 LTE-V2X 或 5G-V2X 的通信模组,终端制造商能够更容易实现终端的开发和生产,使得成本更低,性能更加优异。

华为推出了基于 Balong 765 芯片的 LTE-V2X 商用车规级通信模组 ME959,以及基于 Balong5000 芯片的 MH5000,该模组是业界首款集成 5G+C-V2X 技术的模组。大唐电信科技股份有限公司提供基于自研芯片的 PC5.Mode 4.LTE-V2X 车规级通信模组 DMD31,以及基于中国信科集团自研芯片封装 DMD3A 模组,支持 C-V2X PC5。辰芯科技 CX7100 模组封装 CX1860 芯片,支持 C-V2X PC5 直连。上海移远通信技术股份有限公司联合高通发布 LTE-V2X 通信模组 AG15。高新兴科技集团股份有限公司推出了支持 LTE-V2X 的车规级通信模组 GM556A。随着 V2X 通信模组的商用逐渐成熟,终端设备的开发进程也得以进一步加速。

1.1.2.3.6 终端设备

车载终端也称作 On Board Unit（OBU），是实现 LTE-V2X 功能的重要部件，产业较为分散，竞争激烈。国内企业大唐、惠州市德赛西威汽车电子股份有限公司、华为、深圳市金溢科技股份有限公司、北京千方科技股份有限公司、北京万集科技股份有限公司、北京星云互联科技有限公司、中兴通信股份有限公司、高新兴科技集团股份有限公司等可提供支持 LTE-V2X 或 5G-V2X 的车载终端产品。在终端应用方面，考虑到 5G 基建趋势及上游供应链的发展，多数车企均倾向于一步到位，直接搭载 5G+V2X 模组。广汽、北汽、上汽、比亚迪部分车型已搭载华为 MH5000 模组，一汽红旗、长安福特、吉利、长城、蔚来等车企也已推出搭载 C-V2X 技术的量产车型。

从整个终端产业架构和产业链的角度来看，随着时间的推移，产业架构已经逐渐明晰，并且产业链的上下游参与者也呈现出丰富的多样性，这无疑增加了整个产业的活力。国内主流车企已经纷纷制定了车联网量产计划，根据《智能网联汽车技术路线图 2.0》研判，到 2025 年我国部分自动驾驶、有条件自动驾驶级智能网联汽车销量占当年汽车总销量比例超过 50%，以蜂窝通信为基础的移动车联网 C-V2X 终端新车装配率达 50%。这一趋势表明，整个终端产业链已经进入了高速发展的通道。

1.1.2.4 路侧设施

路侧设施指车路协同系统的道路子系统中除电子交通设施之外的部分，是集成 C-V2X 功能的路侧网联设施。路侧设施主要包括 V2X 系统所定义的路侧单元、路侧感知单元和路侧计算单元。

（1）路侧单元

集成了 C-V2X 技术的路侧单元可以实现路与车、路与人、路与云平台之间的全方位连接，为车辆提供交通安全、交通效率和信息服务应用，同时也为交通协同管控、交通运营服务提供有效的手段。

（2）路侧感知单元

路侧感知单元由一系列感知与处理设备构成，实现对本地交通环境和状态的实时感知，包括信号灯信息、交通参与者信息、交通事件信息、定位信息、环境信息等。

（3）路侧计算单元

路侧计算单元在设备端有多种实现方式，例如融合到路侧单元（Road Side Unit，RSU）或者本地多接入边缘计算（Multi-access Edge Computing，MEC）等，负责对本地或区域的数据进行处理、存储，以及应用、服务的计算与发布。

在产业结构上，路侧设施的产业结构与车载终端相类似，主要包括通信芯片、通信模组、单元设备、V2X 协议栈及路端 V2X 应用软件。目前，大唐、华为、东软、星云互联、金溢科技、千方科技、万集科技等企业是路侧设施的主要供应商。

区别于车载终端，路侧设施与中国的交通系统和交通环境有密切的耦合性与相关性。路侧设施基于本地的信息感知、V2X 交互以及协同决策，通过实现一系列基础单元应用或者基础应用的整合，支撑网联车辆的行车安全、通行效率和信息服务，以及交通管理应用和交通运营服务。目前阶段，路侧设施已经可以支撑所有《合作式智能运输系统　车用通信系统应用层及应用数据交互标准（第一阶段）》（T/CSAE 53—2020）中车路协同典型应用场景，包括交叉路口碰撞预警、左转辅助、道路危险状况提示、限速预警、闯红灯预警、弱势交通参与者碰撞预警、绿波车速引导、车内标牌、前方拥堵提醒等。随着路侧单元在高速公路、城市道路的部署和实践，越来越多的面向交通管理和运营服务的集成应用开始落地，相应的集成应用有面向高速公路场景的"两客一危"网联方案、协同式应急响应、特殊区段安全保障、车流引导、不停车收费等，以及面向城市道路的智能公交、智能泊车、渣土车管理、区域信号网联协同。此外，面向矿山、码头、景区等特定场景，不同程度的集成 V2X 应用方案也在逐步研发中。

路侧交管设施主要包含道路交通信号控制设施、道路交通视频监视设施、道路交通流信息采集设施等类别。基于现有道路交通管理的业务与功能需求，我国制定了涵盖多个方面的路侧交管设施标准规范。但是，相关标准并未考虑到车路协同的应用场景与应用需求。随着 V2X 技术的演进与发展，全新的应用场景对路侧交管设施提出新的应用需求，衍生出面向智能车辆的信息交互、服务等应用需求。后期规划通过修订现有设施标准、制定新的信息交互接口规范来指导现有路侧交管设施的升级改造，如《道路交通信号控制机信息发布接口规范》（GA/T 1743—2020）规定了信号灯色、控制状态、可变车道功能、交通事件、车辆状态等信息的发布与接收。

交通运输部启动了新一代国家交通控制网和智慧公路试点工作，主要技术方向包括基础设施智能化、路运一体化车路协同、北斗高精度定位综合应用、基于大数据的路网综合管理服务、"互联网 +"路网综合服务、新一代国家交通控制网六个方向，试点工作涵盖了北京、福建、广东、河北、河南、吉林、江苏、江西、浙江共 9 个省市，如表 1-2 所示。

表 1-2　新一代国家交通控制网和智慧公路试点省市及方向

序号	建设内容	技术方向	试点省市
1	关键基础支撑	基础设施数字化	北京、河北、河南、浙江
2	前瞻性技术落地应用	路运一体化	北京、河北、广东
3	战略性技术推广应用	北斗高精度定位综合应用	江西、河北、广东
4	面向管理方服务	基于大数据的路网综合管理服务	福建、河南、浙江
5	面向公众服务	"互联网+"路网综合服务	吉林、广东
6	城市交通、测试区域	新一代国家交通控制网	江苏、浙江

工业和信息化部、住建部联合组织开展智慧城市基础设施与智能汽车协同发展试点工作。2021年5月，第一批"双智"试点城市包括北京、上海、广州、武汉、长沙、无锡6个城市。2021年12月，第二批"双智"试点城市包括重庆、深圳、厦门、南京、济南、成都、合肥、沧州、芜湖、淄博10个城市。经过两年的建设，"双智"试点城市项目取得阶段性成果。在城市数字化基础设施建设方面，16个试点城市已在2000多个重点路口布设了视觉雷达等感知设施和车程交互设施，布局了24万台5G基站。在自动驾驶车辆的应用场景测试上，截至2023年4月，16个试点城市已投放1700辆L4级自动驾驶车辆，累计测试里程达到2730万千米，累计服务380万人次。此外，试点城市通过建设"车城网平台"，汇集"车、路、城"海量动静态信息数据，以数字化手段加强了对基础设施、城市交通、公共服务、防灾应急的监管。

与车载终端相似，路侧单元的产业链上下游也十分丰富。目前，支持C-V2X的路侧设施产品正在逐步走向成熟。为了进一步推动C-V2X的产业化部署，关键在于加速C-V2X芯片和模组的量产，并推动车企和相关道路基础设施采用C-V2X通信设备。在我国C-V2X产业布局加速的背景下，积极部署硬件设备、基础设施，并推动V2X装配车辆是确保V2X技术产业化价值得到合理体现的关键。此外，制定车联网路侧设施统一数据接口规范也是必要的，这有助于进一步规范交通检测设备数据接口和交通管控设备信息推送格式，打破路侧设施之间数据横向通信的壁垒，开放路侧交通管控信息服务。这些措施将为C-V2X的产业化部署提供有利的条件，推动车联网技术的快速发展和广泛应用。

1.1.2.5　数据平台

随着车联网的快速发展，为了实现整体车联网的管控和各类通信方式数据的管理和应用，需要尽快搭建针对 C-V2X 的数据平台。通过数据平台汇聚多源数据，将汽车对基础设施 / 汽车对汽车 / 汽车对行人（Vehicle- to-Infrastructure / Vehicle-to-Vehicle / Vehicle-to-Pedestrian，V2I/V2V/V2P）等各类应用数据进行深入分析、挖掘，提取关键信息，根据这些关键信息作出相应的决策，并将决策指令及时推送到车载单元和路侧单元，使得 C-V2X 系统得以高效运行。此外，通过 C-V2X 数据平台能够实现对接入网络的所有路侧设施、感知设备和智能汽车的监管，从全局角度掌握整体车、路运行态势，及时发现异常行为并提前预警。

根据其应用行业，车联网数据平台可以分为交通行业数据平台、交管行业数据平台、通信行业数据平台、整车制造企业数据平台、设备制造行业、示范区数据平台、科技企业数据平台等。

当前，车联网数据平台在通信、交通、交管、整车制造、车载设备等领域得到了广泛应用。随着 C-V2X 技术的兴起，支持 C-V2X 的新兴车联网数据平台也正在快速发展，并在一些车联网示范区开始部署。车企、汽车远程服务提供商（Telematics Service Provider，TSP）、通信企业以及高校和研究机构都在积极开展产业研究、标准和学术交流等方面的工作。这些研究工作将有助于推动车联网技术的进步和应用，促进相关产业的创新和发展。

1.1.2.6　测试示范

构建一个开放统一的测试平台，进行 V2X 相关产品的测试和验证至关重要，这是每项技术普及推广过程中不可或缺的一环。目前，全国各地都在积极开展 C-V2X 实验室及外场测试验证工作，并逐步推广商用。测试范围覆盖了园区、开放道路、高速公路等多种环境，以确保 C-V2X 技术在各种实际场景下的可靠性和稳定性。

中国信息通信研究院、中国汽车技术研究中心有限公司、上海机动车检测中心等测试机构已建立实验室测试环境，对外提供 C-V2X 应用功能、通信性能、协议一致性等测试服务。各示范区、行业联盟纷纷组织外场测试，验证外场环境下 C-V2X 应用的功能。

1.1.2.6.1　实验室测试验证

中国信通院具备完备的 C-V2X 测试验证环境，具备开展 C-V2X 端到端通信的功能、性能、互操作和协议一致性测试验证的能力。IMT-2020（5G）推进组 C-V2X 工作组在中国信息通信研究院实验室已组织华为、大唐电信、万集科技、金溢科技、星云互联、东软集团等 10 余家终端设备厂商，完成了网络层应用层互操作、协议一致性测试。

中国汽车工程研究院股份有限公司、上海淞泓智能汽车科技有限公司等可提供城市场景测试环境和开放道路场景测试环境设计、C-V2X应用功能测试规范设计，后续还将推出C-V2X开放道路测试规范、C-V2X平行仿真测试系统，并研究C-V2X大规模试验的技术方法和数据规范等。

中汽研汽车检验中心（天津）有限公司可提供研发验证及测试评价服务，并支持整车环境下车载终端在蜂窝移动通信频段、全球卫星导航频段和车间通信频段的测试检测。

公安部交通安全产品质量监督检验中心根据公安部、国家质量监督检验检疫中心总局的授权认可，履行第三方产品质量监督检测职责，开展国家和行业产品质量监督抽查、开展强制性和自愿性产品认证检测、开展交通执法装备及配套软件、交通安全产品和法定牌证的质量监督检测及现场检查。

罗德与施瓦茨公司推出符合3GPP R14标准的LTE-V2X终端测试综测仪（R&S CMW 500），可提供GNSS信号并进行LTE-V2X数据收发测试。与高通、华为、大唐等芯片模组厂商完成了底层测试验证。未来计划推出认证级的LTE-V2X终端协议一致性和射频一致性测试方案。

1.1.2.6.2 外场测试验证

在工业和信息化部的指导下，IMT-2020（5G）推进组C-V2X工作组、中国智能网联汽车产业创新联盟、中国汽车工程学会、全国汽车标准化技术委员会、中国通信标准化协会等相关单位在2018—2020年连续三年组织了C-V2X的"三跨"（跨通信模组、跨终端、跨整车）和"四跨"（跨通信模组、跨终端、跨整车、跨安全平台）应用示范活动，以及"新四跨"（跨通信模组、跨终端、跨整车、跨安全平台+地图定位）暨大规模先导应用示范活动，得到了国内外100余家相关企业的积极参与。在示范活动中，通过采用全新的数字证书格式，增加云控平台、高精动态地图基础平台等新元素，部署更贴近实际、更面向商业化应用的连续场景，这些活动进一步推动了C-V2X技术的规模化商业应用步伐。此外，在活动过程中还进行了大规模通信背景下的通信性能与功能测试，为企业优化产品性能、提升产品竞争力提供了有力支持。

为了满足智能汽车在多种场景和环境下的测试需求，工业和信息化部、交通运输部、公安部积极与地方政府合作，共同推进国内示范区的建设。目前全国已建设17

个国家级智能网联汽车测试示范区,地方性的测试场超过20个;7地获批创建国家级车联网先导区,区域覆盖东、中、西部。各示范区均加快部署C-V2X测试环境,涵盖了自动驾驶和V2X测试场景建设、LTE-V2X/5G车联网应用、智能交通技术应用等功能,提供涉及交通安全、交通效率、信息服务、自动驾驶等方面的测试内容。

（1）江苏无锡车联网先导区

工业和信息化部于2019年5月批复支持创建江苏（无锡）车联网先导区,使得无锡市成为全国首个获批国家级车联网先导区的城市,标志着无锡市在车联网规模化应用试点方面迈出重要的一步。2019年年底,无锡市建成覆盖主城区5条高架路、1条省级公路、1条高速公路、400个交叉路口的C-V2X网络,至2020年,完成覆盖城市主要区域的车联网基础设施改（扩）建工作,以及路侧设备的升级,建成可视化运维系统,基本打造基于"人－车路－云"系统的城市智能交通体系,车联网用户达到10万人。此外,先导区还将全面开展车联网商用场景的验证和推广工作。结合车联网城市级示范应用项目建设的平台,进一步完善身份认证、安全防护、路侧边缘计算设备等基础设施,以支持公安交管、交通、环保等部门开展各种综合监管应用。

作为全球第一个城市级车路协同平台,无锡车联网城市级示范应用项目的建成预示着多个全球第一的诞生:全球第一个开放道路的车路协同应用场景示范区,全球第一个规模化真实用户的V2X应用示范区,全球第一个快速优质的LTE-V2X网络覆盖的城市,全球第一个车联网应用商业示范城市。

（2）天津（西青）车联网先导区

天津（西青）国家级车联网先导区于2019年12月工信部正式批复,2020年6月正式授牌,成为全国第二个国家级车联网先导区。自天津（西青）国家级车联网先导区获得批复以来,车联网技术在天津（西青）先导区迅速展开探索,并逐步落地实施。在基础设施部署、车联网示范应用及行业标准推进等方面取得显著成果。

基础设施部署领域。在路侧智能改造方面,天津（西青）车联网先导区首期建设区域在人口密集、车流量大的天津南站科技商务区67个全息感知路口进行车联网功能改造和核心系统能力提升,其中涵盖十字路口（X形路口）、丁字路口（Y形路口）、急转弯路口和汇入汇出等典型路口环境的高、中、低配改造方案,覆盖48千米道路开放区域,同时正在部署1万余个车载终端。二期项目将继续扩大建设范围,覆盖西青区全区重点区域,规划408个开放路口,超100个应用场景,10万辆车服务规模。同时,针对车路协同互联互通验证进行探索,实现了6家企业（如华为、大唐、星云等）的 200 余套智能车路终端信息的互联互通，是全国首个规模化部署的 C-V2X 开放场地互联互通项目。

示范应用效果领域。天津（西青）车联网先导区规划设计 100 种车路协同应用场景，其中针对危险场景和居民出行对于安全、高效的出行需求，有禁止鸣笛提示、特殊车辆避让、路口行人预警、故障车辆提醒、道路施工预警、前方车辆制动预警等应用场景。针对产业应用，对于车联网信息服务，涉及政务、公交、警用、医用等领域，探索智能观光巴士、智慧安防巡逻车、智能自主售卖车、智慧无人配送车等 8 类自动驾驶应用场景产品，推动车路协同应用场景的示范落地。

特色建设成果领域。天津（西青）车联网先导区充分发挥在标准制定、测试环境等方面的优势，推动车联网国际化战略布局，深入参与网联功能和应用、车联网信息安全、高级别辅助驾驶系统（Advanced Driver Assistance Systems，ADAS）、自动驾驶、资源管理与信息服务领域 30 余项车联网标准项目；参与 10 余项行业标准研究与制定；发布《天津国家级车联网先导区车路协同环境建设技术要求及测试规范 1.0》。

（3）湖南（长沙）车联网先导区

2020 年 10 月，工业和信息化部复函湖南省人民政府，支持湖南（长沙）创建国家级车联网先导区。2020 年 11 月，湖南（长沙）国家级车联网先导区正式揭牌，成了全国第三个国家级车联网先导区。先导区的主要任务和目标是：在重点高速公路、城市道路规模部署蜂窝车联网 C-V2X 网络，与 5G 和智慧城市建设相结合，改造重点区域交通设施车联网功能的同时提升核心系统能力，带动全路网规模部署。构建丰富的场景创新环境，有效发展车载终端用户，推动公交、出租等公共服务车辆率先安装使用，促进创新技术和产品应用。深化政策和制度创新，探索新型业务运营模式，完善安全管理、认证鉴权体系，建设信息开放、互联互通的云端服务平台，构建开放融合、创新发展的产业生态，形成可复制、可推广的经验做法。

截至 2023 年 3 月，长沙已完成了 286 个城市道路交叉口智能化改造，建设了 5G 基站超 3.5 万个，于 2022 年 7 月启用全国首个智能网联汽车预期功能安全测试基地，具备雨、雾、光、尘等测试环境和雨中泊车场景；正在探索融合长沙城市超脑和智能网联云控平台能力，推进建设城车联动的车城网平台，已连接建设软件大数据及云平台企业 106 家，构建了全国首个规模化商用的车联网运营服务平台，为福特、广丰等多家车企近 5000 台车辆提供智能网联信息服务，服务规模和能力国内领先。长沙还建立起规模化的智能网联公交、环卫、物流、无人驾驶出租车（Robotaxi）等示范场景应用，拥有全国最大的智能网联公交应用场景，智慧公交覆盖70余条公交线路，全市2000多台公交车完成智能化改造升级，推出全国首创的基于信号优先和专享路权的智慧定制公交。

（4）重庆（两江新区）车联网先导区

2021年1月8日，工业和信息化部批准重庆（两江新区）成立了国家级车联网先导区，成了全国第四个、西部第一个国家级车联网先导区，旨在推动车联网技术在该区域的广泛应用。两江新区与CIDI新驱动合作，完成了约4千米的示范线建设，并打造了生态完善、功能适配的"车路-云"产品和技术互联互通需求的示范场景。其中包括了车路协同、智慧城市管家、城市巡逻安防、远程驾驶等6大场景，共涉及车路协同超视距感知、主动式公交优先、5G远程驾驶和自动驾驶等29项功能演示。2021年5月，招商车研在重庆高新区/西部（重庆）科学城兴建了一个自动驾驶示范项目，总长5.4千米，涵盖6个站点。该项目以促进车路协同为核心理念，推动路端和车端两个技术方向的协同发展。在路端方面，建设了智能化设施，如智能公交站、智能斑马线、智能匝道和智能十字路口，而在车端，部署了2辆高级别自动驾驶车辆用于日常运营。通过采用C-V2X、5G、边缘计算等技术手段，实现了车路两端之间的融合感知和信息共享，从而构建了更为安全、高效的交通模式。

（5）湖北（襄阳）车联网先导区

2023年5月14日，工业和信息化部分别复函湖北省人民政府、浙江省人民政府、广西壮族自治区人民政府，支持湖北（襄阳）、浙江（德清）、广西（柳州）创建国家级车联网先导区。鼓励先导区先行先试，探索应用场景，培育产业链条，形成可复制可推广的经验。

2023年9月，《襄阳市建设国家级车联网先导区三年行动计划（2023—2025年）》印发，明确了车联网先导区建设的一个定位和三大目标：即以打造全国领先的车联网深度应用城市，实现中心城区车联网应用全覆盖，推动智慧交通城市建设为定位；以推动车联网规模化深度应用、打造规模发展的智能网联汽车产业、构建国内领先的智能网联测试体系为目标，加快汽车产业转型升级和智慧交通城市建设。

到2025年，实现中心城区智能网联汽车示范运用全域开放；深化拓展应用场景，推动产业和应用深度融合；优化产业空间布局，构建"一网多区、两园四城"的产业功能布局；集聚车联网（智能网联汽车）产业生态，加速形成产业集群；协同创新政策、技术、标准，为产业发展提供良好环境；建设运营体系，形成健康可持续的运营模式。襄阳市将着力打造千亿级新能源和智能网联汽车产业集群，再造汽车产业发展新优势。

（6）广西（柳州）车联网先导区

2020年柳州市政府正式成立车联网先导区建设工作领导小组，推进车联网产业发展。截至2023年4月，柳州市已完成主要城区125个路口升级改造，建成241套车联网C-V2X路侧设备（RSU）及1566套路侧感知计算设备，实现30余种基于C-V2X无线通信技术的车联网场景。

广西（柳州）先导区的主要任务和目标是在城市道路成规模部署蜂窝车联网C-V2X网络，做好与5G、智慧城市发展的统筹衔接，完成重点区域车联网功能改造和核心系统能力提升，打造信息开放、互联互通的云端服务平台。依托汽车产业发展基础，构建商业化典型应用场景，有效发展车载终端用户，推动共享出行等车辆率先安装使用，强化用户服务体验和价值效益分析，打造车联网产业新生态。深化政策和制度创新，建立健康可持续的建设和运营模式，完善安全管理体系。

（7）浙江（德清）车联网先导区

近年来，德清充分发挥地理信息优势，大力推动地理信息跨界融合发展，围绕"地理信息+全域开放"的特色，以"地理信息+车联网"融合发展为主线，扎实推进车联网先导区创建工作。在政策制度创新、基础环境构建、场景应用打造、产业生态构建等方面进行了有益探索，为高质量完成先导区创建目标和任务奠定了坚实技术物质和政策环境基础。

2023年9月，德清发布了《国家级车联网先导区（浙江德清）创建三年行动计划（2023—2025）》《德清县加快车联网（智能网联汽车）产业高质量发展若干意见（试行）》，提出将围绕"支持构建产业生态""支持开展检测认证和测试""扩大场景示范应用""支持技术创新和标准制定""支持建设新型基础设施"五个方面发力。对进一步促进德清"车联网+地理信息"创新融合发展，推动全省车联网部署应用和产业发展有重要意义。

在工业和信息化部、交通运输部、公安部、发改委等多部门积极推动下，目前已形成部省合作示范区建设模式。示范区功能不断丰富，从最初的测试中心逐步发展到展示多种应用场景；从单一的示范点或区域建设向综合性、城市级的车联网先导区建设转变。这些示范区的建设促进了智能汽车产业的快速发展，并为未来全国范围内车联网的普及奠定了坚实的基础。

1.1.2.6.3 测试法律法规

2018年4月，工业和信息化部、公安部、交通运输部联合发布《智能网联汽车道路测试管理规范（试行）》，指导开展道路测试工作。2021年7月，工业和信息化部、公安部、交通运输部联合发布《智能网联汽车道路测试与示范应用管理规范（试行）》，针对测试场景有限、测试方案不统一、测试结果不互认等行业问题，明确允许开展载人载物示范应用，并将测试示范道路扩展到包括高速公路在内的公路、城市道路和区域；明确通用项目异地不需要重复检测。

2021年3月，智能网联汽车推进组（ICV-2035）在国家制造强国领导小组车联网专委会统筹下成立，推进组下设测试应用工作小组，推动道路测试发展、测试区协调互认等工作。截至2022年6月底，44个省市地区发布道路测试实施细则，各地开放道路测试里程超过6600千米，从单条道路扩展到区域已成为开放测试道路的趋势。全国近30个城市累计为80余家企业发放超过1000张道路测试牌照。

综上，目前国内有很多厂商和机构致力于C-V2X技术的研究和推广工作，但C-V2X相关测试标准和规范仍在建立和完善中，我国各地智能网联汽车测试示范区仍存在场地建设及设备配置标准不统一、测试场景尚不健全、网联化基础设施建设参差不齐、商业模式不清晰等方面问题。未来，测试互认和数据共享有待加强、测试场景仍需扩大、跨行业的测试认证体系仍需要协同、基础设施标准急需统一、产品准入测试能力有待提升。

1.1.2.7 应用场景

1.1.2.7.1 C-V2X基础业务场景

基于C-V2X的应用场景可划分为主要可以分为三大类：交通安全类、交通效率类、信息服务类。经过C-V2X工作组、中国汽车工程学会（China Society of Automotive Engineers，C-SAE）、中国智能交通产业联盟（China ITS Industry Alliance，C-ITS）等国内标准及行业组织，以及汽车、信息通信、交通、科研院所等领域相关单位行业单位的共同研究，按照当下技术成熟度、应用价值以及可实现性准则，面向辅助驾驶阶段定义了17个已经确定的基于C-V2X的基础应用场景。这些应用场景通过C-V2X的信息交互功能，实现了车辆、道路设施、行人等交通参与者之间的实时状态共享，从而帮助驾驶员做出更准确的决策。

交通安全类的基础业务场景包括前向碰撞预警、交叉路口碰撞预警、左转辅助、盲区预警/变道辅助、逆向超车预警、紧急制动预警、异常车辆提醒、车辆失控预警等。交通效率类的基础业务场景有绿波车速引导、车内标牌和前方拥堵提醒；V2V的应用名称是紧急车辆提醒。信息服务类基础业务场景为汽车近场支付。大部分基础业务应用的实现都基于车辆、道路设施等参与者之间的实时状态共享，在此基础上再自主进行决策或辅助驾驶。

2019年10月，IMT-2020（5G）推进组C-V2X工作组、中国智能汽车产业创新联盟、中国汽车工程学会、上海国际汽车城（集团）有限公司共同在上海举办C-V2X"四跨"互联互通应用示范活动，首次实现国内"跨芯片模组、跨终端、跨整车、跨安全平台"C-V2X应用展示。本次活动聚集了26家整车厂商、28家终端设备和协议栈厂商、10个芯片模组、6个安全解决方案、2个CA平台。演示活动共包含4类V2I场景、3类V2V场景和4个安全机制验证场景；其中，V2I演示场景包括安全限速预警、道路危险状况提示、闯红灯预警和绿波车速引导、弱势交通参与者提醒，V2V演示场景包括前向碰撞预警、盲区提醒和故障车辆预警，安全机制验证场景包括伪造限速预警防御、伪造红绿灯信息防御、伪造紧急车辆防御和伪造前向碰撞预警防御。本次活动在2018年"三跨"互联互通应用演示的基础上，重点增加了通信安全演示场景，安全芯片企业、安全解决方案提供商、CA证书管理服务提供商等相关单位积极参与本次活动，有效试验验证C-V2X通信安全技术解决方案，实现跨"模组-终端-CA服务-车厂"的全方位演示，协力共促包含安全的完整V2X产业链形成。"四跨"活动有效展示我国C-V2X标准协议栈的成熟度，为C-V2X大规模商业化应用奠定基础。

1.1.2.7.2 C-V2X增强业务场景

与此同时，随着基础业务场景的逐步推广和应用落地，产业界开始越来越多地关注车联网和智能汽车、智慧道路三者协同为驾驶安全、交通效率以及新型出行服务带来的重大影响。这些改变主要来源于两个方面，一是细粒度的信息感知和实时信息交互的革命，二是为协同控制提供了可能。

一方面，C-V2X与智能汽车相结合，能有效地提高交通系统例如道路、交通控制系统等的感知粒度、信息实时双向交互的能力；另一方面，C-V2X能提升智能车辆本身的感知、协同控制能力，对驾驶环境的感知范围在时间和空间方面都有长足的拓展。车-路-云协同促使未来车联网业务演进将从四个方面持续推进：出行发生端的共享出行业务，出行阶段的安全出行和交通效率两类业务，以及贯穿整个出行过程的信息服务类业务。

因此从总体上看，C-V2X 下一阶段的增强业务场景是在保证驾驶安全的基础上，对于效率出行的业务将逐渐增加；从个性上看，安全出行和效率出行会向精细化方向发展，信息服务业务则继续作为其他业务的载体与其他业务互相融合，协同支持各种增强的车联网业务。业务的融合与精细化、智能化演进对增强的 C-V2X 车联网系统以及应用层消息交互都提出了新的要求。

对于 C-V2X 的增强业务场景，当前产业界就场景分类、通信模式和增强的业务场景三个方面做出相应的定义、研究和应用探索。安全和效率增强业务场景有感知数据共享、协作式变道、协作式车辆汇入、协作式交叉口通行、协作式优先车辆通行、弱势交通参与者安全通行等；信息服务和交通管理的增强业务场景有差分数据服务、动态车道管理、场站路径引导服务、浮动车数据采集、道路收费服务等；面向高级智能驾驶的增强业务场景是协作式车辆编队管理。

1.1.3 国内外进展比较

智能网联汽车在国外的研究与实践起步较早，其技术前身是 21 世纪初以美国为代表提出的车–车通信（V2V Communication）技术，以应对车辆驾驶中一些特殊场景的碰撞事故；随后得到美、日、欧各国及地区的高度重视，先后启动了国家研究计划。国外经过十几年的发展，形成了一大批基于智能网联技术的交通示范系统，在试点测试中推动相关技术与产业落地实践。美国主机厂和科技公司在智能网联汽车基础软件、核心芯片、激光雷达等方面继续保持领先优势。通用、红帽等公司通过合作与并购，建立汽车软件能力护城河。英特尔、英伟达等科技公司在自动驾驶核心零部件上不断形成突破。

欧洲 L3 级自动驾驶车辆开始进入市场，整车企业和汽车电子零部件供应商面向高级别自动驾驶加速转型。梅赛德斯奔驰 Drive Pilot 成为首个获准在欧洲公共道路上使用的 L3 级自动驾驶系统。AUTOPILOT、ICT4CART、TransAID、SHOW 等科技支撑项目探索实践不断深入，为技术研发应用、商业模式探索奠定良好基础。

日本基于良好的汽车电子产业基础稳步推进自动驾驶，在相关测试验证及车型规划方面形成良好布局。索尼、东芝在激光雷达等自动驾驶核心零部件方面不断形成突破。面向 2030 年，日产、三菱等车企围绕汽车智能化明晰中远期发展路线图。

国内方面，在产业各方的共同努力下，我国智能网联汽车产业链已经基本完备，部分关键技术研发处于全球并跑阶段，不同等级自动驾驶技术逐步进入市场，并在多场景下蓬勃开展应用。

一是技术基础体系和生态建设进一步夯实。各环节共同发力，初步形成较为完备的智能网联汽车产业链。跨行业融合带动建设网状产业生态体系。整车集成与部分关键技术不断突破，形成全球并跑趋势。

二是产业链关键环节取得瞩目成果。激光雷达技术国际并跑，车规产品正式进入前装车辆。车载芯片自主能力加强，逐步打破国外同类产品垄断。信息通信产业优势显著，构建智能网联特色发展路径。高精度定位技术持续发展，有效助力自动驾驶应用。智能座舱新产品、新应用不断涌现，为驾乘人员提供更佳体验。

三是特定场景下高级别自动驾驶技术各项应用不断创新升级。Robotaxi 场景技术与规模不断突破。中低速自动驾驶巴士开始进入公开道路常态化示范阶段。国内自动驾驶港口应用加速，逐步实现商业化试运营。矿山场景开始进入"安全员下车"常态化阶段。末端配送、环卫清扫等功能型无人车辆在疫情期间充分发挥积极作用。

随着产业新阶段的到来和产业新模式的形成，我国在软件通信、造车新势力、消费使用和社会发展端上的优势进一步放大，产业竞争力上以微弱的优势超越日本，位列第三。当前各主要发达国家持续推动 L3 级及以上智能网联汽车应用，注重智能道路基础设施与智能网联汽车之间的交互耦合。我国在部分关键技术、示范应用、法规标准等方面处于全球并跑阶段。但是由于在生产制造、智能零部件、技术创新上的传统劣势，中国仍与美国和欧盟有着较大差距。

1.2 智能交通国内外发展历程与现状分析

以美、欧、日等为代表的发达国家及地区智能网联汽车发展即起源于智能交通，因此在智能网联汽车与智能交通融合发展上具备一定的先发优势，借助新技术、新理念不断拓展智能交通新领域，并逐步通过车辆的智能化、网联化实现车与交通系统的协同，推动智能交通产业高速发展。美国的多模式车联网、欧洲的绿色智能交通、日本的高速公路车路协同、新加坡的主动需求调控战略都是智能交通发展的有效实践。

我国智能交通起步落后于世界发达国家，但近 10 年进入创新发展及快速提升阶段，也在进行弯道超车的技术储备。以北、上、广、深等为代表的国内城市高度重视交通智能化发展，并将其作为城市发展的核心竞争力，持续推动交通数据信息壁垒打通、区域城市群智慧一体化，强化大数据决策分析、智慧化运营管理和便捷化、个性化出行服务，在诸多技术和场景应用方面独具特色、国际领先。

1.2.1 国外

1.2.1.1 美国

美国智能交通以追求安全、高效为目标，以顶层规划引领智能交通发展建设，以自动驾驶技术为突破推进安全管控。

在顶层规划方面，美国自1995年出版《国家智能交通系统项目规划》，确定了智能交通系统的七大系统，其后数次五年规划均围绕七大系统展开技术研究和创新突破，先后编制了《美国五年ITS项目计划（1999—2003）》《美国十年ITS项目计划（2001—2010）》《智能交通系统战略研究计划2010—2014》《智能交通战略计划2015—2019》等系列规划。2009年12月，美国运输部发布了智能交通系统（Intelligent Transportation System，ITS）战略研究计划（2010—2014）。该计划确定2010—2014年美国在智能交通系统方面的研究重点是车车交互，并致力于DSRC和非DSRC无线通信技术在交通领域的创新应用。2014年，美国提出的《ITS战略计划2015—2019》中，将之前主要关注车辆网联化的发展策略提升为汽车网联化与自动驾驶融合的发展战略。2018年，美国运输部发布第3版自动驾驶指导政策《准备迎接未来交通：自动驾驶汽车3.0》（*Preparing for the Future of Transportation*：*Automated Vehicles 3.0 [AV 3.0]*），迎接完全无人驾驶汽车的到来。随后在2020年，美国公布了"自动驾驶4.0：确保美国在自动驾驶技术方面的领导地位"，提出了3个核心领域：优先考虑安全和保障、推动创新和确保一致的监管方法。同年3月，美国交通部发布《智能交通系统（ITS）战略规划2020—2025》，明确了"加速应用ITS，转变社会运行方式"的愿景，以及"领导智能交通系统的合作和创新研究、开发和实施，以提供人员通勤和货物运输的安全性和流动性"的使命，描述了美国未来五年智能交通发展的重点任务和保障措施。

在法律法规方面，20世纪90年代美国通过了ISTEA法案（Intermodal Surface Transportation Efficiency Act）和《面向二十一世纪的交通运输平衡法案》（*Transportation Equity Act for the 21st Century*，*TEA-21*），旨在推动智能汽车和自动公路的原型系统开发和测试。2017年7月27日，美立法机构全票通过《自动驾驶法案》（编号H.R.3388），对美国自动驾驶车辆的生产、测试进行方向性立法。

在技术研究方面，20世纪70年代美国开始了自动公路（Automated Highway）的研究与实验。80 年代，加州大学伯克利分校的先进交通和高速公路合作伙伴（Partner for Advanced Transit and Highways，PATH）项目在自动公路领域取得了显著的研究成果。随着通信技术的发展，到 21 世纪初，美国加州交通局提出并开展协同式自动车路系统（Cooperative Vehicle-Highway Automation Systems，CVHAS）的研究，专注于研究车路通信条件下的安全保障技术。并宣布启动车路一体化（Vehicle Infrastructure Integration，VII）项目，把系统进一步分为车辆、路侧设施和网络等基本元素。2015 年，美国启动了 M-city 网联自动驾驶实验。该实验旨在对事故频率高的场景进行数据提取和分析，以评估自动驾驶汽车的安全性能。这一系列的研究和实验标志着美国对智能交通系统和自动驾驶领域的持续关注和投入。

1.2.1.2 欧洲

欧洲智能交通发展重点关注可持续移动性和出行即服务（Mobility as a Service，MaaS），以服务人的出行需求为核心，强调政府－市场－企业－市民合作和共同参与。由于欧盟作为一个包括多个国家的组织所具有的特殊性，它的智能交通发展重点为标准的制定、促进标准化和一体化发展。先统一标准，再进行系统整合，由政府、企业和个人三方面共同出资进行智慧运输系统的研究。

在顶层规划方面，欧洲坚持可持续移动性规划引领城市发展。可持续性城市移动性规划（Sustainable Urban Mobility Plan，SUMP）是一项由多学科团队共同编制、充分考虑人的出行和设施服务可达性的、倡导多种交通方式协调发展以满足城市及其周边地区居民和企业的交通需求的城市交通战略规划。未来的交通将以满足不同出行者的个性化需求为目标，制定符合实际需求的服务方案，提供差异化、多样化的全过程服务，对交通出行链进行一体化整合与优化，以高品质、高质量、高效率的服务方式满足市民交通出行的需要。为促进和指导欧洲各城市实施可持续城市移动性规划，欧盟委员会于 2009 年组织政策制定者、规划师和其他从业者、学者和其他利益相关者编制了《可持续城市移动性规划编制和实施指南》（*Guidelines for Developing and Implementing a SUMP*）。2020 年欧盟发布《可持续和智能交通战略》，为运输系统实现绿色和数字化转型奠定了基础，并能更加灵活地应对未来危机。

在可持续城市移动性规划的理念下，欧洲积极推动智能汽车与智能交通协同发展。2001 年欧盟发表题为"欧盟交通政策 2010 年：由时间来决定"的白皮书。白皮书中提到 2010 年道路死亡人数减少一半的宏伟目标。为实现这个目标，欧盟启动了 eSafety 计划。该计划期望通过信息和通信技术作为智能解决方案，开发更安全的智能汽车安全系统。2006—2010年欧盟投入3790万欧元进行了SAFESPOT项目的研究。该项目在驾驶场景和环境实时重建的基础上，通过"扩展协作意识"，提高安全相关信息的范围、质量和可靠性；支持驾驶人在不同的驾驶情景下采取合适的事故预防措施；优化紧急状态下的车辆辅助控制；通过交通事件管理减少其负面影响；开发协同安全应用技术；保障所有道路交通参与者的安全。

2019年3月，欧盟道路交通研究咨询委员会更新发布了《网联式自动驾驶技术路线图》，强调协同互联的内涵，增加了网联式自动驾驶的内容，同时明确提出基于数字化基础设施支撑的网联式协同自动驾驶。2021年更新发布的《网联协同自动驾驶路线图》提出网联协同自动驾驶（Connected, Cooperative and Automated Driving, CCAD）理念，由控制"交通"到控制"车辆"，并将其作为路侧设施的建设指南和ISAD的升级。2022年2月，欧盟道路交通研究咨询委员会更新发布《网联、协作和自动化出行路线图》，由关注自动驾驶"车辆"转向关注"出行"。同年6月，在欧盟委员会Horizon Europe框架下，网联、协作和自动化出行（Connected, Cooperative and Automated Mobility, CCAM）合作伙伴关系正式成立，其目标是创建一个更加以用户为中心、更具包容性的移动系统，提高道路安全，同时减少拥堵和碳排放。

为了验证ISAD中数字化基础设施对未来网联式自动驾驶车辆的支撑能力，以支持自动驾驶汽车与传统汽车混合行驶，欧洲开展INFRAMIX项目，在奥地利和西班牙高速公路上进行了实地测试，涵盖三个典型的交通场景：动态车道分配场景、道路施工区域场景、交通瓶颈区场景。研究通过路侧基础设施与网联车辆通信的方式，为车辆提供驾驶信息参考以及控制方案。测试结果显示，在各类场景下，通过路侧提供建议速度，延迟时间可减少10%~15%；为自动驾驶车辆提供控制参数建议，交通效率可提高50%。这一研究为新型道路基础设施设计和部署、通过网联交通管控来保持或提升交通安全和效率等方面提供了可靠数据。这一研究成果为未来道路交通系统的发展指明了方向，验证了数字化基础设施在提高交通效率和安全性方面的潜力，对未来智能交通系统的规划和实施将产生深远影响。

1.2.1.3 日本

日本智能交通经历了从早期的系统整合发展到车路协同的大规模实证应用的过程。日本政府在ITS领域内投入了大量资金，制定了大量相关扶持政策，以形成ITS产业，推动日本发展。智能交通从早期的汽车导航系统着手，通过政府和行业支持逐步推广车内联网系统，新时期结合车联网技术的发展进一步利用车路协同技术实现人、车、路的互联互通。

在顶层规划方面，日本编制了《e-Japan strategy》《e-Japan strategy2》《IT 新改革策略》《i-Japan 战略 2015》《世界最先进 IT 国家创造宣言》《日本复兴战略》等系列规划，由关注系统之间的整合到车联网、自动驾驶。根据规划，日本多年来一直在致力于车路协同方面的全面推广和普及应用，已经取得良好效果。在 2020 年，日本发布了《自动驾驶政策方针 4.0》，提出无人驾驶服务的实现和普及路线图。

在研究方面，ITS 在日本起步较早，发展始于 20 世纪 70 年代。1973—1978 年，日本成功地开展动态路径诱导系统实验。从 20 世纪 80 年代中期到 90 年代中期的 10 年间，日本相继进行了道路与车辆之间通信系统、交通信息通信系统、宽区域旅行信息系统、超智能车辆系统、安全车辆系统以及新交通管理系统等方面的研究。在此基础上，1994 年 1 月，成立了日本道路交通车辆智能化促进协会（Vehicle Road and Traffic Intelligent Society，VERTIS），用以推动 ITS 在日本的发展。2001 年 VERTIS 改名为日本 ITS 协会（ITS Japan）。20 世纪 90 年代，日本还建立了道路交通信息通信系统（Vehicle Information and Communication System，VICS），并在日本横滨举行的第二次 ITS 世界大会上展示了装有 VICS 的车辆，其研究成果已经接近实用水平。

在应用方面，获得广泛应用的 ITS 项目是道路交通信息通信系统、电子收费系统（Electronic Toll Collection，ETC）和智能公路系统（Smartway，后改称为 ITS Spots）。2001 年，日本开始装备使用 ETC。2004 年，日本提出了 Smartway 项目，从 2005 年开始研究新一代的道路交通服务系统。在 2007 年，该项目形成了 ITS 车载和路侧单元标准，并进行了 Smartway 的成果示范。2009 年，日本开展了基于 ITS 的安全行车技术示范；以 Smartway 的研究做基础，2011 年，ITS Spot System 在全日本高速公路上开始安装使用。2014 年，日本发起著名的国家级自动驾驶项目"SIP-adus"，该项目取得了多项领先成果，其中包括于 2016 年完成的汽车专用路高级驾驶辅助技术实证试验，以及 2017 年完成的普通路面高级驾驶辅助技术实证试验。自 2019 年起，日本国家自动驾驶研发计划进入 2.0 阶段。

1.2.2 国内

1999 年，全国 ITS 协调领导小组和办公室开始组织实施我国 ITS 体系框架的制定工作。我国 ITS 体系框架采用面向过程的方法。2003 年 1 月正式出版了《中国 ITS 体系框架》（第一版）。2005 年进行修订，完成了《中国 ITS 体系框架》（第二版）。

"九五""十五"启动阶段,我国成立了国家智能交通系统工程技术研究中心,搭建了中国ITS体系框架,国家科技攻关计划"智能交通系统关键技术开发和示范工程"重大专项启动了12个研究项目,促进了我国智能交通系统从技术研究到工程示范应用在全国的开展。

"十一五"期间,国家高技术研究发展计划("863计划")设立了"现代交通技术领域"。在"863计划"专题课题的支持下,在智能化交通管控、汽车安全辅助驾驶、车辆运行系统状态监控与安全预警等一批核心关键技术上取得了实质性的进展。

2011年至今,《关于加强道路交安全工作的意见》《关于加快推进"重点运输过程监控管理服务示范系统工程"实施工作的通知》《道路运输车辆动态监督管理办法》《道路运输车辆卫星定位系统车载终端技术要求》等政策、标准规范的出台,为智能网联汽车技术的发展营造了良好的政策环境,同时促进了智能网联汽车技术在我国的发展。

2016年8月,发改委和交通运输部联合发布《推进"互联网+"便捷交通 促进智能交通发展的实施方案》(以下简称《方案》),这是我国第一次就智能交通(ITS)发布的总体框架和实施方案,《方案》为我国智能交通的未来发展指明了方向,同时标志着我国智能交通进入新阶段。

国家的总体框架明确近期将以三个系统(智能运输服务系统、智能运输管理系统、智能决策支持系统)、两个支撑(智能交通基础设施、标准和技术)、一个环境(宽松有序发展环境)作为主要发展内容,在基础设施建设、产业发展、运行服务和技术应用等多个方面进行了详细的安排,同时覆盖了城市交通、公路、铁路、航空、水运。

2019年9月,中共中央、国务院发布《交通强国建设纲要》以来,提出构建安全、便捷、高效、绿色、经济的现代化综合交通体系,打造一流设施、一流技术、一流管理、一流服务,建成人民满意、保障有力、世界前列的交通强国。

2020年以来,中共中央、国务院密集部署新型基础设施建设。《2020年政府工作报告》中将"两新一重"作为重点任务,其中交通运输是新型基础设施与传统基础设施融合发展的重要领域。交通运输领域新型基础设施建设以先进技术赋能,使传统基础设施融入新要素、具备新功能、呈现新形态,促进交通基础设施网、运输服务网、能源网与信息网络融合发展。为加快建设交通强国,推动交通运输领域新型基础设施建设,交通运输部于2020年8月制定印发《推动交通运输领域新型基础设施建设的指导意见》,围绕加快建设交通强国总体目标,以技术创新为驱动,以数字化、网络化、智能化为主线，以促进交通运输提效能、扩功能、增动能为导向，推动交通基础设施数字转型、智能升级，建设便捷顺畅、经济高效、绿色集约、智能先进、安全可靠的交通运输领域新型基础设施。发挥新型基础设施提质增效作用，巩固传统基础设施强基固本作用，统筹传统与新型、存量与增量、供给与需求，注重集约建设、资源共享，增强发展动能。

为加快智能网联汽车技术突破和产业化发展，工业和信息化部、公安部、自然资源部、住房城乡建设部、交通运输部于2024年1月联合发布《五部委关于开展智能网联汽车"车路云一体化"应用试点工作的通知》，开展智能网联汽车"车路云一体化"应用试点工作，促进智能网联汽车规模化示范应用和新型商业模式探索，大力推动智能网联汽车产业化发展。

1.2.2.1　北京

北京智能交通建设起步于20世纪80年代，通过技术引进和自主创新，实现了城市交通管理向现代化转变提升。特别是在2008年北京奥运会之后，建成了全国领先的"一个共享平台，七个应用领域"智能交通体系，极大地推动了智能交通发展。

在智能交通与智能汽车融合发展方面，北京积极推动自动驾驶技术发展和应用示范，形成了涵盖标准法规、管理细则测试道路评估的成果体系。以"安全第一、有序创新"为核心原则，北京积极探索自动驾驶"中国标准"的工作思路，不断推动各项标准法规研制，持续推进协同创新。在全国各个开放自动驾驶测试的城市当中，北京在申请企业数量、发放牌照数量、路测里程等方面均位居全国前列。在道路测试管理体系方面，发布了《北京市自动驾驶车辆测试道路管理办法（试行）》。在自动驾驶标准规范方面，发布了团体标准《自动驾驶车辆测试道路要求》及《自动驾驶车辆测试安全管理规范》，基于安全保障原则，切实推动测试工作的有序开展。

在智能网联基地和应用示范方面，2019年，在北京经济技术开发区40平方千米测试区及国家智能汽车与智慧交通（京）示范区亦庄基地设立了全国首个车联网（智能网联汽车）与自动驾驶地图应用试点，通过加强5G、RTK基准站地基增强网络、车联网等试验基础环境，全面支持自动驾驶技术研发及应用落地。2020年9月，市政府决定建设全球首个网联云控高级别自动驾驶示范区。通过统筹"车、路、云、网、图"等各类优质要素资源，探索经济合理的车路协同解决路径，加快实现L4及以上高级别自动驾驶规模化运行，迭代推进智能交通管理示范区建设，实现示范区信控路口的联网联控，打造亦庄新城全域的高品质出行体验。

1.2.2.2 上海

上海市智能交通建设也是起步于20世纪80年代，以道路交通信息化智能化为主线，引进了澳大利亚交通信号自适应控制系统，完成了上海城市快速路交通诱导系统的建设示范。2010年后，上海以综合交通智能化为主线，不断整合信息资源，在道路交通、公共交通、停车等行业广泛应用，通过强化出行信息服务和交通管理的融合，形成了面向政府管理决策、公众出行的多层次交通信息服务。

2008年3月，建成上海市交通综合信息平台。平台以"掌握现状、找出规律、科学诱导、有效指挥"为指导思想，以城市道路交通、公共交通、对外交通领域动、静态信息数据为主要对象，在相应标准的规范下，通过汇集、整合、处理本市车流、客流、交通设施等多源异构基础信息数据资源，实现跨行业交通信息资源整合、共享和交换，为交通管理部门进行交通组织管理和社会公众获取交通综合信息服务提供基础信息支持，极大地推进了上海市交通信息化建设进程。

顺应智能交通产业发展的潮流，近年来上海也加快了对于智能道路以及智能网联示范区、测试区的建设，用以推进车联网封闭及开放环境测试。涵盖了智能交通技术应用、LTE-V2X/5G车联网应用、无人驾驶和V2X测试场景建设等功能，提供多种测试内容，包括信息服务、安全、效率、新能源汽车应用及通信能力等。

2016年6月，建于上海嘉定的第一个封闭测试区正式投入运营。2018年3月，嘉定区在安亭镇进行了首次开放道路测试。截至2022年年底，嘉定区已设有315千米的自动驾驶测试道路，涵盖不同类型与等级的道路。这些开放测试道路，不仅实现了5G信号全覆盖，还建有V2X车路协同应用系统、全息道路感知系统、安全监管监控平台、路侧智能终端等基础设施。此外，测试区内还建立了国内首个智能驾驶全息场景库，已积累2000例交通事故深度调查数据，完成二十余类场景提取。

1.2.2.3 广州

广州交通信息化、智能化建设成果显著，通过开展"首批国家综合运输服务示范城市""公交都市""国家物联网智能交通示范城市"等一系列重大信息化工程与示范、试点项目建设，政务管理与科学决策能力进一步增强，行业管理与业务协同水平持续提升，企业营运与管理信息化水平明显提高，公众出行信息服务能力显著跃升，基本形成数据采集多模式、行业监管全覆盖、信息服务全方位的局面，智能交通总体发展水平位居全国前列。

广州智能交通建设坚持以人民为中心的发展思想，坚持创新、协调、绿色开放、共享的发展理念，搭建了"一中心、三平台、四保障"的城市智能交通总体框架，先后汇聚了海量交通大数据、建成了 90 多个交通行业管理系统、企业应用和公众服务系统，与省交通运输厅、市公安局等单位建立了共享共建机制实现对广州市公交、出租、客运、货运、危险品运输、停车场、驾培维修、公路桥梁等交通行业信息化科学化管理和服务的全覆盖。

2020 年 7 月，广州发布《广州市加快推进数字新基建发展三年行动计划（2020—2022 年）》，开展车联网直连通信频谱试运营，促进 C-V2X 规模部署，推动建立粤港澳大湾区跨市、跨境测试及应用协同机制，建设大湾区车路协同试验网。

此外，广州市将车城网平台接入各类已有车内监控设备与各类存量和新增 AI 路侧监控设备，通过车城指挥中枢的智能感知、精准分析研判以及业务管理闭环的能力，协同区级"有呼必应"平台，实现了车、路、人联动监管，提升泥头车等重点营运车辆违章行为的"全程跨局到人"监管，大幅提高了道路运输精细化管理的自动化水平。

1.2.2.4 深圳

2009 年，深圳市实施大部制改革，成立了深圳市交通运输委员会，在国内率先建立了真正意义上"一城一交"的大交通管理体制，实现了全市智能交通工作的统筹管理，为智能交通系统一体化建设、一体化应用提供了良好的体制机制保障。深圳市交通运输委员会提出了"以信息化、智能化引领全市交通运输行业现代化、国际化、一体化"的发展理念，从"建体系、立模式、编规划、树标准"四个方面谋划了智能交通顶层设计。

近年来为改善交通状况，深圳紧扣"互联网、物联网、大数据"的时代发展趋势，以智慧城建设为契机，坚持"以信息化、智慧化引领全市交通运输行业现代化、国际化、一体化"的发展思路，大幅度增加交通信息化建设的投入，持续推动智能交通发展建设。

目前，深圳着眼于未来交通发展需求，正在打造智能网联交通测试平台，构建车-路-云一体化测试服务框架，加快推动测试区、智慧交通等通用基础设施建设，不断加快营造国内领先的车联网运营环境，完善全域路口网联化改造，实现对智能网联汽车运行位置、行驶数据以及车载相关感知设备数据的实时记录和云控监管，保障交通安全、网络安全、数据安全，全面提升全域开放可控性、安全性。

1.2.3 国内外技术进展比较

目前，以美国、欧洲、日本为代表的发达国家和地区，凭借各自在交通、汽车、信息等相关领域的深厚积淀，已在车路协同和智能网联汽车与智能交通融合发展上具备了一定的先发优势。

其中，美国重视智能交通顶层设计的延续性和继承性，滚动式制定智能交通发展战略规划，以自动驾驶技术政策为引领，全面推进多模式车联网综合运输一体化发展，以服务全人群、打通全链条为目标，全面推进完整出行服务部署。在产业发展方面，美国基于其强大的信息产业优势在智能化和网联化两个方向都保持领先，车-车通信领域初步形成了产业化能力，强调自动驾驶汽车作为交通系统的一部分深度融入交通系统。

欧洲的智能交通经历了由各国单独建设逐步走向欧盟统一规划指导的过程，构建了统一发展框架体系和标准规范，强调基础设施互联互通建设，着力打造跨国合作式智能交通系统走廊工程，倡导绿色出行与可持续发展理念，不断推广出行即服务新型出行模式。在智能交通与智能汽车融合发展方面，欧洲基于其世界领先的汽车电子零部件供应商和整车企业，在自主式自动驾驶车辆技术方面保持优势，欧盟提出协同推动道路环境资源聚合与智能驾驶汽车发展的技术路径。

日本系统性编制智能交通手册和规划，将智能交通作为 IT 国家战略的重要组成部分以推动智能交通发展，以高速公路和枢纽为载体推进设施更新升级，推动基于 ETC2.0 的高速公路需求精准调控和出行信息服务。日本基于其完善的道路基础设施，以大数据为核心通过发展协同智能交通系统，稳步推进车路协同技术的商业化，并直面车路协同和智能网联汽车与智能交通融合发展中车辆运行中的关键的责任划分问题和安全条件问题。

与此同时，我国智能交通关注交通大数据中心建设，促进精细化管理和运营服务，推动数据共享与系统集成，建立交通运行指挥调度体系，注重交通精细化管理运营，打造未来交通智慧出行体验，在诸多技术和场景应用方面独具特色、国际领先。在关键技术方面，我国在探究新一代智能网联汽车与智能交通融合发展领域中的 LTE-V/5G 等通信技术、北斗定位、交通复杂场景建模、交通大数据等方面独具特色。在车路协同式智能交通、车辆主被动安全、智能网联汽车、交通出行一站式信息服务等方向，国内机构和企业都在开展与国际同步的研究应用。在交通拥堵费收取、共享电动车/汽车/单车、网约车/顺风车、快速公交系统、共享交通领域和支付模式等细分领域，已经部分实现了发展引领。在市一级的路内停车联网收费、国家级的公路网监测与应急服务、电子不停车收费系统全国联网收费、全国性的公路客运联网售票、全国性的公交一卡通联网、互联网交通安全综合服务管理平台、汽车电子标识等诸多方面，处于国际领先水平或者国外少见的规模化应用管理和服务案例。

1.3 智慧城市国内外发展历程与现状分析

2008年11月，IBM公司在纽约召开的外国关系理事会上首次提出了"智慧的地球"这一理念。2010年，IBM正式提出了"智慧的城市"愿景，引发了智慧城市建设的热潮。

美国、欧洲、日本等发达国家和地区研究如何运用新一代信息技术来重新审视现代城市发展中的关键问题，针对如何加大信息技术在城市管理、服务和运行中的创新性应用，相继提出了发展"智慧城市"的战略举措，城市智能发展的新模式孕育成型。2012年后，我国迎来智慧城市概念，在城市基础建设、交通管理、文化事业、教育事业、医疗卫生等领域开展了大量建设实践。

1.3.1 国外

1.3.1.1 美国

美国智慧城市建设各地侧重不一。迪比克是美国第一个智慧城市，也是世界首个智慧城市，其重视智能化建设，率先建设并完成城市智能化布局。为了保持城市宜居环境的优势，并在商业方面有更大的发展，迪比克市政府与IBM合作，计划利用物联网技术将城市的所有资源数字化并连接起来，涵盖水、电、油、气、交通、公共服务等多个领域，进而通过监测、分析和整合各种数据智能化地响应市民的需求，并降低城市的能耗和成本。该市率先完成了水电资源的数据建设，给全市住户和商铺安装数控水电计量器，不仅记录资源使用量，还利用低流量传感器技术预防资源泄漏。仪器记录的数据会及时反映在综合监测平台上，以便进行分析、整合和公开展示。

美国纽约充分发挥数据价值，建立智慧消防系统。据统计，纽约大约有100万栋建筑物，平均每年约有3000栋会发生严重的火灾。纽约消防部门将可能导致房屋起火的因素细分为60个，包括住房是否属于贫穷或低收入家庭、房屋建筑年代、建筑物是否有电梯等。除去危害性较小的小型独栋别墅或联排别墅，分析人员通过特定算法，对城市中33万栋需要检验的建筑物单独进行打分，计算火灾危险指数，确定重点监测和检查对象。目前，数据监测项目扩大到2400余项，涵盖了学校、图书馆等人口密集场所。尽管公众对数据分析和防范措施的有效性之间的关系心存疑虑，但是火灾数量确实下降了。

美国芝加哥采用"灯柱传感器"来挖掘城市数据。这些传感器被安装在街边灯柱上，已广泛应用于市民生活中。通过"灯柱传感器"，可以收集城市路面信息，检测环境数据，如空气质量、光照强度、噪音水平、温度、风速。根据芝加哥城市信息技术委员会提供的资料显示，这些"灯柱传感器"设计不会侵犯个人隐私，它们只是侦测信号，而不记录移动设备的MAC地址和蓝牙地址等个人信息。

1.3.1.2 欧洲

1.3.1.2.1 西班牙

2013年，巴塞罗那着手创建西班牙首个真正智慧城市，并致力于构建高度互联、零排放的城市区域，旨在打造一个自给自足的城市。增设了公共区域的无线热点，让无线网络覆盖到了城区的几乎所有角落。与此同时，利用智能手机的普及，巴塞罗那市议会开发了多款应用程序，提供移动市政服务，包括支付停车费、电动汽车充电、查看实时交通状况、浏览景点和博物馆等。这些应用结合了定位和增强现实技术，展示了巴塞罗那的历史与城市风貌。

2014年3月，欧洲委员会授予巴塞罗那"欧洲创新之都"的称号，认为该市通过新技术更好地维持了与市民间的联系。这一荣誉也帮助巴塞罗那获得了在2023年前持续主办世界移动通信大会的资格。世界移动通信大会、物联网解决方案世界大会和世界智慧城市博览会等展览落户巴塞罗那，进一步巩固了巴塞罗那作为智能城市的地位。

在城市街道照明方面，市政府引入智能照明传感器，根据路人数量调节光线亮度，降低了电力消耗约30%，每年为全市节省了3000万欧元电费。在环境保护方面，智能垃圾桶的使用有助于优化垃圾收集，并通过垃圾的焚烧为取暖系统提供能源。公交系统方面，全市大力推广混合动力公交车以进行减排，并设立配备了太阳能电板的智能停车站。在绿化灌溉系统上，地面传感器收集植物需水的数据，有助于减少水资源消耗。

创新技术的使用使巴塞罗那成为一个更具包容性、生产力、创新力且能自给自足的城市，并为当地居民、投资者和游客带来了便利。因此，巴塞罗那在2014年获得了彭博慈善基金会重大挑战奖,并在 2015 年朱尼珀研究公司发布的全球智慧城市排行榜上名列第一。

1.3.1.2.2 瑞典

自 20 世纪 60 年代以来瑞典一直在积极探索智慧城市的发展道路,并致力于协调城市建设与资源环境、经济发展、人口结构等多方面的关系,在城市合理规划及系统性解决方案制定方面积累了宝贵的经验。瑞典首都斯德哥尔摩作为全球知名的智慧城市之一,一直努力打造全球最领先的创新、开放和互联的智慧之都,通过创新的解决方案,开放性实现智慧城市和互联互通,在信息安全和隐私保护方面持续加强,以确保智慧城市未来的可持续发展。

瑞典将智慧城市建设纳入构建"无化石燃料国家"的整体规划当中,通过与数字化、生命科学、环境技术等配套领域的协同发展促进瑞典建成更加优越的公共环境。斯德哥尔摩作为智慧城市的运营示范,特别关注以下几个方面的指标:

①建立方便且可靠的互联互通设施;②以暗光纤形式组成的数字技术基础架构,该架构所有权为斯德哥尔摩,并且提供平等与不涉及竞争的条款;③数字技术为内置,且在住宅、交通系统与城市环境中不断发展;④斯德哥尔摩的运营、流程和数据是开放的,且易于访问和创新;⑤斯德哥尔摩为企业、商业、居民和学术界提供创新的氛围;⑥斯德哥尔摩是协作、学习和创新的地方——这座智慧城市由市政、地区、商业、学界和居民共同建设。

为了达到上述目标,各级委员会和相关公司董事会都在此策略的基础上积极地管理其运营。智慧城市的建设工作并非是单纯针对某个特定功能(例如数字技术)的片面发展,而是业务管理的自然组成部分。

首先是数据交换的集成平台,各市政府负责不同的集成平台,这些平台支持在操作系统和物联网设备之间交换数据。其次是数据收集、存储和分析平台:各市政府管理可以收集、整理和存储来自传感器、应用设施和操作系统等各种渠道的数据的平台,并对这些数据负责。

根据斯德哥尔摩市政府的指导原则,如果特定应用需要,各级委员会和公司董事会经各地市政府批准后可以查看本地平台数据。在涉及应用与服务方面,根据指南,不同的委员会对其与智能城市连接的应用程序和服务负责。数字化计划将明确定义市内应用程序组合,考虑进一步开发可协调多个业务领域所需的开发程序。

此外,信息安全与隐私保护方面更是值得关注。随着智慧城市新解决方案产生和使用大量信息，斯德哥尔摩市的信息处理量将大幅增加。目前已经有用于信息管理和安全性的系统和专业知识。因此，重要的是要确保所有新解决方案都符合当前的信息安全准则，并根据当前的信息安全准则对信息进行分类，还必须考虑到现行法律，例如《个人数据法》和欧盟有关数据保护的法规，以及与此相关的未来变更。

鉴于智慧城市中处理的信息量不断增加，斯德哥尔摩市相关单位认为，应审查信息安全准则和信息分类准则，尤其应特别考虑将来自多个数据源的信息混合在一起的数据处理。此外，还需要开发通用的工作方法和过程以及通用的信息结构，以确保所收集信息的一致性。

在智慧城市的信息管理中，重要的是要明确分配信息所有者对收集和使用的数据的责任。关于信息的安全问题，考虑到物联网设备数量增加，无线通信等日益普及，新解决方案需权衡用户便利性与信息隐私。

所有智慧城市新解决方案必须考虑数据完整性问题。为此，斯德哥尔摩市计划建立一个专门的正直与道德问题委员会，提供指导，以更好地保护隐私。

1.3.1.2.3 荷兰

荷兰阿姆斯特丹是首座提出智慧城市战略的城市，2016年4月获得欧洲委员会颁发的欧洲创新之都奖。经历多次发展迭代，阿姆斯特丹智慧城市平台从最初的概念阶段逐渐演变为一个"自下而上"蓬勃发展的系统。平台发展目标日益多样化。智慧平台也从永续生活、永续工作、永续行动和永续公共空间四大发展方向扩展到包括数字城市、循环经济、市民生活、能源、治理与教育和城市交通六大智慧领域，通过各种创新项目推广应用，不断推动整个阿姆斯特丹大都市地区的智慧城市转型。

2013年，阿姆斯特丹智慧城市基金会成立，由政府和能源运营商利安德共同出资各占比50%。同年，阿姆斯特丹经济委员会启动由政府、企业、市民和研究机构多主体组成的阿姆斯特丹智慧城市平台，通过基金会在资金上保障其日常运营。

智慧平台在设计上更类似于一个社群平台，其优势是创造有归属感的虚拟社区，提高用户的参与度。平台吸引了大量致力于智慧城市建设、有共同兴趣爱好的人和企业参与其中，被认为是阿姆斯特丹智慧城市建设最重要的组成部分。

截至2019年2月，在阿姆斯特丹智慧城市平台建设的6个领域共有266个项目，涵盖数字城市、能源、城市交通、市民生活、循环经济和治理与教育六个方面。这些项目的规模大多较小，但它们与市民的生活息息相关，具有实用性和可推广性，能够很快运用于现实生活和生产领域。这是阿姆斯特丹智慧城市项目的典型特征之一。大部分项目在策划初期就已经根据项目运行的情境敏感程度，考虑其可推广性，可推广性的3个维度包括实施维度、扩展维度、复制维度。

从建设路径来看，阿姆斯特丹采用"自下而上"的发展模式，以市场需求为出发点，政府引导、企业为主导，市民积极参与。在这种模式下，阿姆斯特丹不断探索，形成了一种智慧城市发展路径，通过平台机制发挥政府、企业和市民的各自优势，将社会创新与技术创新相融合，推动项目不断迭代和发展。具体来说，有以下几个方面的经验值得参考。

（1）利用信息共享和社群优势，智慧平台搭建多方合作机制

在阿姆斯特丹的智慧城市建设中，承载大量创新项目的智慧城市平台（ASCP）是其核心组成。由于阿姆斯特丹大部分智慧城市项目都是多行动主体，在这个过程中政府、企业和市民三者的协同将对未来城市发展产生深远影响。需要重视以下几点：①充分考虑各利益相关者的目标与需求，建立协同关系。②发挥研究机构和社会组织的作用。③重视创新社群的培育。

（2）重视项目的动态迭代过程，强调项目的实用性和可推广性

一是提前对试点项目进行推广设计；二是项目推广过程不仅是技术的落地问题，而且涉及复杂的社会经济影响因素；三是政策制定者在试点项目中纳入激励措施和机制，以便最大限度地发挥智慧城市项目的潜力。

（3）建立市民激励机制，融合社会创新和技术创新

平台基金会在资金上提供大力支持，鼓励市民通过平台发布自己的创新想法，允许产品在城市特定地区进行测试，并通过项目商业化推广而获得经济收益。参与项目的市民通常会得到物质性奖励，或者其他激励。这一做法使得阿姆斯特丹的智慧城市建设让更多的市民参与到城市转型、技术创新项目和行动中，从而激发智慧城市建设的市民活力。

综上，阿姆斯特丹通过在"平台–项目–激励机制"三者之间建立正向反馈机制，发挥政府、企业和市民的各自优势，形成了一条独特的"自下而上"的智慧城市建设路径。如何保证智慧城市平台和项目建设的可持续性，仍然是阿姆斯特丹智慧城市建设的一个难题。同时，在项目管理上也存在着诸多困难。为此，阿姆斯特丹正探索保障持续发展的制度设计和激励机制。

1.3.1.2.4　法国

法国勃艮第大区首府第戎是法国智慧城市建设示范地。2019年4月，该城市及

其相邻的 23 个市镇推出智慧城市项目，建立统一指挥中心，以推动大区管理现代化协同发展。通过集中管理公共空间和设备，指挥中心可以快速调整市政系统，应对突发情况。举例来说，它能够控制交通信号灯，让应急车辆优先通过，同时向路段其他驾驶员发出绕道建议。此外，还可以远程监控建筑物，根据人流量自动调节不同区域的照明情况。

第戎大都会官方网站数据显示，通过对城市基础设施进行数字化改造，第戎市已将公共服务成本降低了 40%，随着项目的逐步实施，预计其将获得更大的收益。同时，通过合理调节城市照明情况，未来 10 年内第戎市有望减少近 65% 的能源消耗，为低碳城市建设发挥重要作用。

法国东南部城市尼斯，是法国乃至欧洲最早发展的智慧城市之一。在尼斯市生态谷的"智慧城市创新中心"，多块电子屏幕上展示着尼斯智慧城市建设的项目和应用。尼斯的智慧城市建设主要围绕环境、交通、能源和应急管理等四个领域展开。

城市环境监测是"智慧城市创新中心"首批应用之一。通过在尼斯西部 1.6 平方千米区域内部署的近 3000 个传感器网络，可远程收集空气、噪音、水、废弃物管理等环境数据，以测试近 20 种新服务。

在智慧城市建设中，尼斯重视先进技术的试验和应用，并将其视为推动智慧城市建设和运行的必要条件。例如在能源领域，2017—2020 年进行了"尼斯智慧谷"项目试验，大规模整合了可再生能源和电动汽车充电站。通过优化流程，灵活应对本地配电网络面临的挑战。

尼斯生态谷作为"试验基地"参与了欧盟的"可持续城市共创的可复制解决方案"项目的部署。2017 年底至 2022 年，该项目通过优化建筑物能源消耗实时管理，建设电动汽车充电站，做好废弃能源回收，完善新一代共享汽车的试验应用场景等举措，不断探索节能、绿色、宜居的智慧城市建设模型。

1.3.1.3 日本

日本"智慧城市"概念最早由东京大学前校长小宫山宏提出。他认为，随着城市越来越庞大，各种都市病层出不穷。在小宫山宏的努力下，"智慧城市"的概念逐步受到重视，并得到了政界关注。在 20 世纪 90 年代日本确立 IT 立国战略之后，依托信息通信技术基础，日本开始加速布局智慧城市领域建设，从"E-Japan"到"I-Japan"，推动了日本智慧城市的发展。

2009 年 7 月，日本政府 IT 本部推出了"I-Japan 战略 2015"，提出要在 2015 年实现"安心且充满活力的数字化社会",从而官方提出了"智慧日本"的目标,旨在将数字信息技术渗透至生产和生活的各个层面。

在政府层面,该战略主要聚焦于三个关键方面:政府治理的电子化、医疗健康信息服务以及教育与人才培育。除了进行网络基础设施的建设、重视新技术的研发和推广运用外,还积极尝试发展远程医疗、电子病历等领域。对日本的智慧城市建设而言,考虑到国家自然资源的稀缺以及频繁的自然灾害,着重于实现两大目标——节约能源的"3E"(Energy Security, Environment, Efficiency)标准和"低碳可持续"发展的智慧化。自2011年东日本大地震以来,日本对智慧基础设施提出了更高要求。同时面临基础设施老化、资源匮乏等问题,社会各界便期待用智慧城市建设的方式来更新、改变城市基础设施建设理念。因此,日本智慧城市建设的框架逐渐明晰——以电力、煤气、水道等基础建设和能源供给为基础与核心,对交通、农业、公共健康、建筑等借助信息技术与智能技术进行垂直整合。通过对城市设施、人流、物流和各类建筑的网格化、智能化管理,提供高效的公共服务,以实现节能、可持续的低碳智慧城市目标。

基于"低碳可持续"和"3E"这两个目标,日本在智慧城市建设过程中将智慧城市的构建细分为五大依次进阶的层面。

(1)不动产开发

通过调查能源需求和分析能源制约条件,合理确定城市的理想状态、预测未来的需求,并在此基础上制订城市发展计划,结合相对应的不动产开发和设施建设进行智慧城市的建设。

(2)基础设施

根据各个城市的需求和制约条件,采用整体优化的形式建设完善的道路系统、上下水道系统、能源系统和通信系统等,力求实现完备的电力与燃气供给系统、给排水系统、通信网络和高速公路网的智慧化。

(3)智慧设施

在传统的基础设施功能上增加信息通信和传感功能,进行智慧设施建设,提高信息的接收和处理能力,并通过建设整合各种系统平台,实现高效的智慧城市管理服务。如:在供需稳定化解决方案中进行地域能源管控系统及兆瓦级太阳能发电设备建设等。

(4)生活服务

在完成智慧基础设施建设的基础上,创造出全新的、高质量的生活服务,诸如留守老人服务、智慧路灯服务及智慧购物服务等。

（5）生活方式、文化艺术

在提高生活质量的同时，创造新的生活方式、普及新的文化艺术等，主要体现在交通、电力、燃气和通信等设施的智慧化、高效化上。

1.3.2 国内

1.3.2.1 新型智慧城市的内涵与意义

20多年以来，我国城市信息化的发展经历了数字城市、智慧城市、新型智慧城市三个阶段。早期的智慧城市，主要关注的是如何借助遥感、卫星导航系统、地理信息系统等多种信息获取与转换技术，将构成城市的自然环境、建设空间、社会经济、历史人文、管理业务等多种要素进行数字化，形成与现实城市对应的虚拟城市，即数字孪生。然而，这样的智慧城市/数字孪生往往呈现出单向的、相对静态的映射关系。当前新型智慧城市建设已经进入以数据为核心的全新阶段。新型智慧城市的主要目标是全方位、全时段为民服务、城市治理高效有序、数据开放共融共享、经济发展绿色开源、网络空间安全清朗。通过体系规划、信息主导、改革创新，推进新一代信息技术与城市现代化深度融合、迭代演进，实现国家与城市协调发展的新生态。其本质是全心全意为人民服务的具体措施与体现。在新型智慧城市建设中，作为智慧城市建设的核心，其基本工程逻辑是建立城市物理空间和社会空间到信息空间的映射，然后通过信息空间对物理空间和社会空间进行反馈，进而优化城市系统，解决城市问题。

自2012年以来，多个国家部委，如住建部、工信部、科技部、国家发改委等，积极开展了大量的智慧城市试点工作，各省、市也积极响应。2016年4月，在全国网信工作会议上，习近平总书记首次提出了新型智慧城市的概念。随后在2017年10月的十九大报告中，习近平总书记进一步提出建设"数字中国、智慧社会"的宏伟目标。新型智慧城市建设已经上升为国家发展战略。2020年5月，李克强总理在十三届全国人大三次会议政府工作报告中指出，今后政府将扩大有效投资，重点支持"两新一重"建设，即加强新型基础设施建设，加强新型城镇化建设，加强交通、水利等重大工程建设。"两新一重"既是智慧城市的牵引力，又是智慧城市的主战场，二者相辅相成，共建共荣。

2021年中共中央国务院印发的《国民经济和社会发展第十四个五年规划和2035年远景目标纲要》指出："分级分类推进新型智慧城市建设，将物联网感知设施、通信系统等纳入公共基础设施统一规划建设，推进市政公用设施、建筑等物联网应用和智能化改造。完善城市信息模型平台和运行管理服务平台，构建城市数据资源体系，推进城市数据大脑建设。探索建设数字孪生城市。"总结起来，即"新型智慧城市"建设的四个重点——物联网开放体系架构、城市开放信息平台、城市运行指挥中心、网络空间安全体系。

2022年，党的二十大报告中提出，坚持人民城市人民建、人民城市为人民，提高城市规划、建设、治理水平，加快转变超大特大城市发展方式，实施城市更新行动，加强城市基础设施建设，打造宜居、韧性、智慧城市。要深入推动城市更新提升，优化城市功能品质，聚焦超大城市治理，加速推进城市管理"智"治体系建设，构建共商共建共管共享的城市治理新格局，不断推进城市治理能力和治理体系现代化。坚持把发展经济的着力点放在实体经济上，推进新型工业化，加快建设制造强国、质量强国、航天强国、交通强国、网络强国、数字中国。

2023年，中共中央、国务院印发了《质量强国建设纲要》，纲要提出，我国要实施产业基础再造工程和重大技术装备攻关工程，支持专精特新企业发展；要巩固优势产业领先地位，在关系安全发展的领域加快补齐短板，提升战略性资源供应保障能力；要推动战略性新兴产业融合集群发展，构建新一代信息技术、人工智能、生物技术、新能源、新材料、高端装备、绿色环保等一批新的增长引擎；加快发展数字经济，打造具有国际竞争力的数字产业集群；要优化基础设施布局、结构、功能和系统集成，构建现代化基础设施体系等。

新型智慧城市是一条贯彻新发展理念、全面推动新一代信息技术与城市发展深度融合、引领和驱动城市创新发展的新路径，是一种形成智慧高效、充满活力、精准治理、安全有序、人与自然和谐相处的城市发展新形态和新模式。同时，作为建设数字中国、智慧社会的核心载体，新型智慧城市已成为我国城市发展的重要方向。当前，我国新型智慧城市已经进入以人为本、成效导向、统筹集约、协同创新的新阶段。

相较于传统智慧城市，新型智慧城市更加注重信息共享、大数据挖掘和城市安全。它打破了信息孤岛，通过城市数据的采集、共享和利用，构建了统一的城市大数据运营平台。新型智慧城市包含十大核心要素，涵盖智慧城市设计、建设、运营、管理、保障各个方面，具体来说，应包括顶层设计、体制机制、智能基础设施、智能运行中枢、智慧生活、智慧生产、智慧治理、智慧生态、技术创新与标准体系、安全保障体系。

随着对新型智慧城市的深入研究，其内涵和外延也在不断拓展。我国各级各类新型智慧城市建设已经从技术导向、注重建设全面转向成效导向、突出运营阶段，技术架构和业务板块相对固化而成熟。如何解决好政府与市场、全面与聚焦、应用与创新的关系，建立更为高效、顺畅、有机衔接的组织机制、管理机制、运营机制、合作机制，成为现阶段各地推进新型智慧城市建设的核心关注点和探索方向。

1.3.2.2 新型智慧城市建设的现状

新型智慧城市的定义随着国内物联网、云计算、移动互联和大数据等信息技术的不断成熟逐渐清晰。当下的智慧城市强调以信息化为核心，从信息采集、分析、模拟到预测，全面了解城市发展中的问题，精准判断并综合管控。它代表了最新科技与现代城市治理的深度结合，是新发展理念在公共服务领域的探索实践，也是满足人民对美好生活的有效措施。数字孪生的全域感知、精准映射、虚实交互和全局洞察等特点，可以推动城市治理向数字化、全面化、精准化、预见化跃迁，同时带动各垂直领域的创新发展。与此同时，数字孪生能够促使产业界联合资源优势、打通资源壁垒，打造协同发展、共融共生的城市级创新平台，从而带动相关产业和垂直领域实现共同繁荣，充分放大数据价值，实现数据的最大化利用。未来，5G+人工智能物联网（Artificial Intelligence of Things，AIoT）+城市底层操作系统的协同作用将为智慧城市建立全面感知系统提供支持，解决数据融通和城市碎片化的难题，最终为政府提供精准化服务。5G具有大带宽、低延时、窄带物联网（Narrow Band Internet of Things，NB-IoT）广覆盖、低功耗等特点，与人工智能、物联网终端共同形成城市强大的感知系统，成为推动城市数字化转型的关键入口。

随着新型智慧城市发展的需求和新型技术应用的推动，新型数字孪生更加强调现实城市与虚拟城市之间的互动，并突出强调两个方面：双向互动、动态互动。双向互动致力于打破之前从现实城市到虚拟城市的单向映射，更加强调虚拟城市如何针对现实城市所面临的管理问题和发展诉求，在三维仿真、虚拟现实、增强现实、混合现实等技术支持下，通过仿真模拟和分析反作用于现实城市的规划、建设、运营与治理；而动态互动则是借助物联网致力于实时感知现实城市的动态运营状况，并将感知数据通过光纤网络或者5G网络输入虚拟城市，通过虚拟城市来随时监测、分析和发现城市运营中存在的问题，诸如城市生态问题、灾害问题、交通问题、治安问题、疫情问题等。

为推进新型智慧城市建设，国内许多城市群、省、市相继推出了一些建设规划，典型城市和区域智慧城市规划文件和主要内容如表1-3所示。

表 1-3 国内典型城市和区域智慧城市规划

年份	文件	主要内容
2019年	中共中央、国务院《粤港澳大湾区发展规划纲要》	推进新型智慧城市试点示范和珠三角国家大数据综合试验区建设，探索建立统一标准，开放数据端口，建设互通的公共应用平台，建设全面覆盖、泛在互联的智能感知网络以及智慧城市时空信息云平台、空间信息服务平台等信息基础设施，大力发展智慧交通、智慧能源、智慧市政、智慧社区。推进电子签名证书互认工作，推广电子签名互认证书在公共服务、金融、商贸等领域应用
2021年	广东省人民政府《广东省新型城镇化规划（2021—2035年）》	要坚持智慧创新、数字赋能，前瞻部署新一代信息基础设施、统筹建设城市大脑、打造多元融合应用场景，实现城市全域感知、全网协同和全场景智慧，打造全国领先的新型智慧城市标杆。到2025年全省实现5G网络城乡全覆盖
2021年	珠海市智慧城市建设领导小组办公室《珠海市新型智慧城市"十四五"规划》	全面推进新型智慧城市建设与城市发展战略深度融合，坚持全市统筹规划、整体布局、集约部署、协同联动，资金将重点投向5G、大数据、人工智能、工业互联网等领域。部署泛在智能的数字基础设施，构建智能一体的"城市大脑"，深度赋能四类智慧应用场景，推出多个智慧应用，打造"1+1+4+N"的智慧城市总体架构，打造全国领先的新型智慧城市标杆，助力珠海加快建成现代化国际化、未来型生态型智慧型城市，为粤港澳大湾区智慧城市群建设提供核心支撑。到2022年珠海市将建成1.9万座5G基站，率先建成5G+千兆光网的"双千兆"城市；"城市大脑"建设初具雏形，数据治理能力大幅提升；城市数字化水平大幅提升，重点公共区域视频联网率达100%，城市路口智能交通信号覆盖率超40%；惠民便民服务数字化水平显著提升，政务服务事项全程网办率超88%。到2025年，珠海将成为全国领先的新型智慧城市标杆
2022年	深圳市政务服务数据管理局、深圳市发展改革委《深圳市数字政府和智慧城市"十四五"发展规划》	继续深化政务服务"一网通办"、加快政府治理"一网统管"和强化政府运行"一网协同"。构建统筹集约、全面覆盖的通信网络基础设施体系；构造城市混合云生态，实现云资源的一体化融通；建立建筑物、基础设施、地下空间等三维数字模型；建成全市域时空信息平台；建设物联感知平台，为数字政府和智慧城市建设提供有力数字底座支撑。到2025年，城市大数据中心、政务云、政务网络全面提质扩容，构建时空信息平台，实现全域全要素叠加。每万人拥有5G基站数超30个，城市大数据中心折合标准机架超2.6万个，时空信息平台应用数量超200个，重要建筑、市政基础设施、水务工程项目BIM模型导入率达100%。2023年开始，全市所有新建（立项、核准备案）工程项目（投资额1000万元以上，建筑面积1000平方米以上）全面实施BIM技术应用。到2025年，攻克一批具有自主知识产权的数字关键核心技术，形成一批国际领先标准。数字经济核心产业增加值占全市GDP比重达到31%，软件业务收入突破1.2万亿元，5G、人工智能、软件与信息服务业等数字经济细分领域发展领跑全国。建成一系列支撑产业数字化转型的公共技术服务平台

1.3.2.3 面向四智融合的智慧城市智能应用发展现状

当前，一站式出行服务、智慧公交、智慧停车、智能充电、无人配送、无人环卫、智慧建设/智慧管养、无人反恐、无人码头等在国内外都有一些落地应用，如图1-1所示，但大多是企业或事业单位的局部应用，城市层面尚未形成真正完整的智慧生态，与便民利企、全自动化服务还有一定差距。

① 定制公交　　　　　　② 智慧站台

③ 立体式停充一体车库　　④ 无人配送

⑤ 无人码头作业　　　　　⑥ 无人清扫

⑦ 无人震暴　　　　　　　⑧ 无人消防

图1-1　四智融合在智慧城市中的应用

（1）出行即服务

定制公交服务作为MaaS的重要组成部分之一，致力于根据乘客的出行需求（包括起始点、时间段等信息），利用聚类算法为具有相似需求的人群设计路线、设定票价和时刻表，从而实现高舒适性和高性价比的直达服务。目前，我国提供公交业务的主要企业有北京公交公司推出的定制公交、阿里巴巴在上海推出的松江–张江的9路定制巴士、广州二汽公司推出的如约巴士、深圳东部公交旗下的e巴士、滴滴优点科技（深圳）有限公司推出的优点出行等。而在欧美地区，由于私家车拥有率较高或居住分散等因素，定制公交的运营状况并不像国内那么乐观，很多定制公交企业面临着停运的困境。

另外，以Whim、Moovel、WienMobil、Zipster、S'hail、高德、百度等的应用程式为代表的MAAS信息服务应用为国内外市民出行和游客旅行提供了一站式查询、规划、支付途径。目前的应用程式均可以为用户推荐最佳出行组合方案，其中大部分应用覆盖了公交和地铁的状态信息服务，提供出租汽车、共享汽车、共享单车和网约巴士等叫车服务，部分应用还覆盖了火车、轮渡、代驾、网约巴士、共享滑板车等；此外，泊位信息、充电桩使用情况、景区人流、交通拥堵状况、兴趣点等地理信息服务也会集成到上述应用中；乘客可以通过这些应用程式选择一种或多种交通方式，并进行现付或包月支付。

（2）智慧公交

2018年，百度阿波罗在湘江新区智能驾驶示范区内启动运营315路智慧公交线路，总里程15千米，途经28个站点和24个交叉路口。车辆本身装有车载智能设备；关键路口部署含有通信单元、边缘计算单元、路测感知单元的智能路测设备；沿线交叉路口配置智能红绿灯；以及智能网联数字交通系统运营监管平台和智能网联云控平台。该智慧公交系统可以实时与交通信号互动，实现路口公交优先，片区公交优先，全局公交优先；同时，管理人员可在云端感知驾驶状况、载客状况、司机驾驶行为等；车尾还显示前方信号灯，削弱大车的遮挡效应。此外，深圳前海在2020年上线的智能公交站台集成了预报站系统、动态公交线路信息显示、信息交互、客流监测、乘客投诉及报警、灯光控制、故障报修系统、温控散热、全设备故障检测、治安监控等多种功能。

（3）智慧停车与智能充电

高密度智能立体停充一体车库被看作是解决未来城市停车和充电难题的重要方

法。当前我国立体停车库的升降方式主要有：升降横移式车库、平面移动车库、垂直升降车库等；充电模式包括划触连接式充电口、智能接插连接和无限电能传输等。目前许多高密度智能立体停充一体车库已经成功运营，例如深圳石岩同富裕工业区停充一体化车库、苏州吴江区人社大厦西侧智能机械停车楼、西安沣科花园立体车库等。

（4）无人配送

无人配送体系通过与现有复杂配送流程结合，形成无人配送整体解决方案，包括快速分发订单的交易平台、基于大数据优化的调度系统、利用自动驾驶技术构建的物流路网、多种人机协同的末端配送模式（如可进电梯）、形式多样的智能配送终端等。目前，京东、美团、阿里、苏宁的无人配送车穿梭在许多城市的大街小巷，助力企业实现降本增效；特别值得一提的是，在2020—2021年抗击新冠疫情的关键时期，无人配送车辆承担了许多重要医疗物资和生活物资配送工作，显示了其特殊时期特殊场景下的重要意义。当前无人配送领域仍面临着一定的发展瓶颈，包括多样化场景开发的难度、生产成本较高，上游供应商无法满足小批量、定制化零部件生产需求，以及运营落地的难度较大等。由于法律法规的限制，无人配送车目前主要在封闭的园区内运营，车型主要是低速车。

（5）无人码头

目前，无人码头港区作业主要采用自动引导运输车（Automated Guided Vehicle，AGV）和无人集卡这两种主要驾驶模式。两种模式均需要识别集装箱物体、机械设备、灯塔等物体，并精准驶入龙门吊作业指定位置，实现 7×24 全天候作业，提高码头作业效率、作业安全、减少劳动力成本，有助于缓解人力资源短缺问题。然而，AGV 小车对港区作业环境要求的成本高，适应性差，称重能力弱，因此作为智能网联汽车的重要形式之一的无人集卡无论对于传统码头改造还是新型码头建设都将是未来最优选择。

（6）无人清扫

基于线控底盘和多重传感器融合，目前的无人清扫车已具备贴边清扫、遇障碍物停止或绕行、故障诊断、人工介入判断、智能语音、人机交互、一键启动等功能；自动感知路侧可行使区域，保持定速并贴边清扫；有效降低驾驶员劳动强度，提高作业安全性。

（7）无人震暴

可用于战场侦察、测量、目标引导、攻坚打击，合围追捕，机场、码头、仓库、港口等巡逻守卫等任务。

（8）无人消防

目前无人消防作业依靠火场外围的远程驾驶技术，救援时配合消防专用无人机和救援无人机使用。这种方法适用于地铁、公路、铁路隧道、地下设施与货场、石化炼制厂与油库的火灾灭火。特别是在毒气泄漏、大面积烟雾以及易燃易爆情况下，人员难以进入的场合，可以进行现场救援、监控、清除危险品和障碍物等任务。在执行消防任务时，消防员可操控无人消防车及无人机实施灭火救援，多台消防无人机可编队轮番作业，并实时监控现场态势，把火灾现场实况通过视频直播接入消防指挥中心。

1.3.3 国内外进展比较

国外在推进智慧城市建设过程中，逐渐改变以技术为中心的思想，确立了"以人为本"理念，建立无所不在的社会服务环境。智慧医疗、智慧社区等不断促进人们的生活与学习。此外，国外注重建立规则和培养秩序，发挥指导和协调作用。在智慧城市建设中，各国目标均非常清晰，充分发挥技术作用，积极应用科技手段推进城市可持续发展，力争推动本国的技术进步、产业发展，以增强国际竞争力。各国致力于用精准、可视、可靠、智能的城市管理推进城市管理和运行的智慧化。通过应用物联网、云计算等新一代信息技术，使市政设施具备感知、计算、存储和执行能力。迪比克、斯德哥尔摩、鹿特丹等智慧城市试点项目的方案中，使用了各种类型的传感器、射频识别（Radio-frequency identification，RFID）技术，并与互联网、计算机等一同组成了智慧体系。欧洲城市研究并应用了多种技术，具有城市针对性，但均以城市可持续发展为目标。

美国自动驾驶技术应用从小汽车自动化延伸至公交、货运物流，并逐步推动港口、公路多模式多场景示范运营，以推动智慧城市与智能汽车融合发展。目前，在美国已有图森未来及Plus.ai为代表的企业开展L4级卡车的跨州长途运输应用。根据美国交通部发展战略，未来新阶段智能交通系统和自动驾驶发展将会与智慧城市紧密融合，通过加强智能交通、自动驾驶与城市其他智能设施和智能应用的交互和集成，一站式地解决城市出行的效率、安全和环境问题。

我国大力推动智慧城市与智能汽车融合发展。2021年住房和城乡建设部、工业和信息化部发布了关于确定智慧城市基础设施与智能网联汽车协同发展第一批、第二批试点城市的名单，北京、上海、广州、武汉、长沙、无锡、重庆、深圳、厦门、南京、济南、成都、合肥、沧州、芜湖、淄博等相继入选成为全国"双智"试点城市。试点整体建设主要围绕加强智慧城市基础设施建设、实现不同等级智能网联汽车在特定场景下的示范应用为目标，不断提升城市基础设施智能化水平，加快智能网联汽车产业发展。2024年1月，工业和信息化部、公安部、自然资源部住房和城乡建设部、交通运输部联合开展智能网联汽车"车路云一体化"应用试点工作，建成一批架构相同、标准统一、业务互通、安全可靠的城市级应用试点项目，促进智能网联汽车规模化示范应用和新型商业模式探索。

1.4 智慧能源国内外发展历程与现状分析

当前，智慧能源产业在全球范围内仍处于试验探索阶段，其作为未来能源体系的发展方向，将极大地冲击传统的行业、市场和管理体制。在全球能源互联网的发展框架下，智慧能源与智能汽车、智能交通、智慧城市深度融合发展的趋势下，美国、丹麦、日本等国家出台了相关的政策推动关键技术、示范项目及商业模式的发展，已经出现以促进清洁能源发电技术不断进步、促进智能电网技术广泛应用、提高能源产业综合竞争力、建设智能低碳的汽车社会、打造安全高效的智能交通、创造和谐健康的城市生活的多边合作的案例探索。

1.4.1 国外

1.4.1.1 美国

2013年，美国加利福尼亚州发布了车网融合（Vehicle-Grid Integration，VGI）路线图。2014年太平洋天然气与电力公司（Pacific Gas and Electric Company，PG&E）在加州启动了一个试点项目，旨在探索电动汽车与电网的融合。通过推动智能充电解决方案的发展、充电设施的建设，以及电动汽车的共享和租赁，来满足减轻电力负担和降低使用成本的需求。PG&E还致力于尽可能地利用可再生能源，包括太阳能、风能、地热能和生物电能，实现电动汽车的可持续发展。

1.4.1.2 丹麦

2009年，在伯恩霍尔姆岛，丹麦展开了一个研究项目，主要内容包括了改善风力发电基础设施、推动智能电网技术应用和电力系统与电动汽车融合的综合应用。由于在大风力时风电系统会产生大量过剩能量，该研究项目利用居民电动车电池储蓄这些过剩能量，在风力不足时将电能反馈给电网，从而提升绿色能源的利用效率和比率。通过建立岛内绿色电网与电动汽车的融合网络，提高了整体绿色能源的利用效能。

2020年，丹麦电力系统中80%为可再生能源，其中超过50%来自风能和太阳能，丹麦能源系统中大规模可再生能源的接入，得益于一个智能、灵活的能源系统。该系统综合天然气、电力、热能和交通运输系统，使用智能的数字解决方案，确保城市和社会获得可靠的绿色能源。根据丹麦工程师协会发布的《丹麦2050愿景》，丹麦实施100%的智慧能源战略，从技术和经济上都是可行的。

丹麦的智慧能源发展经验可以概括为以下几点。

首先是通过生活实验室和先进的设备进行大量测试。丹麦的智能能源解决方案通常是在以用户为中心的、透明的生态系统中测试和开发的，这种公私合营的伙伴关系，让公共部门、私营部门和居民都能够为新解决方案的探索和开发作出贡献。此类实验室通常还会作为创新平台对国内外来访者开放学习。

其次是数字技术的应用。通过数字化建立耦合的能源系统，结合大数据分析、人工智能和信息物理系统，能够实现可再生能源发电的高性价比集成，这使以更低的容量成本实现更大比例的可再生能源成为可能。例如，丹麦输电系统运营商Energinet收集了大量能源数据，向社会提供全部或部分信息。

最后是政治共识。丹麦政府于2019年年底制定了到2030年减排70%的目标，根据丹麦技术大学的分析，这一减排目标只能通过数字化、能源部门的耦合和大力挖掘各部门的减排潜力来实现。政治支持是能源改革的驱动力，丹麦的政治目标和倡议引导能源电力行业向数字化、智能化转型发展，为全面能源结构转型提供坚实支持。

1.4.1.3 德国

2008年，德国联邦经济技术部与环境部在智能电网的基础上发起E-energy计划，该计划目标通过引入先进的信息和通信技术（Information and Communications Technology, ICT）来提高电力系统的效率、可靠性和可再生能源的集成。共选取6个地区进行数字化能源系统关键技术与商业模式的开发和示范。首先是把信息通信技术和传统能源网络融合，创造新型的智慧能源网络，全面实现综合数字化互联以及计算机控制和监测。其次，该计划还致力于通过调整可转移的用能负荷到非峰值时间，降低电网的峰值负荷，以实现更加平稳的电力供应。该理论模式影响深远，对电网进行

"平峰填谷"不仅可以节约大量的能源，提高电网效率，还可以抑制不断攀升的峰值负荷。最后，该计划还考虑了可再生能源和电动汽车的影响，并通过合理调控电动汽车的充电，将其视为备用电源和移动存储器，在用电较少的时段进行充电，在用电高峰时将电力反哺到电网，从而进一步起到削峰填谷的作用。

1.4.1.4 西班牙

西班牙的巴塞罗那早在2009年的智慧城市设想中，便提出通过早期规划、分阶段次第推进，以太阳能推广为基础，结合电动汽车、充电站建设，配套绿色交通设施服务。在2012年已完成了包括智慧能源、智能交通等在内的一系列卓有成效的智慧城市项目。

1.4.1.5 日本

日本智慧城市的代表丰田市，基于"低碳可持续"和"3E"两个目标，导入新一代汽车及智慧交通系统，实现可再生能源充分利用，使用家庭能源管理系统对包括新一代汽车在内的能源使用进行综合控制。在能源管理系统方面，通过将电动车与先进的社区能源管理系统相连接，城市能够更好地利用可再生能源，尤其是太阳能。这种整合不仅有助于减少对传统能源的依赖，还提升了城市的能源效率。同时，通过促进电动车的广泛应用，实现了对清洁能源的更广泛利用。

1.4.2 国内

近年来，我国智慧能源行业依靠先进的云计算、物联网、大数据、移动互联、人工智能与区块链等信息技术手段，无论电力电网、油气、煤炭等传统能源企业，还是风电、光伏、储能、电动汽车等新兴、可再生能源企业，乃至区域供热、供冷行业相关企业纷纷瞄准这一历史发展机遇，从新能源生产与消纳、节能减排、智慧信息化和新技术推广应用等需求出发，推出各具特色的智慧能源解决方案。

"中国新能源汽车和可再生能源综合应用商业化推广"（GEF6）项目是2015年工信部会同联合国工业发展组织、中国汽车工程学会共同申请的全球环境基金项目。GEF6项目自2018年8月27日正式启动，在上海、盐城、如皋三地开展可再生能源和新能源汽车综合应用落地示范。项目主要内容包括，在技术层面示范车辆V2G（Vehicle to Grid，车电互联）技术，实现电动汽车与电网的双向反馈，不仅仅能够充电，还可以将储存电能反馈到电网；在建设层面，设计和建设智能化的充电基础设施，如充电桩和充电站，提高了电动汽车的充电效率和便携性；在政策层面，制定相关政策，推动电动汽车和可再生能源的融合发展，推行相应的法规依据和技术标准。项目为可再生能源和新能源汽车在中国的可持续发展和应用创造良好的商业化环境。

当前我国智慧能源融合发展成为热点。2020年10月，国务院办公厅印发《新能源汽车产业发展规划（2021—2035）》（国办发〔2020〕39号），提出要推动新能源汽车与能源融合发展，加强新能源汽车与电网能量互动，降低新能源汽车用电成本，提高电网调峰调频、安全应急等响应能力。2023年4月，中央政治局会议提出要巩固和扩大新能源汽车发展优势。2023年5月，国务院常务会议提出要构建"车能路云"融合发展的产业生态。2023年6月，国务院办公厅印发《关于进一步构建高质量充电基础设施体系的指导意见》（国办发〔2023〕19号），提出要提升车网双向互动能力，大力推广应用智能充电基础设施，强化对电动汽车充放电行为的调控能力，推动车网互动等试点示范。

2023年12月，国家发展改革委、国家能源局、工业和信息化部、市场监管总局联合印发《关于加强新能源汽车与电网融合互动的实施意见》，明确了车网互动的2个发展目标和6项重点任务。到2025年，初步建成车网互动技术标准体系，全面实施和优化充电峰谷分时电价，市场机制建设和试点示范取得重要进展；到2030年，我国车网互动实现规模化应用，智能有序充电全面推广，新能源汽车成为电化学储能体系的重要组成部分，力争为电力系统提供千万千瓦级的双向灵活性调节能力。6项重点任务包括协同推进车网互动核心技术攻关、加快建立车网互动标准体系、优化完善配套电价和市场机制、探索开展双向充放电综合示范、积极提升充换电设施互动水平、系统强化电网企业支撑保障能力。

1.4.3　国内外进展比较

发达国家在智慧能源与智能网联汽车、智能交通、智慧城市融合发展上起步较早。将大数据分析及机器学习、区块链、分布式能源管理和云计算等数字技术，应用到能源生产、输送、交易、消费及监管等各个环节，同时，在风力发电、光伏发电、智能电网与电动汽车等融合的技术上也有了一定的积累。示范项目上也有了较为丰富的探索案例，形成了趋于成熟的商业模式。

现阶段，我国智慧能源与3S融合发展成为热点，但成熟度有待提升，技术与应用相对国外发达国家仍有一定的差距。目前产业链各端的企业或机构都只是在零散地开展研究和市场化运作,产业资源并未集聚,技术发展比较松散,还未形成创新发展合力,多数单位基于自有标准提供垂直封闭的方案,不同方案之间无法互联互通,产业链各端配合度较低,导致现阶段难以形成大的产业规模。我国应吸收和借鉴国外智慧能源与3S融合发展中的经验,在政策的引导下,加强跨产业的深入合作和交叉融合,探索我国智慧能源与智能网联汽车、智能交通、智慧城市融合的发展路径。

第 2 章 四智融合发展趋势需求分析

2.1 四智融合发展的内涵与意义

2.1.1 四智融合发展的内涵

在新一轮科技革命和产业革命的驱动下,现代经济发展模式呈现由单点突破向多点融合转变的新特征。智能汽车、智能交通、智慧城市、智慧能源正逐渐呈现融合发展的态势,是产业生态化特征的典型方向,在推动技术集成应用、新兴产业升级、解决社会问题等方面均具有重要意义。

智能汽车、智能交通、智慧城市、智慧能源的融合发展要求各要素系统网联交互,实现按需出行、高效移动、供需平衡等总体目标。因此从顶层设计的战略角度,实施四智融合一体化体系工程创新和科技创新,实现智能汽车、智能交通、智慧城市、智慧能源融合发展将带来科技实力升级、制造业升级和经济增长动能升级,解决国家和地区发展的多项关键问题。

具体来看,在技术层面,四智融合代表了多种先进技术集成应用的最佳实践,将引领智能科技集群的前沿突破。在产业层面,四智融合将作为战略性新兴产业的拓展升级,为众多相关产业创造新的经济增长空间。在社会层面,四智融合作为新型城市建设的解决方案,将全面整合客流、物流、能源流和信息流,为解决安全、拥堵、能耗和污染等社会问题提供新的方案,为国家治理和资源配置能力的提升提供新的支撑。

从宏、中、微不同层面角度来看,宏观上,四智融合将满足社会经济发展和人民美好生活的需求;中观上,四智融合将推动城市运行效率提高与科技发展创新;微观上,四智融合将减少交通拥堵、环境污染,实现节能减排。

以下分别从智能汽车、智能交通、智慧城市、智慧能源各领域分别具体分析融合一体化的内涵。

（1）四智融合一体化的内涵——智能汽车

面向四智融合的智能汽车的内涵是构建与四智融合一体化的、使能赋能+5G网联的智慧城市移动出行系统，构建支撑中国四智融合一体化智能网联汽车的科技创新平台，面向智能网联乘用车、智能网联共享车、智能网联商用车三类车辆，从车辆技术、系统与服务、社会与法律三个层面形成"三纵三横"新概念汽车，支持网联自动驾驶、四智融合赋能、自动驾驶安全等，如图2-1所示。

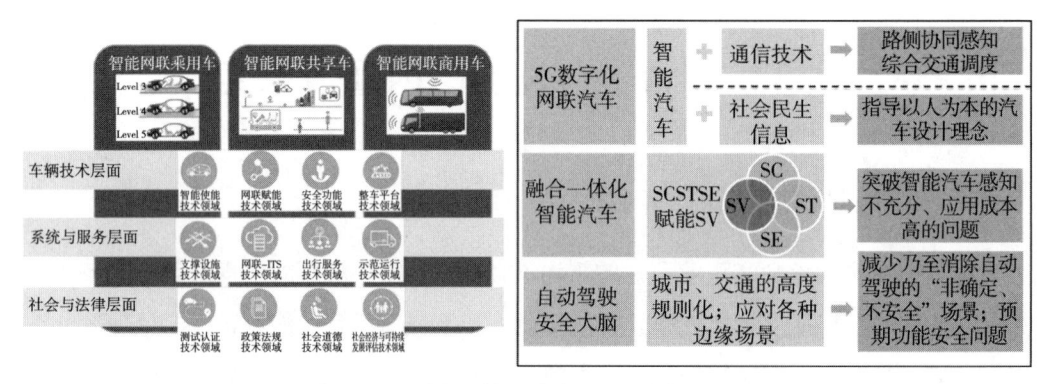

图2-1 融合一体化的内涵——智能汽车

（2）四智融合一体化的内涵——智能交通

面向四智融合的智能交通的内涵是依托"感、传、知、用、安"技术体系，建设"路口+干路+区域"全覆盖的"安全、规范、减堵、高效"的智能交通系统，解决城市交通微观枢纽、中观动脉和宏观区域堵塞问题，实现交通资源的综合调度、协同分配，填补单车智能短板，如图2-2所示。

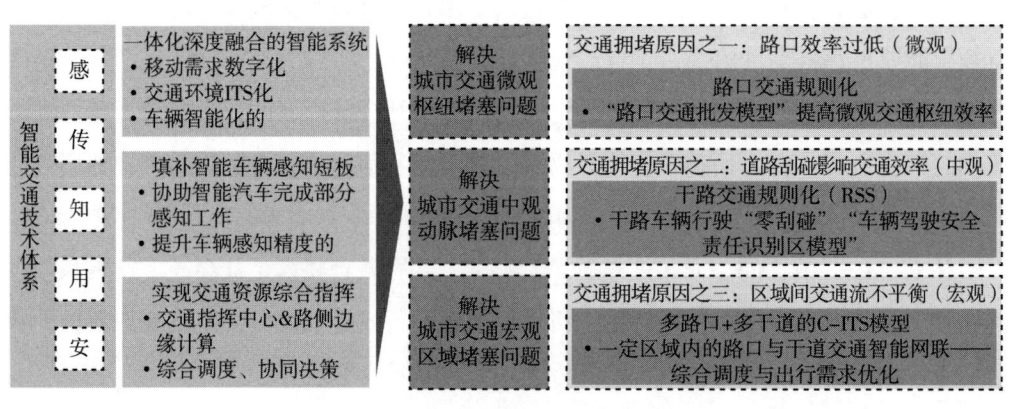

图2-2 融合一体化的内涵——智能交通

（3）四智融合一体化的内涵——智慧城市

面向四智融合的智慧城市旨在构建一个整合"需求＋设施＋场景"的系统化智慧城市体系，实现"自感知、自调节、自传感、自反馈"的城市治理模式。通过推进数字城市建设，以智能基础设施和感知体系为基础支撑，建立具备学习、分析和判断功能的智能城市信息中心，以持续优化城市资源配置，如图2-3所示。

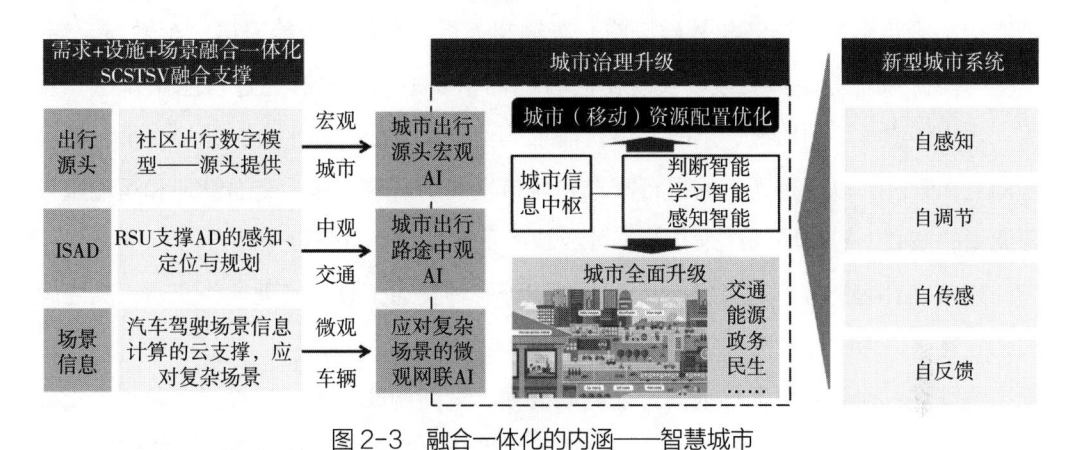

图2-3 融合一体化的内涵——智慧城市

（4）四智融合一体化的内涵——智慧能源

面向四智融合的智慧能源的内涵是依托信息化、数字化、智能化技术与能源技术融合发展，形成能源互联网，同时发挥新能源汽车作为能源节点的特点，成为城市的移动储能节点，以能源互联网为基础，实现未来城市各种能源的协同互补。构建多能融合、多技术集成、多品类输出的能源互联网，并充分发挥智能新能源汽车的移动储能节点作用，如图2-4所示。

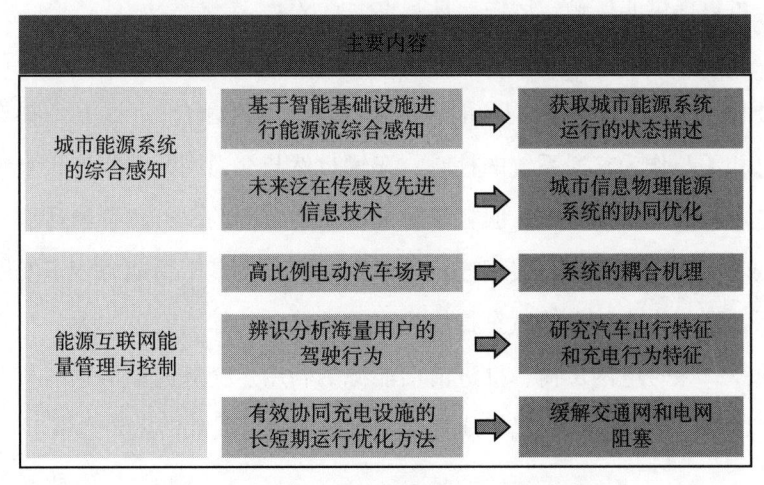

图2-4 融合一体化的内涵——智慧能源

在四智融合发展体系中，智慧城市、智能交通、智慧能源与智能汽车的发展与建设是相互支持、相互需要的，而智能汽车在其中扮演着核心的角色。

在智能化时代，随着互联网、大数据等新技术的快速发展，人们对智能、安全和愉悦的出行需求日益增长，智能汽车实时互联和自动驾驶成为实现这一愿景的关键。智能交通系统在很大程度上依赖于智能网联汽车，在智能交通系统中，智能网联汽车是连接车辆与车辆、车辆与基础设施、车辆与人员、车辆与智能家居、车辆与云端、车辆与能源系统等各种要素、实现协同智能的重要枢纽。只有通过智能汽车这一载体，才能传递重要的路况、事故、出行需求等信息给智能交通平台，并接受平台的实时调度和管理，以满足人们的出行需求和城市发展的需求。作为交通管理和运输服务智能化的核心，智能网联汽车具有不可或缺的重要性，并具备以下特点。

连接性：它能够打通飞机、高铁、地铁等各种交通工具，实现这些交通工具之间的无缝连接，为出行者提供更便捷的选择。

终端性：作为可灵活移动的智能网联终端，智能网联汽车能够直接接触到大量离散用户，实时获取有价值的用户数据，满足个性化出行需求，这些数据也能够支持整个智能交通系统的效率提升。

协同性：全球产业逐渐认同基于车路协同的智能网联汽车技术路线。车辆端与道路端相互依托、相互配合，提供最优解决方案，以更好地实现交通管理智能化的目标。

不可替代性：在城市内，智能网联汽车是唯一能够实现点对点交通的方式，解决了城市最后一段的移动出行难题。尤其在公共安全事件如疫情暴发时，自动驾驶的智能网联汽车可以提供非接触式运输，具有重大意义。

在智慧城市和智慧能源中，智能汽车同样发挥着关键作用。与传统城市不同，智慧城市需要协同交通网、信息网和能源网来实现"三网融合"。这三个网与未来的智能汽车息息相关。作为交通系统的核心，车辆自然与交通网紧密相连；未来的智能汽车不仅仅是可移动的智能终端，服务于智慧城市中人们的出行和货物运输，同时具备信息载体的功能，与信息网直接相连；未来智能汽车将基于新能源汽车发展，与能源网紧密联系，同时未来的智能汽车将成为可灵活移动的储能设备，为分布式智慧能源网络做出贡献，减轻电网负荷，推进清洁能源的利用。交通网、信息网和能源网构成了智慧城市的基本架构，智能汽车则是这一架构中不可或缺的重要元素。

2.1.2 四智融合发展的意义

在当前新一轮科技革命迅速兴起的背景下，各工业强国都高度重视未来技术的发展方向，并专注于选择技术优先领域并合理配置政府支持资源。汽车产业是先进制造业的重要组成部分，是反映新型工业化水平的代表性领域，全球各汽车大国都在制定汽车产业技术路线图方面进行了大量的研究工作。举例来说，美国能源部支持汽车研发理事会制定了三个主要领域、十二个具体细分方向的技术路线图，并定期对其落实情况进行评估。在德国，相关机构针对电动汽车的发展需求，制定了涵盖电动汽车平台愿景、电动汽车标准化和动力电池等方面的技术路线图。同样地，日本也着眼于未来产业发展，支持相关机构发布了汽车动力电池技术路线图。

目前，中国汽车产业已经取得显著进步，在全球市场上保持了多年的领先地位，成了汽车领域的重要推动力。然而，要实现汽车产业的强国目标，仍然存在一定差距。因此，中国政府提出了制造强国的战略计划，该计划覆盖了城市、交通、汽车和能源等多个关键领域。

对于中国汽车产业而言，制定以智能汽车为核心的四智融合技术路线图具有非常重要的意义。发布技术路线图不仅可以为相关产业的企业和科研机构提供重要的技术决策和战略规划参考，也有助于相关政府部门确定科技支持的重点领域和创新项目。总之，这一举措有助于吸引科技、人才和资金等创新资源有效地聚焦于中国汽车产业的战略重点。

除此之外，城市、交通以及汽车的智能化是构建智能社会的基石，其整合发展将对社会、经济、产业、科技等方面产生全面重大影响。

1）四智融合对于引导社会变革至关重要。当今人类社会正在步入万物互联的新时代，这将带来社会结构的全面重构，人们的出行、互动方式以及资源的组合与流动方式都将经历巨大变革。四智融合将为汽车、交通、城市、能源提供互联互通的移动终端和关键节点，全面打通人流、物流、能源流和信息流，为提高国家治理效率和资源配置能力提供重要支持。这种融合还将为智能社会下的全新互动模式提供载体，并为人工智能等新兴技术在社会中的规范化应用提供重要参考。

2）四智融合对于促进经济变革具有重要价值。四智融合已成为国家经济发展的新引擎。汽车、交通、城市和能源产业本身就具有庞大的规模和紧密的关联性，其智能化发展将有效推动信息、通信和数据等新兴产业的发展。四智融合既是数字融合一体化技术创新的体现,也将促进现有产业链、价值链和技术链的重组,催生数字经济和服务经济等新模式,对于打造新兴产业集群和创造经济新增长点具有重要战略价值。

3)四智融合对于保障国家整体产业安全十分关键。保障现代产业链安全是国家亟待解决的重大问题,智能汽车牵涉到国家数据、网络、信息、能源等多个关键领域的安全,以及基础软件和芯片等"卡脖子"技术。四智融合对我国相关产业从跟随创新转向引领创新具有重要突破意义。举例而言,国内外智能汽车技术路线主要有单车智能和车路协同两大方向,但这两种方向都遭遇了长尾效应的瓶颈。而四智融合路线则从城市和社会层面全面考虑,以系统化的基础设施支持自动驾驶、新型移动方式以及城市治理升级,有望克服长尾效应,实现创新突破。

4)四智融合与科技创新相辅相成。当前全球产业正处于全面转型升级时期,尤其是四智融合与新兴技术相互支持,为实现融合创新提供了新的突破口。一方面,人工智能、微电子、先进通信和先进制造等技术是四智融合发展的基石,在美国的《自动驾驶汽车 4.0》国家战略中,甚至规划了量子信息科技对智能汽车的重要支持。另一方面,四智融合为这些技术提供了广阔的应用场景和发展空间,有望为科技创新、经济发展以及社会民生创造巨大的价值。特别是智能汽车,它的应用场景最为复杂,与人类连接最为多元,涉及的领域也最为广泛,因此是检验一个国家科技创新能力的最佳试金石。

2.2 四智融合发展的愿景与目标

2.2.1 四智融合发展的愿景

科技强国是新时代党和国家赋予汽车、交通、城市和能源领域的重要使命,要求各个领域不要单打独斗,需积极融合发展,以实现国家的强盛和人民的满意,为中华民族伟大复兴的中国梦提供有力支撑。

基于科技强国建设总体要求,四智融合发展的愿景在于:立足国际视野,面向中国场景,全面提升国家治理和资源配置能力,形成全球引领。面向城市+最后一公里和城际+长远途出行需求,构建四智融合支持下的智慧城市新生态,解决安全、拥堵、能耗和污染等制约大城市可持续发展的问题，全面推动社会、经济、科技、产业的进步。

2.2.2 四智融合发展的目标

面向总体发展愿景，从推动智能汽车（Smart Vehicle，SV）、智能交通（Smart Traffic，ST）、智慧城市（Smart City，SC）、智慧能源（Smart Energy，SE）各领域发展角度提出我国四智融合发展的总体目标。

1）立足打通人流、物流、能源流、信息流，推动 SV、ST、SC、SE（以下简称"4S"）各领域的技术进步和网联化水平，为解决安全、拥堵、能耗和污染等社会问题提供新方案，四智融合发展迈向实践应用；

2）研发出国际领先水平的中国四智融合一体化智能网联汽车，带动产业创新，推动产业高质量发展，支撑信息强国、制造强国建设。

智能交通、智能汽车、智慧城市、智慧能源的融合发展具备 System of Systems 体系（以下简称"SoS 体系"）"各要素系统网联交互，实现按需出行、高效移动、供需平衡等总体目标，同时各成员系统相对独立，并在一定程度上存在交互"的特点。因此，从 SoS 体系角度分析，SCSTSVSE-SoS 体系的各成员系统也具有各自独立的目标，以及系统间的关联性目标。

独立性目标方面，智能汽车需要实现高等级自动驾驶、高水平人机交互，支持网联化生态服务；智能交通需要实现基础设施智能化升级，实现区域综合交通指挥，支持车路协同感知、决策与控制；智慧城市实现物联网全覆盖，人、车、路、云间数据相互打通，建设基础云控平台。智慧能源方面需要加快能源生产、运输、消费等各环节智能化升级，推动能源行业低碳转型。

从系统间的关联性方面，各成员系统之间通过一定关联，实现交互、协同、融合，支持 SCSTSVSE-SoS 体系的总体目标。这些关联既包括物理联系，也包括信息联系。物理联系的核心是智能汽车，同时基础设施也承担部分作用。智能汽车是在物理上打通 SCSTSVSE-SoS 的核心，承担移动节点、信息节点、能源节点、计算节点的作用，并与人类需求直接连接。信息联系方面将依靠以 5G 网联技术为代表的先进通信技术和信息技术，实现 SC、ST、SV、SE 各系统间信息流高效、准确的交互，这是 SC、ST、SV、SE 在虚拟世界构成 SoS 的关键。

2.3 四智融合发展趋势

在新一轮科技革命的推动下，现代经济发展模式正逐渐从依赖单一重大突破驱动的"物理变化"，转变为多点融合进步、实现质的飞跃的"化学变化"，呈现出产业生态化的全新特征。智能化技术是这一变革中的重要方向之一，代表着未来战略性支柱产业的发展趋势和全新内涵。智能汽车、智能交通、智慧城市和智慧能源是智能化技术的重要应用领域。在智能化趋势的推动下，汽车、交通、城市和能源这些关系国计民生的支柱性产业之间的联系日益密切。

因此，智能汽车、智能交通、智慧城市和智慧能源的深度融合一体化发展是未来科技创新的重要战略方向。这种一体化将在原本就高度复杂的产业基础上，广泛融合信息通信、先进感知、拟人决策、人机交互等新技术，以及出行经济、数据增值等新产业。这样的融合将推进制造系统、交通系统、能源体系、城市布局与社会生活的紧密结合，将传统的固化封闭产业链转变为边界不断扩展的产业生态圈。通过四智融合，智能产品、智能制造、智能应用和智能生活的联系将更加紧密，"制造+服务"一体化的全新发展模式也将因此产生，并且这些变化将为经济和社会带来广泛而深远的变革。

2.3.1 面向四智融合的智能网联汽车发展趋势

目前，科技革命正在驱动着信息、交通、能源等领域的革新。这些领域的巨大变革不仅将深刻影响汽车产业，也将推动城市的发展进程，促成一个万物互联、注重绿色低碳的社会。在产业和社会重塑的潮流下，新一代智能网联汽车产品崭露头角，它融合了互联节点、数据传输、计算单元、智能终端和储能供能等装置，成为全新的移动智能空间。

智能网联汽车正在演化，与智能交通、智慧城市以及智慧能源相互融合。这种融合将带来汽车产品的革新。未来的交通基础设施将变得更智能化和信息化，通过装备先进传感器以及人工智能（Artificial Intelligence，AI）等先进技术，使智能网联汽车能够与智能交通系统互相传递信息并实现车路协同，包括感知、决策和控制。智能网联汽车将受益于智能交通系统提供的实时路况信息，为驾驶提供更加智能化、高效的行程规划和出行体验。

同时，智能网联汽车将与智慧城市紧密融合，形成互联互通的生态系统。通过物联网技术，智能汽车将与城市中其他智能设备相连，提高城市治理能力。其次，这些汽车将满足城市内外不同的运输需求，特别是成为解决"最后一公里"出行问题的重要灵活载具。未来，智能汽车的共享出行模式有望提升汽车使用效率，减轻城市交通压力，并在节约社会运营成本方面发挥重要作用。

新能源汽车是智能网联技术的最佳载体，因此智能网联汽车也将与智慧能源相融合。智能电动汽车作为可移动的储能供能单元，将成为分布式智慧能源网的重要组成部分。通过 V2G 技术，智能电动汽车与智能电网高效互动，有助于推动电力结构向低碳化方向发展。

总之，新一代智能网联汽车将是多个产业融合的产物。它不仅有助于有效缓解快速城市化所带来的交通拥堵、交通事故、环境污染和能源消耗等诸多社会问题，还将以其复杂的产业链和丰富的商业模式，支持和引领城市中产业、经济、生产、生活等方面的重新布局和转型发展。以新一代智能网联汽车为中心，各个行业和不同主体都将共同参与汽车、出行、交通、能源、甚至整个城市的再升级和再创造。它们有望引发人类社会生产模式和生活方式的重大改变。

从实现技术方面，智能网联汽车的研发关键在于解决感知、规则、安全和可靠性问题，并且开发出具有商业化价值的新技术路线。目前自动驾驶汽车的研发需要更加重视感知方面的问题，如误报、漏报和错误感知场景的风险评估。

当前各国存在不同的自动驾驶技术路线。以谷歌等公司代表的基于激光雷达和高精度地图的技术路线，通过车载激光雷达和详细地图的"充分感知"系统，解决了感知不足的难题，但其昂贵的成本使得商业化可行性难度较大。以特斯拉等公司代表的基于车载摄像头和"轻量级地图"的技术路线更易于商业化，但在解决自动驾驶汽车"感知不足"方面面临挑战。以通用公司的"Cruise"为代表的"单车智能"汽车产品推出时间一再推迟。这种"单车智能"并未充分利用信息物理融合等重要的技术，难以解决"规则不明确"的问题。它仍然沿用了传统汽车独立设计理念，而不是智能网联汽车赋能理念的"联接式"设计。

欧盟道路交通研究咨询委员会在 2019 年 3 月更新发布的网联自动驾驶路线图中强调了自动驾驶的协同互联，并增加了网联式自动驾驶的内容。同时，明确提出了基于数字化基础设施支持的网联协同自动驾驶架构。美国交通运输部支持的协同自动驾驶分类研究项目也提出了协同驾驶的分类标准，并与现有的自动驾驶水平分类相结合,同时支持协同自动驾驶的应用研究项目,例如 CARMA,取得了阶段性进展。

综上,现阶段,智能网联汽车技术主要分为两大类:单一车辆智能化技术和融合型的网联化技术。两类技术的出发点各有不同:前者通过由传统的 ADAS 辅助驾驶系统逐步升级演化而来,主要采用的硬件设施有车载摄像头、激光雷达、毫米波雷达、超声波传感器等,利用传感器采集的数据,结合计算机视觉技术对车辆的决策提供帮助;后者则通过"人-车-路-云"的协同感知,实现实时信息交互和车辆决策与控制。

与单一车辆智能的智能网联汽车相比,面向融合发展的新一代智能网联汽车将整合更多领域的前沿技术。特别是智能网联汽车技术与信息、通信等新技术相融合,彼此间相辅相成,共同升级,将产生"1+1>2"的协同效应。从车辆智能化、车辆网联化和外部生态支撑方面分析,单一车辆智能化技术与融合型的网联化技术对比如表 2-1 所示。

表 2-1 单一车辆智能化技术与融合型的网联化技术对比

智能网联技术	单一车辆智能化技术	融合型的网联化技术
车辆智能化	需要配备高性能传感器、高算力计算平台、高精度快速响应控制器,以实现自动驾驶和打造智能座舱	注重运用大数据、云计算、人工智能等技术,通过"人-车-路-云"的协同感知、决策与控制,实现自动驾驶,并有效地整合车辆外部生态与内部控制,为用户打造更高层次的智能座舱
车辆网联化	联网水平较低,其网联应用主要集中在资讯、娱乐信息获取方面	利用 5G 技术实现了"人-车-路-云"之间的实时信息交互,借助云平台完成云端计算、实时地图更新等功能,具备多元数据融合的多样化服务能力
外部生态支撑	缺乏完善的外部网联服务生态,仅有极少量的功能开发者生态能够提供有限的服务支持	具备更为丰富的网联服务生态和功能开发者生态,可以充分满足用户的个性化需求,实现更为个性化的服务,实现"千车千面""千人千面"

随着技术的不断革新和实践的探索,智能网联汽车科技发展呈现出以下趋势。

(1) 5G-V2X 技术促进了网联自动交通和自动驾驶汽车的融合,开创了新的网联自动驾驶理念

网联自动交通系统利用人工智能和云计算来分析交通场景和交通控制的大量数据,而 5G-V2X 技术的高带宽和低时延特性使得这些分析结果能够实时应用于自动驾

驶汽车的控制。这种融合产生了网联自动交通和自动驾驶汽车信息和物理技术相结合的新能力，使得打造融合型的智能网联汽车成为可能。

（2）发达国家和地区逐步选择网联协同的智能汽车技术路线

以美欧为代表的国家和地区智能汽车技术路线逐步由单车智能向融合型的网联协同转变。美国SAE在2020年提出网联协同的SAE-J3216标准版，修改J3016的单车智能L3~L5，深化网联协同和外部控车理念。2023年4月美国联邦通信委员会允许部分汽车厂商和指定州交通部部署C-V2X设备，以防止碰撞事故。欧盟提出了网联自动驾驶路线图的升级版本，针对道路具体结构和交通复杂性，将ISAD与网联智能交通系统融合，形成完全数字化的"网联自动驾驶交通系统"，旨在将道路设施转变为支持自动驾驶的智能设施，利用人工智能和云计算为自动驾驶汽车提供移动需求数据和交通控制数据，为自动驾驶创造路侧条件。

（3）网联自动驾驶和网联智能交通成为智慧城市建设的重要组成部分

在智慧城市的十大支柱中，自动驾驶出行和智能基础设施占据重要位置。在美国首批开展的智慧城市建设中，网联自动驾驶和网联智能交通成为重要的智能基础设施建设目标；日本国家自动驾驶研发计划（SIP-adus）2.0阶段的重点是自动驾驶与未来智能社会（Society 5.0）的协同；新加坡提出了包含网联自动驾驶和网联智能交通的智慧国家蓝图，并有望建成全球首个智慧国家。

2.3.2 面向四智融合的智能交通发展趋势

当前，我国的智能交通技术发展水平仍难以支撑四智融合发展需要。在路侧设施方面，我国目前的路侧交通管理设备标准是根据当前道路交通管理业务和功能需求来制定的。这些设备包括信号控制机、违法行为取证设备、交通流信息采集和发布设备等，其制定遵循了功能技术要求、检测检验方法以及相关通信协议等国家或行业标准。然而，这些标准并未充分考虑到车辆与路侧设施协同工作的新应用场景和需求。随着车联网技术的不断发展，新的应用场景涌现，对路侧交通管理设施提出了新的需求，特别是针对智能网联车辆的信息安全交互和服务方面的需求。

在数据与平台方面，当前正处于一个大范围的互联环境下。随着大数据、云计算和人工智能等新一代信息技术的快速发展，交通运输服务与管理正日益智能化和信息化。运输服务系统、公安交管系统、互联网平台等不同主体、各类数据的融合趋势正在变得越来越明显。例如，在国外IncenTrip一站式出行平台已经通过手机App在华盛顿都市圈实施，而谷歌地图则基于位置信息提供信号灯状态服务。在国内，近年来，阿里巴巴和滴滴等互联网企业开始与传统智能交通企业、交通信号厂商以及交通运输服务、公安交通管理部门进行广泛交流。以数据为驱动的运输服务水平提升、交通管控技术提高也取得了一些方向性进展。然而，面向智能交通融合发展，如何突破网联重构建模及跨场景预测、控制技术，解决信息分散、资源配置不合理、多场景行为冲突等问题，保障交通出行安全，实现全局交通运行效率最优等方面仍然需要明确。

智能交通的融合发展离不开相关技术的支持，这包括特定领域的技术、各个领域发展的共性技术以及协同技术。在纵向上，按照"技术支持 + 数字底座 + 引擎驱动 + 生态应用"的整体思路，需要突破车辆智能化、道路智能化和数据融合等关键技术，利用强大的云技术构建智能交通基础设施数据互通的数字底座。进一步综合深度学习、路车融合、自动驾驶等算法和各种数据的 AI 引擎，使其具备"多基协同全息感知与理解、全时空多尺度交通态势推演与决策、全场景实时群体智能管控"的能力。

在横向上各领域看，智能交通融合发展需要车辆智能化技术、交通和基础设施智能化技术、融合发展应用技术、感知技术、智能管控技术、通信技术以及信息安全技术等的支撑，各项技术的进一步细分具体如图 2-5 所示。

基于智能交通融合发展支撑技术演进规律，应分阶段突破智能网联汽车和智能交通领域核心关键技术，制定基础前瞻与共性交叉融合创新技术体系，如图 2-6 所示。

2.3.3 面向四智融合的智慧城市发展趋势

目前的智慧城市基础建设和信息服务已经取得了长足进展，然而绝大多数应用还未能与智能汽车、智能交通和智慧能源形成有效联动，处于单点智能状态。例如 MaaS 类和地理信息服务应用结合虽然可以帮助使用者进行出行信息的查询、规划、召唤、拼车，甚至支付，但是目前尚不能有效引领一辆智能驾驶车辆自动完成导航、预定泊位、停泊、充电、支付等全流程业务，而是需要车主逐项决策并手动操控；当前货车已经能够在高速公路专用车道上编队行驶，自动驾驶也可以服务于自动化码头、自动化仓库，但是二者之间的城市内部道路目前还难以支持货运车辆的自动驾驶；无人配送虽然可以自主完成配送工作，无须驾驶员和配送员的跟随，但是目前还不能与社区基础设施形成有效联动，派送成功率和派送服务水平尚有很大的改进空间；车载摄像头和路侧感知设备可以拍摄到路面异物、路面破损、路面坍塌、路面水浸等事

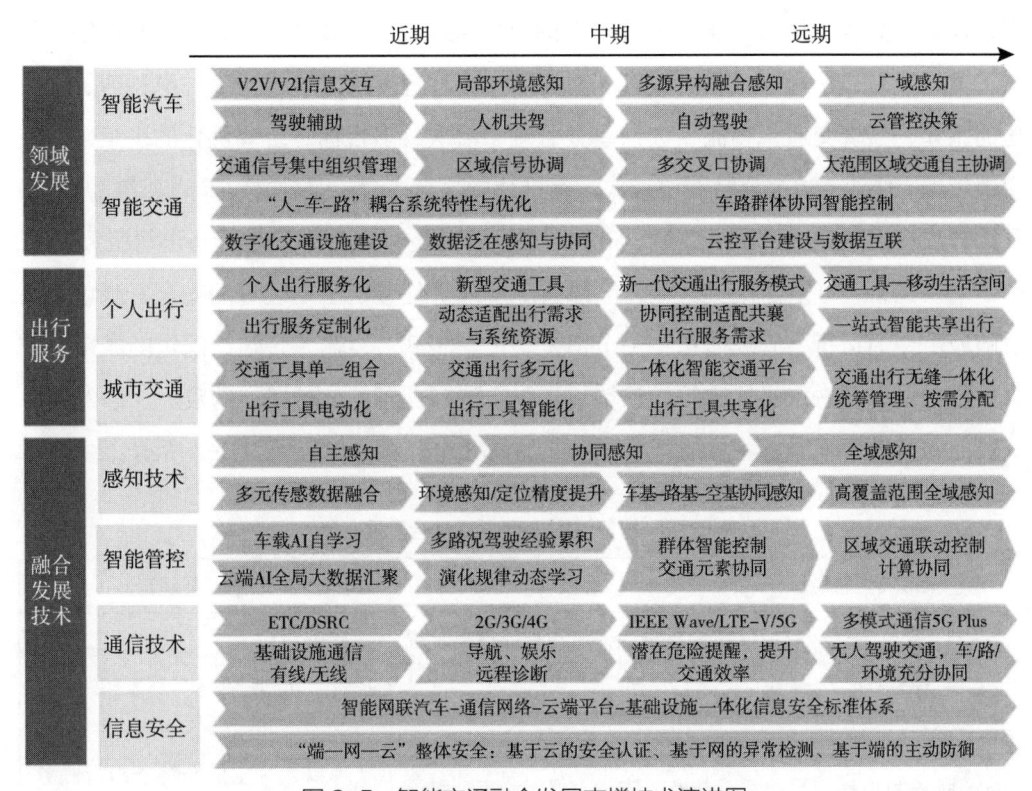

图 2-5 智能交通融合发展支撑技术演进图

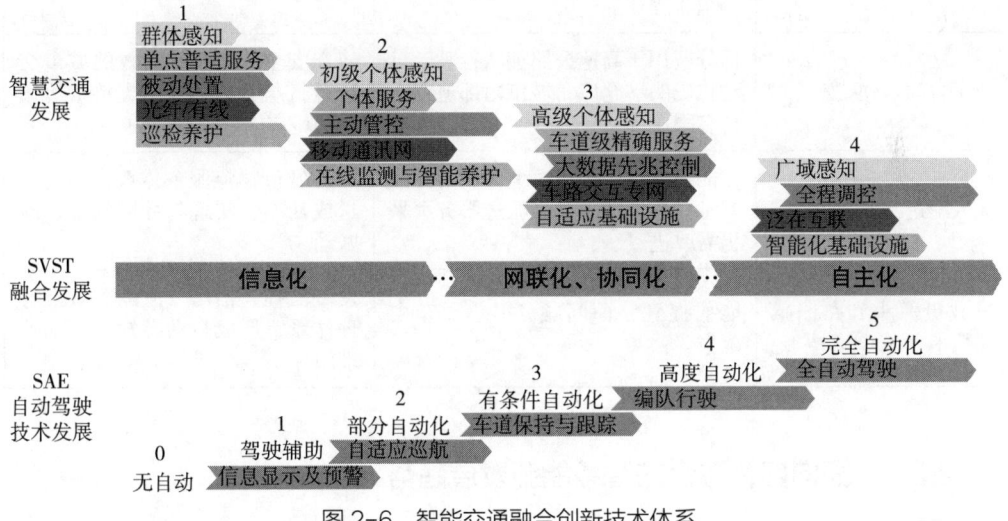

图 2-6 智能交通融合创新技术体系

故和问题，但是目前依然要依靠车主主动上报，还远未形成自动感知 - 主动决策 - 主动处理的完整闭环。

未来四智融合的智慧城市发展将遵循由点及面、先易后难、逐步推开的发展原则,建立"需求-场景-功能-技术"的技术路线;立足我国城市特色,坚定绿色导向,优先发展共享交通。通过城市空间流+城市环境多视角、厘米级、毫秒速、集成化的感知,实现交通+物流+公共事务管理多层次、多目标、统筹优化的决策,以及交通管理+作业+救援全路网协调式、精准化的执行。目标是建立一个可以覆盖驾驶、预约、泊车、充电、拼车、载客、落客、信息推送的以人为本的全链条出行服务体系;一个纳入预警、导航、配流、调速、限行、事故责任鉴定、处理等的安全、绿色、高效的城市交通运行与管理体系;一个衔接生产、装载、运输、转运、配送的城市物流服务体系;以及一个囊括监控、治堵、环卫、清障、管养、救援、防疫、反恐、应急等业务的城市管理体系。总结智慧城市典型领域融合发展趋势如表2-2所示。

表2-2 智慧城市典型领域融合发展趋势

智慧城市典型领域	现状	未来发展趋势
智慧城市基础设施建设和信息服务能力	取得长足进展,但与智能汽车、智能交通、智慧能源联动尚不紧密,主要为单点智能	联动性增强,建立完善的"需求-场景-功能-技术"技术路线
MaaS服务和地理信息服务	可进行出行信息查询、规划、召唤、拼车、支付,但无法完全引领智能车辆自动完成导航、泊位预定等全流程业务	实现以人为本的全链条出行服务体系,覆盖驾驶、预约、泊车、充电等功能
货车自动驾驶技术	部分应用于高速公路编队行驶、自动化码头、仓库,城市内部道路支持有限	建立安全、绿色、高效的城市交通运行与管理体系,支持货运车辆的城市内部自动驾驶
无人配送服务	已能完成自主配送,但无法与社区基础设施有效联动,派送服务水平仍需改进	完善城市物流服务体系,提高派送成功率,实现与社区基础设施联动
车载摄像头和路侧感知技术	能捕捉到路面问题,但仍需车主上报	发展监控、治堵、清障等城市管理体系,形成自动感知-主动处理闭环

2.3.4 面向四智融合的智慧能源发展趋势

4S融合下智慧能源发展的总体方向是从以供给为主导的传统能源模式转变为以需求为主导的现代智慧能源模式。传统能源体系主要面临着能源单一集中、用能需求多样、用户选择有限、市场不够自由、能源利用效率低下以及环境污染等问题。随着能源多样化、技术进步、经济发展和能源供需关系的转变,以及环境压力的加剧,需要建立清洁、高效、经济、安全的智慧能源体系,这是可持续发展的必然路径。

未来,智慧能源体系将更加贴近消费端,通过发展分布式能源、多种供能方式协同、能量全价值链开发等,充分释放能源高效利用的价值;通过可再生能源与天然气等多种能源融合,多能互济,实现清洁低碳;通过能源与物联网等技术深度融合,实现多元开放共享、需求侧与供应端智慧互动,充分释放智慧协同的价值;通过建立市场化能源体制,释放市场对资源的优化配置价值。

2.4 四智融合发展的需求分析

2.4.1 面向四智融合的智能网联汽车需求分析

2.4.1.1 功能与技术需求

智能网联汽车是在节能和新能源汽车的基础上,融合了物联网、大数据、云计算、人工智能等新技术,创造出的具备安全、高效、节能、舒适、自动行驶功能的新一代汽车。作为物联网的高级应用,这一领域将与原本复杂的汽车产业相结合,将车辆信息通信、先进的感知决策执行、人机交互等新技术与出行经济、数据增值等新产业广泛整合。此外,它还将与交通系统、能源体系、城市布局和社会生活密切相连,形成边界不断扩展的出行生态圈,从而推动智能产品、智能制造和智能应用的深度融合。最终,这种融合将催生出"制造+服务"一体化的全新发展模式。

四智融合代表着未来汽车科技的发展方向,通过城市交通云控平台建设"城市大脑",支持智能汽车的发展,实现城市资源的有效调度和优化利用。智能汽车作为连接城市资源的核心节点,其发展离不开智能汽车科技群的全面支持。站在四智融合的视角研究汽车端,需要对智能汽车技术框架进行系统分析,包括智能汽车的车端软件架构、电子电气架构以及城市交通云控平台。

在车端软件架构方面,首先是操作系统底层,用于屏蔽不同计算芯片的差异。其次是基础软件平台,作为操作系统中间件,用于屏蔽底层不同操作系统的差异,并发挥与云控平台架构互联互通的枢纽和桥梁作用。最后是车端和云端应用层的打通,实现服务应用和功能应用的共享。

智能汽车的电子电气架构以中央计算平台为核心。借助云端计算和存储能力以及路侧基础设施的计算能力,实现车端智能传感器和路侧智能基础设施的协同感知。同时，城市交通的云控平台可调度路侧的计算能力，实现感知、计算和决策的整合。

城市交通云控平台作为"城市大脑"，连接车辆、道路和云端，其中智能汽车是移动感知、计算、决策和执行终端。它以路侧感知作为车端感知的补充，通过云端计算分担车端计算压力，并通过 5G-V2X 低时延通信确保感知信息和控制指令的实时传输，最终实现车-路-云之间的协同感知、规划、决策和控制，如图 2-7 所示。

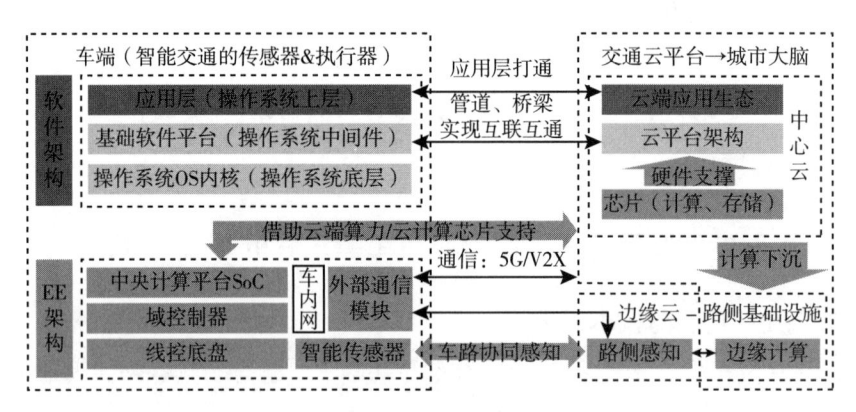

图 2-7 智能汽车科技群车端技术框架

根据智能汽车科技群的技术框架，可以将相关技术划分为人工智能、通信、地理信息数字化和计算机科学领域这四个基础科技领域。这四大领域相互交织、相互关联，形成一个有机的整体，而智能汽车科技的发展则取决于这四大基础科技领域的突破，如图 2-8 所示。

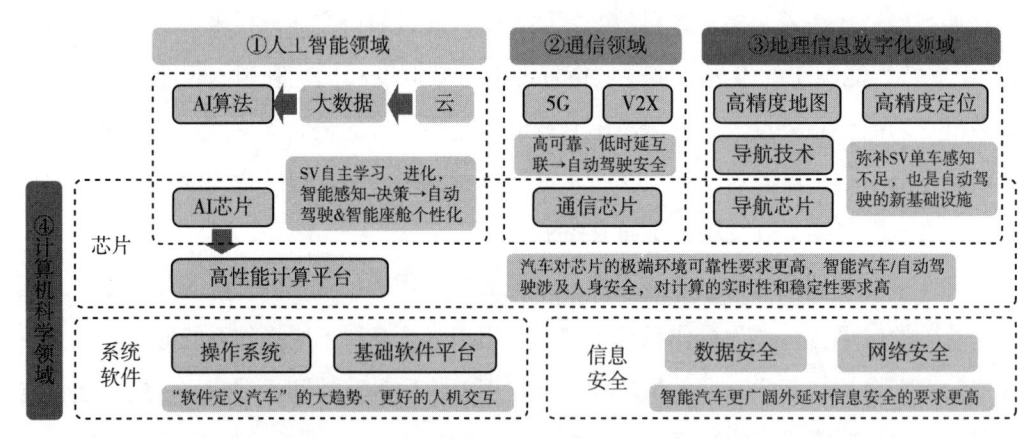

图 2-8 智能汽车科技群的四个基础科技领域

以智能汽车作为核心，结合人工智能和信息通信技术的赋能，能够实现智能交通、便捷出行服务和智慧能源系统的全面融合和无缝衔接。要实现这一目标，需要建立智能汽车科技群体的协同创新发展体系，逐步实现四智融合，从而助力城市朝着可持续发展的方向迈进。

2.4.1.2 拟解决的关键问题

2.4.1.2.1 本领域自身面临的问题

从本领域自身发展看，智能汽车领域目前处于高速发展阶段，大多数核心技术领域中，中外企业尚未形成明显的绝对优势。中国已在智能汽车各个核心技术领域进行了战略布局。当前我国智能汽车车辆关键技术位于全球产业链的中端位置；信息交互技术达到高端水平；基础支撑技术处于中高端水平；产业链的完整性在全球范围内处于领先水平，整体上具有可控性和安全性。尽管如此，中国智能汽车领域仍然存在一些关键瓶颈问题，这些问题成为制约本领域发展的重要因素。

（1）缺乏明确有效的统筹协调机制

智能网联汽车产业牵涉到工信、交通、公安等多个主管部门，但这些部门间尚未建立起有效的统筹协调机制。当前国家制造强国建设领导小组车联网专委会已建立了多部委之间的沟通渠道，汽车、交通、通信、公安等国家标准委员会签署了《关于加强汽车、智能交通、通信及交通管理 C-V2X 标准合作的框架协议》，共同推动 C-V2X 等新一代信息通信技术在汽车和交通行业应用方面的相关标准研究、制定及实施工作。尽管如此，车联网专委会仍然缺乏统筹协调的工作机制，各个部委的工作范围存在一定的重叠，而缺乏一个牵头单位来全面统筹规划智能网联汽车产业，这不利于推动整个行业形成共识。

（2）尚未形成极具吸引力的应用场景

C-V2X 应用场景的单一性以及部分重要场景无法被普及，导致了应用场景的吸引力不够。目前，规模化部署的车联网场景主要集中在 V2V、V2P、V2I、V2N 等辅助驾驶提醒类业务上，主要为驾驶员提供安全、效率和信息服务方面的提示。然而，在实际应用中存在多个问题：一是交通信息提醒等场景的用户展示方式单一，缺乏与车辆本身深度结合，从而造成用户体验不佳；二是由于智能网联汽车终端普及率不高，导致与驾驶安全相关的 V2V 场景的触发度不够，未能达到用户预期的效果；三是缺乏吸引用户的高度黏性和高价值的应用，导致用户对车联网场景的依赖度较低，使用频率也不高。这些应用场景对用户的吸引力不足，进而影响了 C-V2X 车载终端的普及和进一步发展。

(3) 基础设施建设不完善

智能交通基础设施、路侧单元、5G 蜂窝通信基站等的建设尚未完善，导致智能网联汽车无法在全域范围内实现商用。首先，城市内的交通基础设施信息化水平仍有欠缺，例如红绿灯信号机需要进行升级或更换才能共享信息，且交通标志牌等设施缺乏联网功能，因此导致交通信息无法及时、全面地传达。其次，路侧单元虽已在各地示范区部署，但仍未形成覆盖全程、全网连续的格局，无法为智能网联汽车提供持续的信息服务。此外，车载终端部分应用需要依赖 5G 网络的低时延、大带宽和高可靠性，尽管各运营商正在积极推进 5G 网络的部署，但要实现全面覆盖仍需进一步扩展。车载终端的普及程度受制于基础设施建设的进展，而基础设施建设需要用户和政府的高投入支持。当前车载终端和路侧设施的部署速度较为缓慢，且二者相互影响。

(4) 车载终端渗透率较低

C-V2X 车载终端主要以功能预留为主，未形成规模效应且价格较高。一方面，目前主流车企的 V2X 功能大多为预留功能，用户感知度低。部分车企认为基于高精度地图的导航及预警、弱势交通参与者碰撞预警、鬼探头场景、拥堵提醒、施工/事故等交通事件提醒等 V2I 场景具有较高价值，但对基础设施可信度、运营维护效果缺少信心。另一方面，车载终端的价格大约在数千元左右，据车企反馈车载终端的价格高于预期，这也导致后续规模化采购存在一定的障碍。

(5) 商业模式不健全，发展速度受限

C-V2X 产业链相对复杂，且尚未建立广泛认可的高价值应用场景，商业模式也并不明确。智能网联汽车牵涉多个行业参与，涉及多种商业模式和盈利方式，但在缺乏引人注目的应用场景的情况下，各主体之间的主导能力和盈利方式存在差异。智能网联汽车商业化落地需要大量投资且效果不够明显，这严重影响了产业链上各方的投资积极性。特别是对于车企而言，在当前车载终端价格较高、尚未实现高价值应用的情况下，装载 C-V2X 终端并不能带来显著收益，这影响了车企积极参与 C-V2X 终端装载的意愿。

2.4.1.2.2 需求方面面临的问题

从需求端来看，全球城市面临着交通拥堵、出行不便以及频繁的交通事故等难题，这些问题也是制约我国大城市可持续发展的瓶颈所在。目前，一些高科技国家和地区，如美国、欧洲、日本和以色列等正在积极研发 Robotaxi 以及路侧支撑系统 ISAD，通过构建智慧城市、智能交通系统和新型出行模式，根本性地解决城市出行

的困扰。Robotaxi 和新型城市出行系统已经成为未来智能汽车和城市交通领域的前沿技术和革命性创新。因此，我国需要实现迎头赶超和自主创新，大力发展基于智能汽车、智能交通、智慧城市以及智慧能源一体化的城市网联自动驾驶共享汽车和智能共享出行体系。

2.4.1.2.3 创新方面面临的问题

目前国外的自动驾驶汽车通常采用"单车智能"技术，这种技术导致车辆在环境感知方面存在不足，其感知范围受限且可能存在驾驶盲区。因此，在我国复杂的交通场景中，这种技术几乎无法确保自动驾驶汽车能够高效、安全地行驶，这一问题成为制约自动驾驶汽车和智能交通产业化发展的关键障碍。因此，需要创新研发自动驾驶车辆内部环境感知使能系统和外部设施感知赋能系统的一体化技术，实现实时的"网联智能融合"自动驾驶。这种创新技术能够使自动驾驶汽车在复杂交通环境中获得更全面、更可靠的环境感知能力。从"单车智能"向"网联智能融合"技术的发展方向演进，需要创新研发新型的高速率、低时延、超大容量、高可靠的自动驾驶汽车智能化、信息化、网联化技术体系。

2.4.1.2.4 具体技术方面面临的问题

在智能汽车具体技术方面，目前我国部分技术发展水平面临着一些重要挑战。

1）车规级计算芯片存在差距：当前智能汽车对于芯片的需求呈指数级增长，且芯片对于智能汽车算力和产品竞争力的影响愈发明显，甚至直接决定了其核心竞争能力。然而，我国在车规级计算芯片硬件和软件方面与国际先进技术存在显著差距。美国的 Mobileye 和英伟达处于行业领先地位，而国内产品与之相比有较大代差甚至空白，存在受制于国外产品的风险。

2）车控智能操作系统相对薄弱：车控智能操作系统直接影响着软件标准和应用生态。目前尚未出现全球统一标准的车载操作系统，但国外一些主要车企和信息技术公司正致力于打造主导产品。我国在这一领域积累不足，应该全力争取引领车载操作系统的发展，以免被外国企业占据主导地位。

3）部分高性能传感器市场份额有待提升：面向复杂交通环境下，我国在车辆先进感知装备和多源感知融合技术方面存在差距，尤其是毫米波雷达领域，主要被德国的博世、大陆和美国的安波福等企业占据主导地位，但国内企业正在逐步提升市场份额。

4）智能底盘线控技术存在短板：智能集成线控底盘不仅是智能汽车的最佳承载

平台，也是智能驾驶安全、高效应用的最佳载体。目前该技术被德国的博世、大陆和美国的德尔福等厂商垄断。这一技术短板直接关系到车辆执行系统，制约着我国自动驾驶技术的发展，因此亟须构建自主可控的智能底盘研发、制造和集成能力。

5）其他方面的薄弱环节：我国在智能汽车高精度动态地图技术、车辆信息安全系统技术、智能汽车仿真及测试技术等方面与国外先进技术都存在一定差距。此外，智能汽车相关的基础材料、关键工艺和先进制造装备等方面也存在不足。

从四智融合发展的角度看，智能汽车作为跨领域融合一体化的推动力量，还面临着感知能力不足、规则不明确、安全预期和成本问题等多方面的挑战。要克服这些挑战，需要其他领域的支持。如果能够解决这些问题，智能汽车的发展将反过来促进各领域的融合发展。

2.4.1.2.5 法律法规方面面临的问题

在法律法规方面，我国智能网联汽车在道路测试法律法规、产品管理法律法规、道路交通管理法律法规，以及相关基础支撑性法律法规等方面面临一定的问题。

（1）道路测试法律法规

一是部分复杂道路交通场景限制了道路测试，高速公路测试只被允许在特定地点的指定道路范围内进行。《中华人民共和国道路交通安全法实施条例》目前不允许高速公路进行道路测试。虽然《智能汽车道路测试与示范应用管理规范（试行）》已将高速公路测试纳入道路测试范畴并开放相关测试，但仍受限于地方政府指定的路段。

二是 Robotaxi 及自动驾驶货运商业化运营受限。由于缺乏针对 Robotaxi 或自动驾驶货运的相关法规，现行的《道路运输条例》对于这类运营形式构成了限制。

（2）产品管理法律法规

一是产品准入指南或管理办法有待进一步完善。智能网联汽车产品准入的边界、安全原则、验证方法及管理模式均需进一步明确。

二是产品豁免制度实施尚不清晰。智能网联汽车不满足现有产品准入管理办法申请豁免的，缺少落地实施细则法规。

三是产品受强制性技术标准限制。多项汽车强制性标准对自动驾驶功能形成制约。

（3）道路交通管理法律法规

一是自动驾驶系统目前无法获得上路许可。现行的驾驶管理体系主要针对人类驾驶者，因此自动驾驶系统尚不能合法上路。

二是在事故责任认定和车辆保险方面存在空白。目前交通责任划分体系主要以人为核心，未对智能网联汽车事故的责任分担机制做出明确规定，相关法规也未涵盖智能汽车责任分担的需求。此外，缺乏针对自动驾驶的商业化保险，智能网联汽车在投保、承保和理赔方面的机制尚不健全，这阻碍了其大规模推广。

三是交通执法面临挑战。现行《道路交通安全法》第六章"执法监督"规定了交通警察和公安机关在执法过程中的规范。自动驾驶汽车的投入使用将对交通执法监督产生影响，对交通警察的执法能力提出了更高要求。针对自动驾驶违章问题缺乏处罚规定，现有的违章计分制度主要针对人类驾驶员，对于自动驾驶汽车适用性不强。

（4）相关基础支撑法律法规

1）地图测绘方面：高精度地图能够为智能网联汽车提供大量数据，以辅助用户了解周边环境，辅助车辆感知、定位、驾驶规划与决策控制，是智能网联汽车发展必不可少的基础要素。目前，在高精度地图测绘方面的法律法规存在的问题如表2-3所示。

表2-3 地图测绘法律法规存在的问题

技术领域	存在的问题
地理信息表达	智能网联汽车自动驾驶系统需要道路的最大纵坡、最小曲率半径、高程等属性信息来优化运行，然而当前法规规定地图中不得包含上述属性信息，限制了高精度地图信息的表达
数据采集资质管理	智能网联汽车自动驾驶对高精度地图的时效性要求很高，当前仅依赖专业图商的采集模式无法快速更新地图
安全传输	智能网联汽车自动驾驶的高精度动态数据上传和地图下发涉及数据传输，法规规定不得使用缺乏安全保密措施的设备来处理、传输或存储涉密测绘成果，对保密设备提出了更高的要求

2）网络安全方面：建立智能网联汽车网络安全法律法规，是约束智能网联汽车生产方、运营方、服务提供方等相关方的网络安全建设和实施，防范网络安全风险，提高智能网联汽车产业发展和网络安全水平的重要基石。目前网络安全方面的法律法规存在的问题如表2-4所示。

表 2-4 网络安全法律法规存在的问题

技术领域	存在的问题
车辆网络安全	智能网联汽车从设计、研发、生产、使用全过程都涉及网络安全难题，网络安全风险必须遵循全过程监管的模式。然而目前我国缺乏专门针对自动驾驶汽车网络安全的法规规范，立法复杂度高，难度大。此外目前尚无自动驾驶网络安全的实施细则，对智能网联汽车网络安全的监管要求不明确，尚未形成一套适用于智能网联汽车网络安全检测认证的合规体系
数据出境管理	我国对数据出境有严格限制，可能对国际合作和国内企业的境外研发机构间的协同产生制约
隐私保护	目前我国针对自动驾驶功能的个人数据采集和隐私保护尚未有明确规定，存在对用户数据过度收集和使用的风险

2.4.1.2.6 技术标准方面面临的问题

在技术标准方面，我国智能网联汽车在智能计算平台领域技术标准、自动驾驶测试场景技术标准、C-V2X 业务场景技术标准、云控基础平台领域技术标准、车路协同关键技术标准、高精度动态地图技术标准、安全技术标准等方面存在不足。

（1）智能计算平台领域技术标准

首先，是建立计算基础平台的总体框架和关键边界，确定重点评估标准。广泛汇聚行业资源，深入了解行业生态系统，以便广泛形成行业共识，引领中国自主开放的智能汽车软件平台和产业。

其次，在信息安全、网联云控、数据通信保护、汽车开放系统架构扩展等标准和研究方面，需要依托产品示范，加快标准的制定速度，以抢占并引领整个行业的发展，推动中国特色标准的形成。

最后，需要加强国家标准、行业联盟标准、行业研究、产业生态需求、市场化产品推广和监管要求等多方面、多角度的互动合作，共同建立中国特色的自主开放、国际领先的产业生态系统。

（2）自动驾驶测试场景技术标准

1）现有场景库难以全面反映中国区域特有的驾驶场景特征。根据《中国标准 ICV 场景库理论架构体系研究报告（草案）》，尽管全球范围内许多国家和地区已经着手建立自动驾驶场景数据库，但这些现有的场景库并未完全涵盖中国特有的驾驶场景特征。中国地理地貌特征复杂、气候变化多样、气温和降水情况多变，形成了多种气候类型。独特的地理环境与交通情况相结合，对自动驾驶技术的测试和发展提出了更为严峻的挑战,如图 2-9 所示。为了更好地适应中国特有的自然和交通环境,需要对其进行详细的描述和分析。

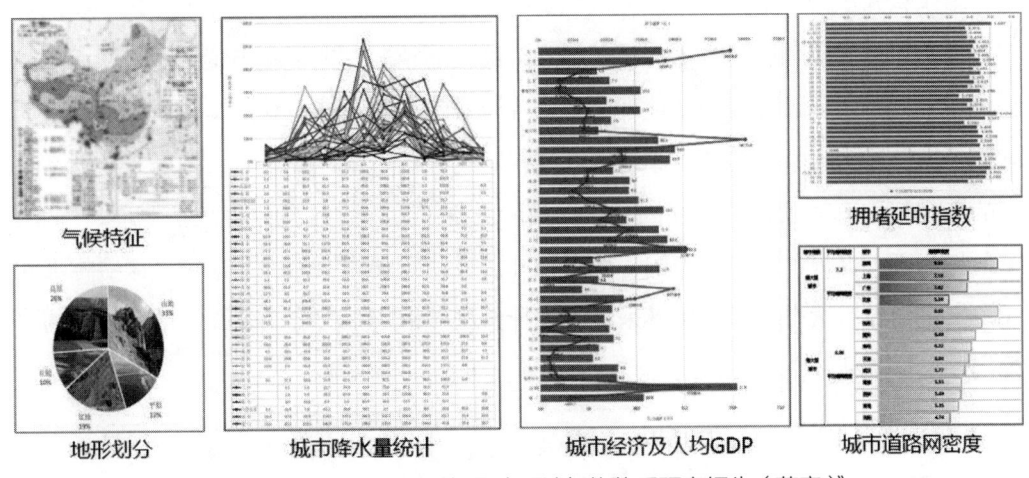

图 2-9 《中国标准 ICV 场景库理论架构体系研究报告(草案)》

2)测试场景复杂多变不确定,在场景数据采集、接口定义等标准化方面面临挑战。

挑战一:海量测试场景的数据采集和特征提取问题

从 ADAS 系统的特定场景要求扩展到 L3 或 L4 系统,使智能汽车测试的场景数量呈几何级数增加。实际驾驶场景的多变性和不确定性,如天气、道路条件、交通参与者和工况,使场景的构成要素具有复杂性和随机性。如何更有效地进行数据采集和特征提取成为其中之一的挑战。

挑战二:测试场景的自动化、连续性扩展问题

大量测试场景导致业内缺乏共识和连续性扩展问题。在海量场景中是否存在适当的自动化技术,以有效地代表真实世界中无限的场景,这成为测试评价工作的普遍挑战。

挑战三:传感器类型和接口定义的多样性问题

多样化的传感器类型带来多样化的场景数据格式,而多样化的应用软件则导致接口定义的多样性,给标准化工作带来了挑战。

挑战四:测试场景的一致性、可复现性、可用性问题

自动驾驶测试场景的一致性、可复现性和可用性问题,对于标准化应用和推动自动驾驶技术落地都是至关重要的关键问题和挑战。

为应对以上问题，需要从构建中国特征自动驾驶测试场景库、制定测试场景标准法规体系、制定测试场景技术标准发展路线图等方面进行完善。

（1）构建中国特征自动驾驶测试场景库

通过研究中国独特的自然经济特征和道路交通情况，识别中国特有的交通元素和独特场景，并以统计方式表征地理、气候等因素带来的区域差异。结合国内外在自动驾驶领域发展较为领先的城市和地区，进行对比分析，以寻找差异点。表2-5列举了影响自动驾驶车辆测试的潜在因素，并逐步进行了分析，这些因素包括地理、气候、交通特征等，提出了适用于中国各地区特征的自动驾驶测试标准和建议。这些标准和建议旨在指导后续自动驾驶场景采集时选择典型城市，并为自动驾驶测试试验区的建设提供指导意见。

表2-5 自动驾驶场景区域特征研究及潜在影响因素

序号	特征	归属	表征要素	潜在影响因素
1	自然经济特征	气候特征	气温变化	车辆动力学响应 传感器性能
2			降水变化	车辆动力学响应 传感器性能
3		地理特征	地形类型	车辆动力学响应
4			光照变化	传感器性能
5	社会经济特征		国民生产总值（GDP）	公共交通基础建设 出行结构
6			城市人口	公共交通基础建设 交通复杂程度 出行结构
7	道路交通特征	道路特征	道路网密度	交通复杂程度 出行结构
8		交通特征	机动车保有量	交通复杂程度 出行结构
9			拥堵延迟指数	交通复杂程度 出行结构

建立中国标准智能网联汽车场景库需要遵循一系列步骤。首先，需要充分吸收国内外场景研究成果，开展场景数据的需求调研、分析方法和应用研究。这包括场景定

义、场景数据采集、处理和应用等多个环节，旨在构建从数据生成到场景应用的完整场景理论体系。其次，必须进行场景数据的采集、管理、分析和标注工作。场景数据采集需要覆盖各种道路、天气、路况和驾驶员等多种情况。数据解析和清洗部分包括数据拆分、缺失检查、转换和脱敏等过程。场景提取和数据标注包括场景分类、特征提取、自动切分和标注，以及人工修正和审核等环节。最后，对场景数据进行应用。这包括构建场景原始数据库、创建研发和测试场景用例集，以及进行自动驾驶测试评价。支持的测试包括软件在环仿真（Software-in-the-loop simulation, SIL）、硬件在环仿真（Hardware-in-the-loop simulation, HIL）、整车在环仿真（Vehicle-in-the-Loop simulation, VIL）、封闭场地测试和道路测试。为突出中国特色场景库，除了考虑单车智能外，还需充分考虑V2X网联化的作用。将V2X作为一个重要的场景要素加入，同时需要考虑中国特有的交通参与者，比如外卖电动车或快递三轮车等，以及特殊的道路环境等情况。中国标准智能网联汽车场景库构建示意图如图2-10所示。

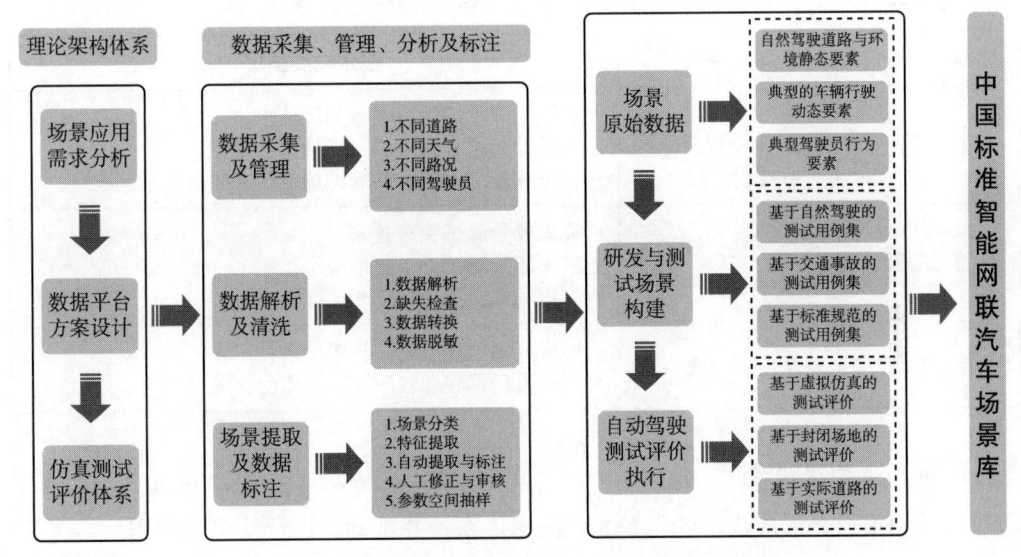

图2-10 中国标准智能网联汽车场景库构建示意图

（2）制定测试场景标准法规体系

为采用众包模式建立中国特征自动驾驶场景库，需要建立健全统一的测试场景标准法规体系，包括基础类、通用类、数据类和应用类标准法规，各类标准法规的主要内容如表2-6所示。

表 2-6 测试场景相关标准法规内容

类别	主要内容
基础类	自动驾驶测试场景定义和分类
通用类	中国自动驾驶测试场景分级和场景构建流程
数据类	中国自动驾驶测试场景数据格式、采集规范、数据标注规范、数据处理规范、数据库接口等相关技术标准
应用类	仿真测试场景、物理测试场景等相关技术标准

（3）制定测试场景技术标准发展路线图

根据驾驶测试场景技术的发展趋势，结合自动驾驶实际的发展状况，建议将测试场景技术及相关标准建设分为三个阶段逐步发展，各阶段特征和技术发展情况如表 2-7 所示。

表 2-7 测试场景技术及相关标准阶段划分

阶段划分	阶段特征	技术发展情况
第一阶段	集成现有技术，推进国际及行业标准体系建设阶段	• 合理集成使用现有场景测试技术； • 积极参与场景测试项目并抽象共性技术； • 讨论并提出可扩展的测试场景相关标准体系建议
第二阶段	重点突破关键技术阶段	• 突破场景测试关键技术； • 输出场景测试项目落地应用； • 制定和完善测试场景相关标准
第三阶段	广泛应用阶段	• 形成成熟的场景测试技术体系； • 促进自动驾驶场景测试技术广泛认可与应用

目前，自动驾驶测试场景技术的发展正处于第三阶段。自动驾驶将进入广泛应用阶段，其中重点是形成成熟的场景测试技术体系，并推动其广泛认可与应用。

（4）C-V2X 业务场景技术标准

为了促进 C-V2X 技术的发展，目前需要关注两个主要方面。首先，虽然各行业协会和标准化组织已经为 C-V2X 的基础应用场景定义了较为完善的标准，但这些标准还没有进行大规模的测试，其技术成熟度仍然需要进一步验证。其次，增强业务场景的标准仍然在研究阶段，这要求各行业共同协作以制定有效的标准。因此，建议立即启动基于 V2X 的增强应用场景的应用类标准的制定，同时提出与智能汽车 C-V2X 相关的基础设施与服务标准项目。此外，还需要在 C-V2X 应用功能安全以及 C-V2X

与 ADAS 系统融合方面进行深入研究。与此同时，应积极开展针对更高级别应用的相关技术研究，并制定相应的标准。

此外，关于 C-V2X 在工业应用场景上的共识尚未形成。为此，汽车、交通、公安以及通信等多个行业需要携手合作，共同明确各自的需求和发展蓝图。这包括综合评估 C-V2X 技术的成熟度、部署的可行性和实施的紧迫性，以便选择那些最需要优先实施产业化部署的行业场景。

（5）云控基础平台领域技术标准

云控基础平台作为云控系统的关键组成，旨在支持整个云控系统及多种交通领域的云控应用，提供广泛的数据接口和服务接口。同时，平台还需确保在数据分级共享的过程中保持优异的运行性能。考虑到云控基础平台的核心功能和基础数据的分析共享需求，对于云控数据交换、服务运行以及云控平台构建等方面的标准化工作变得尤为关键。目前，云控基础平台在数据交互、信息服务、平台建设等方面的技术标准面临的问题如表 2-8 所示。

表 2-8 云控基础平台各领域技术标准面临的问题

云控平台组成	关键点	现状	问题	需求
云控数据交互	数据交互格式	有参考标准，缺乏车与云间通信标准	缺少车辆与云通信的应用层数据格式标准	制定车与云通信的应用层数据格式标准
	交互方式	边缘云需低时延处理大量数据	现有标准无法满足边缘云需求	建立适用于边缘云的数据交互标准
云控服务	服务内容和质量	涉及不同服务对象和层面协同	需规范化服务内容、方式和质量	明确不同生命周期的数据 QoS 保障
	自动驾驶与智能交通	提供低时延应用服务和数据价值提升服务	现有测试要求不完全适用	规范化测试场景与测试用例，形成标准
云控平台建设	边缘云要求	毫秒级数据传输和处理	传统架构不满足需求	建立新的架构方案和建设标准

关于云控数据交互，云控基础平台提供了向其他平台和应用提供细致、精确的车辆实时车辆运行状态数据的能力，这引出了两个主要的规范化方向。首先，尽管目前存在可供参考的数据交互格式标准，但仍然缺少专门针对车辆与云通信的应用层数据格式标准。其次，考虑到云控基础平台内边缘云所需的需求，如低时延处理以及智能

交通高频率、大量交通数据的传输，现有标准和应用并不足以满足这些需求。因此，建议制定一套新的数据交互标准，特别是为满足边缘云在云控基础平台中的特定要求。

云控基础平台在云控服务领域扮演着关键角色，不仅支持智能汽车的行车安全和能效管理，还促进智能交通监管的发展。该平台利用融合感知、协同决策和控制技术，为自动驾驶提供低延迟服务，同时结合交通管控和大数据分析，增强智能交通系统的数据驱动价值。鉴于云控服务面向多样的服务对象，并涉及车辆、道路和云计算等多个层面的协作，对服务内容、方式和质量的规范化变得尤为重要，以确保满足各类用户和应用的需求。特别是在服务质量（Quality of Service，QoS）方面，现有标准主要适用于通信和云平台通用应用，而智能网联汽车云控基础平台则需要一套能够适应其多样服务内容和复杂时延要求的 QoS 标准。因此，制定专门针对车联网应用的网络服务质量要求和测量方法显得尤为关键，这是实现智能网联应用规模化的重要基础。此外，考虑到自动驾驶汽车的测试要求并不完全适用于测试云控平台的服务项，开展针对云控基础平台所能提供的服务的测试场景和用例的规范化，并制定相应的标准，成了必要的一环。

在构建云控基础平台时，特别是其边缘云部分面临着一系列挑战。边缘云需要实现毫秒级的数据传输和处理速度，以便快速采集和处理车辆与道路的动态数据。由于处理需求量大且边缘云数据的生命周期较短，传统的数据存储方法、云平台架构和构建技术不足以应对这些需求。因此，云控基础平台尤其是边缘云部分迫切需要开发一套全新的架构方案和建设标准，以满足高效和高速处理的需求。

（6）车路协同关键技术标准

目前，已经完成了车路协同（智能交通）标准体系的技术架构搭建。这一体系集合了汽车、通信和公安等多个领域的力量，重点开展了基础和关键的标准的研究与制定，包括《营运车辆自动驾驶系统分级》《营运车辆服务车辆交互信息集》《合作式智能运输系统应用集 第二部分：车辆协同驾驶应用集》以及《智能运输系统智能驾驶电子地图数据模型与交互格式 第一部分：高速公路》等。逐步推出一系列车路协同的关键和基础标准，计划到 2025 年，系统性地形成一个完善的标准体系，支撑车联网应用和产业发展，并制定一系列在智能管理、服务以及车路协同等领域的关键交通标准，制定或修订的标准将超过 40 项。

（7）高精度动态地图技术标准

由于制作和发布导航电子地图及高精度地图牵涉到国家地理信息安全，因此我国对地图制作的资质实施了严格的控制，并且制定了相关的法规和标准来保障信息安全。随着智能汽车产业的发展，对高精度地图的精准度、更新频率和信息内容提出了更高的要求。然而，这些要求与现行的法规和标准有所冲突，主要体现在智能网联汽车测绘地理信息管理、高精度地图测绘资质管理、偏转处理与地理信息安全保护、随机偏差及功能安全、地理信息表达要求、地图审核和审图周期等方面。

1）智能网联汽车测绘地理信息管理：在2022年8月30日，自然资源部国土测绘司发布了《关于促进智能网联汽车发展维护测绘地理信息安全的通知》（自然资规〔2022〕1号）。该通知指出，在智能网联汽车的运行、服务以及道路测试过程中，对于空间坐标、影像、点云及其属性信息等测绘地理信息数据的收集、存储、传输和处理，均属于测绘活动。因此，涉及这些活动的行为主体需遵守相关规定，并依法承担相应的责任。该通知明确指出，对于需要进行相关数据的收集、存储、传输和处理的车企、服务提供商以及智能驾驶软件供应商等，如果是内资企业，必须依法获得相应的测绘资质，或者委托有相应测绘资质的单位进行测绘活动；如果是外商投资企业，如特斯拉，则必须委托具有测绘资质的单位来开展相关测绘活动。被委托的拥有测绘资质的单位将负责收集、存储、传输和处理相关的空间坐标、影像、点云及其属性信息，以及提供地理信息服务和支持。

2）高精度地图测绘资质管理：在2021年6月7日，自然资源部办公厅发布了《测绘资质管理办法和测绘资质分类分级标准的通知》（自然资办发〔2021〕43号）。此通知的主要目的是响应党中央和国务院关于"放管服"改革的指示，同时旨在推动地理信息产业的发展并保护国家地理信息安全。通知依据《中华人民共和国测绘法》和《中华人民共和国行政许可法》等，对《测绘资质管理办法》及《测绘资质分类分级标准》进行了修订，并自2021年7月1日起施行。此外，此次修订同时宣布废止了国家测绘地理信息局在2014年7月1日发布的《关于印发测绘资质管理规定和测绘资质分级标准的通知》（国测管发〔2014〕31号）同时废止。根据《关于加强自动驾驶地图生产测试与应用管理的通知》（国测成发〔2016〕2号）的规定，自动驾驶地图作为导航电子地图的一种新类别，其数据采集、编辑加工和生产制作必须由拥有导航电子地图测绘资质的单位执行。

测绘业务被划分为10个类别，每个类别下设甲级和乙级两个等级。在这些等级中，甲级导航电子地图制作资质的审批工作由自然资源部负责，而其他测绘资质则由各省、自治区、直辖市的自然资源主管部门进行审批和管理。此外，新设立的乙级导航电子地图制作资质允许持有者在相关政府部门划定的自动驾驶区域内进行导航电子地图的制作。

依据自然资源部办公厅在 2021 年发布的《关于开展测绘资质复审换证工作的通知》（自然资办发〔2021〕46 号），截至 2023 年 5 月，共有 19 家单位完成了甲级导航电子地图资质的复审换证工作。这与之前公布的 31 家单位相比，减少了 12 家单位。

3）偏转处理与地理信息安全保护：为了维护地理信息的安全，中国规定所有地图产品的地理信息必须进行调整。根据《导航电子地图安全处理技术基本要求》（GB 20263—2006），导航电子地图在发布前必须经过空间位置的技术处理。在执行这一要求时，国家的测绘管理部门会对测绘单位制作的地图使用偏转工具进行统一的非线性偏转处理，使用专门的偏转工具。这一处理将原本基于 WGS-84 地理坐标系的经纬度信息进行非线性变化，转换，生成的新坐标系被称为 GCJ-02 坐标系。通过这种偏转工具的应用，地图经历了非线性的系统变换，从而有效保护了地理信息的安全保护。

地图产品的加密技术处理申请和制作流程具体如下：首先，地图制作商准备必要的文件，包括加密技术处理的申请公文、相关数据表格和数据加密清单，然后提交这些文件给中国测绘科学研究院（简称测科院）。测科院负责组织专家对提交的资料进行技术评审。评审完成后，测科院会将评审报告和申请材料一并提交给自然资源部地理信息管理司。自然资源部地理信息管理司负责对这些材料进行审批。如果审批通过，地图制作商则需要在测科院的专业技术人员的指导下进行数据加密技术处理，完成这一过程后，产品便可以正式发布。

为解决经过偏转处理的地图在车载端使用时产生的定位与地图信息之间的偏差问题，车载终端同样采用了偏转插件。该插件能将卫星定位信息进行与地图相同的偏转处理，使得偏转后的定位信息能与已偏转的地图相匹配，实现定位与地图的一致性。这个过程确保了车载终端用户能够正常使用 GCJ-02 坐标系下的电子地图。由于车载终端采用的偏转插件实现了与地图相同的坐标偏转，因此理论上能够确保电子地图的正常使用。

4）随机偏差及功能安全：在对地图和定位都进行了偏转处理之后，理论上应该不会有使用上的问题。然而，在实际操作中，由于定位精度和时延等多种因素的影响，发现偏转后的地图与偏转后的定位并不能完全匹配，它们之间存在着一定的随机误差。高德软件有限公司在为通用汽车公司的 Super Cruise 系统进行适配时也遇到了这个问题。这种误差对于传统导航地图可能不会造成太大影响,但对于智能汽车来说,这可能导致车道级别的误差,进而产生严重的安全隐患。此外,随机偏转处理还可能导致道路曲率等的变化,这可能引发不必要的刹车等问题,不过这方面的影响目前还没有定论。

同时,由于偏转处理技术的早期投入使用,它目前难以满足 GB/T 34590—2017(ISO 26262:2011)对汽车电子电气"安全相关系统"整个安全生命周期的相关标准。考虑到自动驾驶控制系统的复杂性和对安全极高的高要求,定位模块的汽车安全完整性等级的降低可能会给车辆行驶的安全性和可靠性带来隐患。

针对这一问题,相关主管部门已经开始密切关注。在高德软件有限公司和通用汽车公司合作适配 Super Cruise 系统适配高精度地图的过程中,测科院就对偏转处理进行了针对性的调整,以满足系统对定位精度的要求。为了响应无人驾驶高精度地图的发展需求,在国土资源部、自然资源部地理信息管理司、自然资源部地图技术审查中心、测科院等机构的共同努力下,已经初步完成了自动驾驶地图的偏转处理和加密方案。经过广泛的测试,这被认为可以满足目前 L3 级别自动驾驶的需求。展望未来,随着产业发展对高精度地图要求的不断演进,中国的高精度地图管理也将进行相应的调整,旨在保障地理信息安全的同时,满足无人驾驶的精度要求和汽车功能安全标准,从而推动行业的发展和进步。

5)地理信息表达要求:根据《基础地理信息公开表示内容的规定(试行)》《公开地图内容表示若干规定》《公开地图内容表示补充规定(试行)》《测绘局关于导航电子地图管理有关规定的通知》以及《导航电子地图安全处理技术基本要求》(GB 20263—2006)等法规和标准,中国对于道路的铺设材料、最大纵坡、最小曲率半径、桥梁的限高、限宽、净空、载重量、坡度、桥梁结构、隧道的高度和宽度、未正式公布的高程点等信息的公开持谨慎态度。这些信息如道路曲率、高程、限高、限重等都是重要的先验信息,它们在提高智能汽车决策效率以及驾驶的安全性和舒适性方面发挥着关键作用。

在实际操作中,主管部门已经适度放宽了对这类信息的表达限制。例如,道路曲率等信息可以通过分段表达的方式公开。这些调整使得当前的高精度地图应用已经能够满足基本要求。随着无人驾驶技术的发展以及对高精度地图信息的丰度和精度要求的提升,预计信息的表达和公开形式将继续调整,以更好地适应产业发展的步伐。

6）地图审核和审图周期：我国多项法律法规对地图信息的更新和审核作出了明确规定，如表 2-9 所示。

表 2-9 地图审核相关法律法规

法律法规名称	具体内容
《中华人民共和国测绘法》	基础测绘成果应定期更新，针对经济建设、国防建设、社会发展和生态保护急需的情况应及时更新。更新周期根据不同地区国民经济和社会发展的需要而定
国土资源部《地图审核管理规定》	第二十四条：测绘地理信息主管部门应在受理地图审核申请后的 20 个工作日内作出审核决定。对于时事宣传地图、发行频率高于一个月的图书和报刊等插附地图，应在 7 个工作日内作出审核决定
中华人民共和国国务院令 第664号《地图管理条例》	规定了类似的地图审核流程

目前，各地图制作商在高精度地图的采集上主要限于静态基础信息。由于现行的审图周期，这一限制并不会对高精度地图的应用造成阻碍。然而，随着行业的发展，高精度地图在未来可能会要求包含动态甚至是实时的信息更新。因此，相关部门正密切关注行业的进展和需求，未来可能会对审核和更新的模式进行优化以适应这些新的要求。这样的改变将有助于保持高精度地图信息的实时性和准确性，以更好地服务于快速发展的智能汽车行业。

为满足以上需求，需要谋划时空数据安全要求、车端传感器数据与云平台交互相关标准、高精度地图数据与辅助驾驶功能单元交互相关标准、车路协同高精度地图交互相关标准，以及其他高精度地图关键技术标准。

（1）时空数据安全要求

时空数据的安全要求目前主要有两项强制性国家标准，均处于制定过程中。一是《智能网联汽车时空数据处理安全技术基本要求》。该标准规定了在中国境内的智能汽车获取的地理信息后进行处理、传输、存储、使用等采集活动的安全技术基本要求。这一标准适用于面向社会公开销售并在中国境内行驶的智能汽车，这些汽车利用车载传感系统对地理信息进行处理。此外，对于运营的网约车、无人配送装置、智能公交等其他智能移动终端，如果它们也利用地理信息传感系统对地理信息进行处理，同样需要遵守该标准的规定。该标准的制定旨在确保智能汽车在地理信息处理方面满足安全技术要求，以促进智能汽车行业的健康发展。它强调了对智能汽车行业中涉及地理信息处理的各类终端设备的安全性要求，以保障用户的隐私和数据安全。二是《智能网联汽车时空数据传感系统安全检测基本要求》。该标准规定了时空数据传感系统安全检测的总体要求，以及时空数据传感系统采集、存储、传输安全检测的基本要求和结果判定。这一标准适用于向社会销售并在中国境内运行的智能汽车测绘传感系统的地理信息安全检测。此外，对于运营的网约车、无人配送装置、智能公交等其他搭载了测绘传感系统的智能移动终端，如果它们也涉及地理信息安全检测的活动，同样需要遵守该标准的规定。该标准的制定旨在确保时空数据传感系统在采集、存储、传输地理信息时满足安全检测的要求，以保障用户的隐私和数据安全。标准强调了对智能汽车和相关移动终端设备中时空数据传感系统的安全性进行检测，以应对潜在的安全风险和问题。通过遵守这一标准，可以提高智能汽车和相关移动终端设备的地理信息数据安全性。

除了上述两项国家标准，《智能网联汽车时空数据安全审查基本要求》《智能网联汽车时空数据监管服务基本要求》《智能汽车基础地图众源更新基本要求》这三项推荐性国家标准也将被优先以团体标准的形式落地实施。这些标准将在智能网联汽车和测绘地理信息领域发挥作用，提出关于测绘数据采集、传输、存储、使用、更新、审查、监管等方面的要求。

这一举措旨在更好地规范和促进测绘地理信息数据的应用，特别是在支持智能网联汽车高质量发展方面发挥关键作用。通过这些标准的制定和实施，可以确保地理信息数据的安全性、质量和可靠性，从而提升智能网联汽车的性能和安全性。这也有助于推动整个行业的发展进步。

（2）车端传感器数据与云平台交互相关标准

需要制定《自动驾驶传感器与云平台数据交换格式》标准，主要目的是规定了车载传感器上传数据到云平台时的数据格式和要求。这个标准需要涵盖多种数据类型，包括图像、激光点云、毫米波雷达信息、全球导航卫星系统（Global Navigation Satellite System，GNSS）定位以及车辆状态等。标准不仅需要规定前端要素的识别要求，还要明确原始数据的格式、定位精度、分辨率、校准精度等各项指标的要求。

该标准适用于自动驾驶汽车将车载传感器捕获的实时识别信息和原始数据上传至路侧设施或云平台的情况。这些数据将用于生成实时动态交通数据信息和监测道路设施信息的变化，为智能交通系统提供必要的数据支持。总之，这个标准的制定有助于确保自动驾驶车辆与云平台之间的数据交换是规范和高效的，从而促进了自动驾驶技术的发展和智能交通系统的运作。

（3）高精度地图数据与辅助驾驶功能单元交互相关标准

制定《高精度地图与导航地图协同工作交互协议》标准，目标是规定在高精度地图与导航地图协同工作的情况下，为确保高精度地图的车道级规划与导航地图的匹配，以确保自动驾驶行车的高效和安全。该标准还旨在制定相应的接口协议，以满足这些要求。

（4）车路协同高精度地图交互相关标准

制定《基于V2X的高精度地图动态信息适配场景需求和技术要求》标准，核心目标在于规范高精度地图的描述，特别是涉及路口范围内车道级要素、交通灯布局信息以及交通灯与控制车道之间的关联。标准的主要意图是确保高精度地图具备容纳智能信号灯控制系统、智能路侧设备和互联网动态信息服务提供商的路口动态信息的能力。

（5）其他高精度地图相关标准

1）制定《自动驾驶高精度地图数据质量标准》：通过该标准明确自动驾驶高精度地图的质量和安全要求。详细定义基于自动驾驶汽车功能需求的各个要素的错误率和缺失率。此外，明确规定这些要素在自动驾驶场景下的精度指标要求，并定义动态地图更新的主体要素的质量和安全要求。

2）制定《高精度地图功能安全技术要求》：制定这一标准的主要目标在于将整车企业所提出的ISO 26262 ASIL等级要求，充分融入高精度地图数据的安全标准和等级中。其核心任务是确立高精度地图的功能安全技术规范，以满足自动驾驶汽车子系统的功能安全要求。该标准的制定范围需要包括高精度地图的规划、设计、生产和发布等各个环节，旨在为自动驾驶汽车提供坚实的技术支持，以确保其安全运行这一标准的主要目标在于将整车企业所提出的ISO 26262 ASIL等级要求，充分融入高精度地图数据的安全标准和等级中。其核心任务是确立高精度地图的功能安全技术规范，以满足自动驾驶汽车子系统的功能安全要求。该标准的制定范围包括高精度地图的规划、设计、生产和发布等各个环节，旨在为自动驾驶汽车提供坚实的技术支持，以确保其安全运行。

（6）安全技术标准

我国目前尚未建立完备的政策法规和技术标准，特别是在涉及个人隐私和数据传输等领域，智能网联汽车产品的设计和实施缺乏明确的指导方针。此外，智能网联汽车领域还没有形成完善的信息安全评测和服务体系，缺乏相应的监管机构。整车企业和相关企业在智能汽车信息安全管理方面的能力有限，国内尚未建立专门的监管机构，导致信息安全管理水平相对较低。此外，智能汽车责任和保险制度也亟待建立和完善。这些问题在智能网联汽车领域需要进一步解决和规范，以确保产品的安全性和用户的权益。

为了全面规范智能网联汽车信息安全评测体系的实施，建议从以下三个方面建立并完善相关标准规范。

1）为了确保智能网联汽车的信息安全工作得以有效开展，需要制定一套完整的标准，涵盖从风险评估管理、产品开发、运营/维护到流程审核等全生命周期管理方面的内容。这将有助于形成中国自己的国际标准，类似于 ISO 21434，以满足我国汽车产业的特定需求。目前，汽车标准化委员会已经成立了标准起草组，开始进行预研工作，以制定相关标准，为智能网联汽车信息安全提供更好的指导和支持。这一举措将有助于我国智能汽车产业的可持续发展和国际竞争力的提升。

2）考虑到不同车辆的功能差异以及内部架构的多样性，需要一个统一的信息安全标准，以应对不同的安全威胁。这个标准应该包括一致的信息安全风险评估方法和整车/零部件的信息安全技术要求，从而形成一种通用的方法和通用的安全需求，适用于各种不同类型的车辆和零部件。目前，汽车标准化委员会已经开始制定相关标准，其中包括汽车信息安全风险评估规范、汽车信息安全通用技术要求，以及各种零部件的信息安全技术要求，如网关、车载信息交互系统等。这一举措将有助于确保不同车辆和零部件都能够满足统一的信息安全标准，提高整个行业的信息安全水平，降低安全风险。这也符合智能网联汽车行业不断发展和进步的需要。

3）对于认证智能汽车开发和生命周期过程的审计方以及实施整车/零部件测试评估的测试实验室而言，还需要诸如认证测试执行流程、测试机构资质要求、测试场地环境要求等相关标准规范来约束，目前上述标准或规定还有待制定。

2.4.1.3　四智融合背景下的智能汽车发展战略

智能汽车在智能交通、智慧城市和智能能源领域扮演着核心和桥梁的角色，推动着产品的升级，使其功能更加智能、多元化和全面化。未来的发展方向应紧密融合其他领域，实现深度协作。

智能汽车将与智能交通融为一体，交通基础设施将迎来智能化的升级，道路系统将通过 5G 通信技术与智能汽车实现紧密互联，同时搭载高级传感器和边缘计算平台，使智能汽车能够实时感知、决策和控制。高精度定位将通过差分定位基站得以实现。在这一融合中，智能汽车将拥有超越视野的环境感知能力。它将能够凭借实时道路状况信息来智能规划最佳行程路径，并根据用户的定位信息提供多样化的服务，包括充电、维修保养、餐饮预订、停车场导航以及紧急救援等服务。这将使出行更加高效、便捷，减少出行时耗。

在智能汽车与智慧城市融合方面，智慧城市大脑充当着一个综合的数据资源平台，打通了多领域信息服务平台。智能汽车与城市大脑的紧密连接使得各种信息和服务得以实时共享与交互。智能汽车可以实时获取医疗、餐饮、娱乐等多种服务的信息，实现智慧能源的交易，还能控制智能家居。智能汽车是未来智能出行的载体，城市出行平台通过实时获取出行需求数据，可以对智能汽车进行调度和管理，解决城际间、城市内以及"最后一公里"的用户出行和物流运输需求。此外，通过智能汽车的共享出行，提升汽车的利用率和出行效率也得以提升。这一融合让城市更加智能化，使居民和企业能够更便捷地享受各种服务和出行方式。

在智能汽车与智慧能源融合方面，智能汽车的智能化和电动化特性天然地与智慧能源相契合。未来的充电基础设施将实现联网，并接入智慧能源平台。这将使智能汽车能够综合考虑剩余电量和当前位置，以选择最适合的充电站。同时，分布式智慧电网将促使电动汽车与主电网之间实现良性互动，确保电网电量的及时消纳和虚空填补。智能汽车还将通过车辆识别码与智慧能源交易平台实现紧密衔接，从而实现更加灵活和便捷的能源交易。这意味着智能汽车将扮演城市能源系统中智能储能终端的重要角色，为能源的高效利用和管理提供更大的支持。

总体战略方向可概括为：新一代智能汽车的发展应以智慧城市、智能交通、智能汽车融合一体化为关键路径，旨在解决大城市可持续发展中的出行难题。为实现这一目标，需要积极开展前沿技术和颠覆性技术的创新，巩固基础技术，确保核心关键技术的掌握。在这一战略指导下，重要举措包括研发出下一代汽车产品原型、培育关键零部件供应链，以及构建智慧城市共享出行系统。这将有助于建立绿色、安全、高效、共享和便捷的智慧城市，实现智能交通和智能能源与无人驾驶汽车的深度融合，为创造更宜居的生活和更便捷的出行环境奠定坚实基础。

2.4.1.4 智能汽车领域完成四智融合需要的支持

在智能汽车科技创新的四智融合体系中，智能交通、智慧城市和智慧能源对智能汽车至关重要，共同促进感知、决策、控制和能源支撑的协调发展。为了充分发挥智能汽车的功能，相关领域应提供如下支持。

（1）基于5G-V2X、高精度地图/定位的多源协同感知

在智能汽车领域，多源协同感知是基于5G-V2X和高精度地图/定位的核心技术。这一系统集成了车辆和路边的高性能传感器，如高分辨率摄像头、激光雷达、毫米波雷达和超声波雷达。它利用北斗导航卫星系统和路边定位基站提供的车辆精准位置信息，结合云端的高精度地图、天气等服务信息，以实现全面的感知。通过5G-V2X技术，可以高效、低延迟且可靠地传输和交互车辆、路面和云端的多源感知信息。这不仅提高了智能汽车的感知精度和广度，也增强了其实时性和感知能力的稳健性。

（2）基于人工智能、大数据和云平台的协同决策

在智能汽车技术中，基于人工智能、大数据和云平台的协同决策对于处理多源协同感知产生的大量数据至关重要。硬件方面，智能汽车将提高车载计算芯片的处理能力，并与路边的高性能边缘云计算平台及城市中心的云计算平台相结合，实现车、路、云的硬件计算资源共享。软件方面，智能汽车将利用交通/场景数据集和驾驶行为的大数据来优化AI算法，提高数据融合、目标识别、行为预测等自动驾驶关键算法及车路协同算法的效率和准确性，并确保不同算法间的兼容性。同时，为了高效分配计算资源并实现底层计算硬件与上层算法程序的无缝对接，需要开发开放式操作系统。这要求车载操作系统和智能交通管理系统不仅要运行流畅，而且需要具备统一的标准接口，以实现不同系统间的互联互通，从而彻底整合车、路、云端的算法和硬件设备。

（3）车路云协同控制

面对软件和代码的快速增长以及电子元件的持续更新，智能汽车正朝着建立一种整车级别的控制架构迈进。这种架构不仅具有模块化和灵活配置的特性，还能实现控制的集中化和计算资源的共享。这使得智能汽车能够通过较小的修改来支持车辆功能、硬件和软件的升级和迭代。与此同时，边缘交通云控制中心将根据实时路况，调整车辆的行驶路线、信号灯配时、道路限速和车道功能等，实现车路协同控制。此外，车辆的行驶状态和路况信息会被上传到城市云控平台。这个平台能够通过智慧警务系统自动识别违法行为，监控营运车辆，实现自动化管理。它还可以根据出行需求数据对智能共享汽车进行自动调度。基于智慧能源平台，它还能为智能汽车合理分配充电基础设施，并提供智能电量交易服务。

因此，将智能汽车置于核心位置，通过人工智能的重大赋能以及信息通信技术

的关键支持，可以实现智能交通体系、智能出行服务和智慧能源体系的紧密结合和无缝衔接。为了达到这一目标，需要构建一个以智能汽车科技为中心的协同创新发展体系。这不仅涉及智能汽车和自动驾驶技术的持续进步，还包括突破这些领域现有的限制和瓶颈。通过这样的集成和创新，可以促进城市的可持续发展。

2.4.2 面向四智融合的智能交通需求分析

2.4.2.1 功能与技术需求

智能交通融合发展的关键在于将以智能网联汽车为核心的新型运输工具和智能化道路交通基础设施结合起来。这一过程涵盖了人工智能、大数据、通信技术和信息技术融合等前沿领域的应用。通过这些技术，实现车辆、道路、人员和云平台之间的相互连接和通信，从而实现驾驶无人化、道路管理自动化、运输工具共享化和出行模式定制化等多项功能。

这种融合的特点在于强调交通参与者、交通工具、交通设施以及云平台之间的相互作用和实时调整。其目标是提升交通安全性和可靠性，同时达到节能减排的效果。核心在于利用SV和ST之间的实时动态通信，改变传统的车辆与道路之间的静态关系，形成一种实时、自动连接和相互作用的动态运行系统。这样的系统可以使公路交通运行逐渐向飞机空中管制和列车运行控制技术体系靠拢。

要实现智能交通融合发展，关键在于构建以V2X为核心的信息交互平台。基于这个平台，实现车辆在任何时间和地点的互联互通，从而实现全时空的动态交通信息收集和融合，使车路之间实现真正有效的融合。

从技术角度，智能交通融合发展不仅在于针对交通系统各组成要素的关键技术的攻克，更在于实现这些要素之间数据的融合和交互。为了达到这一目标，可以从"感""传""知""用""安"这五个维度出发，来确定需要突破的关键技术。

（1）"感"—多基协同感知/多源异构融合技术

未来智能交通系统的发展应当重点强化感知能力，采纳多样化的传感数据融合技术，以精确地掌握环境信息。这包括通过车载（基于车辆）、道路（基于地面）和无人机（基于空中）的综合感知手段，大幅提高整体的环境感知效能。

（2）"传"—5G/异构多模式通信技术

在现有通信技术的基础上，为了实现一个超高可靠、超低延迟以及多模式的区域车联网服务，必须提升通信网络系统的频谱资源效率和传输可靠性。这样的改进将支持大量的车辆和道路要素进行广泛的信息交互，这些交互是基于多模式自组织网络信息交互平台的。

（3）"知"——交通大数据驱动的 AI 技术

为了打造一种软件定义的新型智能交通云应用系统，需要将数据和人工智能技术链条有效地引导至应用和服务场景。这个系统将基于数据驱动，实现开放互联，构建一种新型的道路交通应用系统，从而为大规模交通需求提供有效的支撑和服务。

在这一系统中，车载 AI 需要在微观层面进行自我学习，以积累不同路况下的驾驶经验，并与云平台协同，共享这些信息。同时，云端 AI 将负责全局车辆和道路的大数据汇聚，动态学习交通的演化规律，并进行多尺度的交通姿态辨识。这种系统的设计旨在实现更高效、智能化的交通管理和服务。

（4）"用"——端－边－云协同控制与泛在服务技术

端－边－云协同控制与泛在服务技术主要包括：①基于协同计算的群体智能控制技术。②基于协同计算的区域交通联动控制技术。③车路系统场景测试评价技术。④实现泛在出行服务的可定制化。⑤智能共享出行管控与服务技术。

（5）"安"——信息安全保障技术

表 2-10 概述了为支持智能交通信息安全所需的关键技术突破及其具体的实施措施。

表 2-10 智能交通信息安全保障关键技术

技术突破领域	具体措施
安全控制架构	基于分域隔离与纵深防御的安全控制架构设计
入侵检测与可信认证	开发入侵检测框架；实现可信认证机制
通信交互与访问控制	建立通信交互框架和访问控制模型
数据管理与存储	实现数据生命周期管理；保证数据的安全稳定存储
终端芯片与软件安全	研究智能汽车终端芯片安全加密；应用软件安全防护
车用无线通信加密技术	突破适用于人车路云协同的车用无线通信安全加密技术
区块链技术在安全通信和认证授权	研究基于区块链的去中心化安全通信和认证授权技术
云控平台数据安全	实施智能汽车云控平台的数据加密、监控审计等安全防护措施

为确保智能交通融合发展，需要集中精力发展包括终端、网络边界、整体网络和

数据安全在内的多种技术。目标是建立一个分域隔离和纵深防御的多层安全架构，包括入侵检测系统、可信认证机制、通信互动与访问控制模型，以及数据的安全稳定存储管理。在这个过程中，智能汽车终端芯片的安全加密和应用软件的安全防护是研究的重点。同时，也需要突破适用于人车路云协同环境的车用无线通信安全加密技术。此外，基于区块链的去中心化安全通信和认证授权技术也在研究范围内。除此之外，还需要开发面向智能汽车云控平台的数据加密和监控审计等安全防护措施。这些综合技术的发展和应用将大大提升智能汽车的安全性能，为其安全上路提供坚实的技术支持。

2.4.2.2 拟解决的关键问题

智能交通融合发展的关键问题在于如何解决技术瓶颈以及人、车、路、管控平台和法律标准间各要素的衔接和融合问题。我国在推进智能交通融合发展领域的创新和产业化等方面面临着一系列挑战。首先，系统性的顶层设计尚未健全，技术链的关键环节存在薄弱环节。此外，协同创新机制还未完全建立，法律和技术标准的构建也相对滞后。这些问题共同构成了智能网联汽车与智能交通融合发展的难点。具体来说，融合发展的产业链还不完整，核心技术积累不够充分；商业模式不够明确，产业生态系统不完善；数字化道路基础设施的建设需要大量投资且周期较长；而且现有的法规和标准需要进一步完善，部分条款甚至形成了制约因素。

（1）核心技术尚未完全自主，部分组件过分依赖国外

智能交通融合发展所需的智能路侧装备及系统还没有形成一个成熟的应用集成解决方案。在端-边-云协同控制与泛在服务技术层面，要实现协同控制和泛在服务，需要处理和存储大量的交通数据流，并进行信息资源的优化调度与快速计算。在信息安全保障方面，针对病毒攻击、信息泄露、车辆信息盗用和恶意破坏等安全威胁，我国已经开始改进和完善相关的安全技术和策略。

（2）融合发展商业模式不清晰，产业生态不健全

智能交通的融合发展不仅面临着交通管控和服务的新型商业模式挑战，还涉及智能汽车本身的商业模式变革。这一过程中，多个产业的交叉融合尤为关键，如高精度地图、基础设施和测试场等产业生态的组成部分。这些领域背后的商业模式和逻辑需要被全面考虑和整合。此外，为了促进技术的进步和融合发展的测试，国内已建设了众多封闭测试场。但这些测试场由于高投资成本、有限的测试能力、较高的测试收费以及测试总量的限制等因素，其商业模式的构建仍处于探索阶段。这表明在智能汽车

和智能交通融合发展的过程中，需要在商业模式方面进行更多的创新和调整，以适应行业的快速变化和发展需求。

（3）法规、标准有待健全，部分条款形成制约

目前，我国关于智能交通融合发展的现行法律法规在某些方面尚不完全适用。首先，在跨部门协作方面，针对智能交通融合的法律制定机制还未完全建立，导致部门间的协同合作不足。这种不足影响了智能交通融合领域的整体法规制定和执行。此外，智能汽车作为智能交通融合运行"端"的重要组成部分，在高速公路测试方面受到现有法规的限制。同时，高精度地图和定位技术的发展也面临着偏转插件、地理信息表达等方面的法律限制。在车辆数据安全、隐私保护、信息侵权责任、安全保障、产品责任、行政责任以及刑事责任的主体和内容认定方面，现有法律框架中还存在一些问题。这些问题需要通过法律和法规的更新与完善，以及相关部门之间更加紧密的协作和沟通来解决。这样，才能为智能交通融合发展提供一个更加健全和适应的法律环境。

在具体技术方面，随着中美两国高科技对抗日益增强，智能交通融合发展核心技术环节存在缺失，威胁着我国的智能交通、汽车等产业安全，部分关键核心技术亟待补足。

（1）信息交互技术

我国在车辆通信技术方面已取得重大进步，特别是在拥有自主知识产权的C-V2X通信技术，尤其是在5G-V2X领域处于国际领先水平。3GPP标准化工作已完成，频谱划定也获得批复，车载信息服务产业应用联盟组织的外场测试顺利完成。此外，我国还积极引领国际C-V2X通信技术的标准制定和性能测试，推动其商业化进程，并在国际市场中占据一席之地，拥有一定的话语权。这些成就标志着我国在智能网联汽车领域的技术发展和国际影响力都在不断增强。

（2）决策认知技术

在微观层面上，智能汽车通过自我学习能力，在行驶过程中积累丰富的路况驾驶经验，从而优化车端的认知和决策过程。同时，路侧的边缘节点负责捕捉和识别局部状态，与车端形成协同决策。而在云端，重点是汇集多源数据，以实现对多尺度交通态势的有效识别和分析。这三个层面共同协作，为智能交通系统提供全面的数据支持和决策智能。

（3）协同控制与泛在服务

协同控制和泛在服务是智能交通系统的两个关键方面。协同控制侧重于从系统

智能角度对群体车辆进行交通控制，包括优化群体车辆的驾驶轨迹和实现区域交通的联动控制。而泛在服务则着重于基于大数据的出行需求和系统资源的动态适配，旨在实现可定制的出行体验。要实现这两种服务，需要处理和存储大量的交通要素数据流，同时也需要对信息资源进行优化调度和快速计算。目前，涉及的软硬件计算平台面临较高的技术和行业壁垒。我国虽然在这方面取得了一些进展，但仍然缺乏一套完整的、自主可控的解决方案。特别是计算平台的基础设施和相关工具链，主要还是由国外企业掌握。这表明我国在智能交通系统的关键技术领域还有很大的发展空间。

（4）信息安全保障

在面向车路协同和网联环境的背景下，构建一个全面的信息安全保障体系至关重要。这个体系需要整合智能汽车、通信网络、云端平台及基础设施，确保信息安全的一体化。具体措施包括建立基于云的安全认证体系、基于网络的异常检测机制和基于端的主动防御系统。针对病毒攻击、信息泄露、车辆信息盗用和恶意破坏等安全威胁，我国已经开始改进和完善相关的安全技术和措施。此外，加快发展车联网的相关法律法规体系和技术标准规范也是当前的重点工作。总体而言，信息安全在全球范围内仍处于起步阶段，这意味着各国都在积极探索和发展更有效的信息安全策略和技术，以应对不断变化的网络环境和安全挑战。

（5）智能汽车分级和上路运行安全与管理

当前，智能汽车的类型众多，但在安全方面缺乏明确的分级系统。在智能汽车上路前的安全审查中，由于各车辆的能力不一，缺少对其在公共道路行驶安全性的有效监管。同时，在智能汽车上路后的交通管理方面，传统车辆与智能汽车的混合使用仍然普遍，但对智能汽车行驶的管理规则尚未完善。

（6）混合通行条件下的交通管控模式和通行规则

随着智能汽车与传统车辆在城市中混合行驶，城市交通流的动态特性将发生显著变化。这种混合驾驶模式下，现行的交通控制方法和技术可能不再适用，甚至可能降低交通效率。因此，研究智能汽车和传统车辆混行的交通流动态机理变得至关重要。需要开发新的交通信息交换系统，构建适应混合驾驶环境的交互式城市交通控制和引导技术，并制定相应的新通行规则和法规标准。

（7）车联网路侧及中心信息交互和安全认证

为了满足车路协同数据接入的安全和身份认证需求，需要建立一个符合公安交通管理要求的车路协同技术框架。这包括进行设备间、设备与车辆、设备与平台以及平台间的身份认证。通过采用数字签名和验证等手段来核实信息的真实性，同时加强车辆信息和关键数据的加密，以保护隐私。利用智能网联汽车测试基地，对车联网应用场景（例如车队行驶、碰撞预警等）进行测试和评估，并针对智能交通的融合提出车联网安全运营的技术要求。

2.4.2.3 四智融合背景下的智能交通发展战略

智能交通融合发展战略的主要方向包括：首先，研究并制定适应中国不同地区实际需求的智能汽车与智能交通融合发展的顶层设计框架。其次，关注突破融合发展所需的关键核心技术，并建立一个涵盖多种类型、多个领域、多功能及跨界技术分析的综合技术体系。此外，以特定重点区域的示范运营作为起点，规划并实施智能汽车与智能交通融合发展的示范项目。最后，采用系统工程的方法论，明确分析整个生态系统的核心要素及其相互关系，研究并构建一个创新的融合发展生态和标准体系。

在此基础上，应遵循广泛深入、循序渐进及以点带面的原则，实行一个稳健的推进策略。这个策略包括"框架设计—技术攻关—测试验证—重点工程—产业化应用"的逐步实施步骤，如表 2-11 所示。

表 2-11 四智融合下的智能交通发展策略

阶段名称	主要内容
框架研究	构建高层战略框架，制定以智能汽车与智能交通系统融合为核心的区域性产业应用的长期目标，并设定关键时间点上的目标里程碑
技术攻关	进行下一代智能汽车、车辆设备、路侧基础设施、车与路协同系统、开源大数据共享平台等的研发工作，同时涉及基础架构、通信互动、数据安全等技术领域，建立一个覆盖多种类型、领域、功能及跨技术领域的区域性技术分析系统
测试验证	在封闭和半开放的测试环境中，进行新技术的应用测试和验证，制定标准化的测试程序，为产业化进程提供技术支持
重点工程	基于测试验证的结果，选择特定区域的示范工程或试点，进行小规模的示范应用，评估新一代智能交通系统的实际效果，旨在为更广泛的产业化推广做好准备，并为测试验证及标准规范的修订提供必要信息
产业化应用	挑选出在试点示范中表现突出、受到社会广泛关注的新一代智能交通系统，清晰界定其全生态系统的核心元素及它们之间的相互作用，研究创新生态和标准体系的融合发展，基于此推进市场推广和产业化应用，推动新技术的产业化发展，并为经济增长创造新的增长点

2.4.2.4 智能交通领域完成四智融合需要的支持

（1）智能汽车

智能汽车和智能交通的融合发展将引领多方面的根本变革，智能汽车将为智能交通提供如下支持。首先，传统的移动载运工具将演变成综合性的交通服务平台，实现从单纯的移动工具到提供出行即服务的转变。其次，信息孤岛的局限将被打破，转化为高效联通的智能移动终端，实现智能交通信息的无缝流通。再次，在驾驶方式上，人类驾驶将逐步让位给车辆的自动驾驶，提升交通安全性和效率。使用模式也将发生转变，从个人拥有和使用车辆转向共享使用模式，优化资源分配，缓解城市交通压力。最后，与动力革命相结合的车辆将不再仅是耗能机械，而是成为可移动的储能和供能单元，为交通环保和能源效率带来新的可能性。

（2）智慧城市

处于新时期的智慧城市可为智能交通提供如下几个方面的支持：

1）数据的自动采集。随着物联网等技术的充分应用，越来越多的基础设施将被赋予自动采集和快速处理信息的能力，从而使城市信息的获取变得更加便捷和高效。这种技术进步将大幅提升城市交通管理和服务的智能化水平，促进更精准的决策和更有效的资源利用。

2）信息资源的整合和共享。对于智慧城市建设而言，打破部门间信息资源的壁垒至关重要。通过整合城市范围内关于人口、土地、能源、经济等方面的信息资源，可以确保智慧城市与智能交通系统之间的资源共享。这种整合不仅促进了跨部门和领域的数据共享和协同工作，还有助于提升城市交通管理的效率和效果，使交通运行更加智能和高效。

3）数据资源的充分挖掘。基于整合的信息资源，智慧城市将越来越多地展现出数据智能化处理的特征。通过充分利用知识管理、数据挖掘等手段，智慧城市不仅能够更高效地分析和利用大量数据，还能为智能交通应用提供坚实的基础，支撑起更加高效、安全和环保的城市交通网络。

4）智能应用。面向市民出行服务、政府交通管理和智能交通相关企业等不同应用主体，实现战略性技术的深层次、创新型应用。

5）基础设施。促进智慧城市网络通信技术、人工智能技术与道路交通基础设施的深度融合，是智能交通系统的融合发展的关键。这包括在典型城市场景和热点区域部署边缘计算能力，建立一个具有低时延、大带宽和高算力的车路协同环境。此外，支持北斗卫星导航系统和差分基站等设施的建设也至关重要，这将大幅提升车辆高精度时空服务的规模化应用水平，满足高精度定位和导航的需求。在部分高速公路和主要城市道路上，还应支持构建集感知、通信、计算等多种能力于一体的智能基础设施环境，以进一步加强智能交通系统的效能。

（3）智慧能源

智能交通与智慧能源的结合，不仅可以提高可再生能源的利用率，还能实现交通能耗的智能调配和平衡。为了满足智能交通的需求，智慧能源系统需要加快其基础设施建设，并完善产业链布局，同时深化智能充电和智慧能源技术的应用，充分利用电动汽车作为能源属性的一部分等。这些措施将促进智慧能源和智能交通的融合发展，实现能源和交通领域的更高效、更环保的综合利用。

2.4.3 面向四智融合的智慧城市需求分析

2.4.3.1 功能与技术需求

面向四智融合的智慧城市功能需求应当以支持城市交通的可持续发展和实现绿色低碳为核心愿景，在此基础上明确推进4S融合发展的具体目标、模式和定位。这种融合不仅包括技术和设施的升级，也涵盖了政策制定、资源配置和产业发展的优化，以确保智慧城市能够有效地响应融合发展带来的新挑战和机遇，同时促进更加环保、高效和可持续的城市发展模式。

在中国城市发展中，由于资源和环境的双重约束，城市空间紧张且环境承载力有限，因此城市交通发展面临着较大的压力。为解决这一问题，需要明确发展模式并推动智慧城市的建设进程。探索适合中国城市特点的交通模式成为协同发展的关键。简单地将私家车从有人驾驶转变为无人驾驶并不足以明显改善城市交通问题，尤其在人工驾驶与自动驾驶车辆混行的状态下，可能反而增加交通压力。因此，重要的是明确智能网联汽车的定位，使其成为支持城市可持续发展目标的有力工具。智能网联汽车应致力于引领公共交通发展和融入私人交通，以城市交通的可持续发展为目标。这包括提供小容量、非定点定线的需求响应型服务，介于私人小汽车和传统公交之间，提供多样化的共享交通服务。这种方法不仅能够缓解城市交通压力，还能有效利用现有资源，促进环境友好型交通系统的发展。

四智融合背景下的智慧城市发展，关键在于以人为中心，深入挖掘4S之间的内在联系。通过理解用户在不同城市环境和交通场景下的需求，可以更加精准地设计和实施智能汽车和智能交通系统，实现更高效、更安全、更环保的城市运行。在构建完整的出行链时，考虑到不同出行目的和空间场所的结合，重点在于精细化地理解实际需求，并紧密地融合出行场景与城市空间布局、用地性质、产业发展和公共服务。同时，利用数字化手段来描述出行特征，可以创建一个准确定位且内容丰富的智能出行场景数据库，并从个体的视角出发，设计出代表性的出行场景。为了确保这些场景中多样功能的有效实施，需要从可靠性和经济性的视角出发，选择或开发适合车辆、道路和通信等领域的技术。这样做不仅能满足当前需求，还能为未来的技术进步奠定基础。

2.4.3.2 拟解决的关键问题

智能城市的构建牵扯到众多部门和公司，包括但不限于交通服务公司、地图提供商、物流公司、汽车制造商、数据服务提供商、通信行业、基础设施的建设与维护、交通警察、道路管理、城市治理以及紧急救援机构等。这些部门不仅层次多样，类型繁多，而且许多部门之间已经拥有各自的智慧城市相关业务板块，它们之间存在一定程度的业务相互联系。但是目前面对四智融合的目标仍存在诸多问题。

1）有效的协作机制缺失，尤其是缺乏一个统一的管理与合作平台，导致不同板块间可共享的数据和服务的界定尚无清晰共识。这种状况可能导致后续不健康的竞争和资源的无效利用。例如，在车辆、道路、云计算一体化的协作体系、共享出行体系、物流协作体系以及城市管理和应急响应体系之间的架构设计是一个挑战。在这些系统的建设过程中，确定优先顺序、平衡企业的盈利目标与政府的财政计划等问题都需要仔细考量。

2）探索实现智能基础设施建设和智能应用系统开发的双核心推动是一个关键问题。这需要进一步研究如何利用物联网、智能感知系统、智能交通设施，以及绿色、智能的新能源供应来建立一个多维、立体且高精度的全面感知体系。目标是深度整合人、车辆和交通环境，以实现高效的协同工作。此外，重构物理空间与数字信息之间的映射关系，为交通运行管理的全面智能化创造必要条件，也是这一过程的一部分。

3）智能交通系统的软件支撑依赖于城市级别的智能应用体系开发。关键在于探索如何利用智能城市的数据平台，有效地将数据和智能技术链条引入应用和服务场景。目标是构建一个以数据为驱动、开放互联的智能交通应用平台和产业生态系统，从而为大规模的公共服务提供有效支持，并增强产业服务能力。

2.4.3.3 四智融合背景下的智慧城市发展战略

四智融合系统以其高度开放和动态的特性而著称。随着智能汽车和智能交通的产业生态持续发展，新的生态系统将不断涌现，为智慧城市的发展提供支持。未来四智融合支持下的智慧城市将出现以下新模式和新生态。

（1）城市交通运营平台

地方政府在提供积极的政策环境方面扮演关键角色，这有助于加速建设如智能化道路、云计算平台等城市的新型基础设施。同时，企业之间的共同参与和技术合作至关重要，以推动车辆智能化的发展。这种合作可以促进智能道路和智能汽车的协同进步，实现包括提高车辆利用率、优化信号灯配时、道路交叉口预警等关键功能，从而最大限度地发挥智能化的价值。

（2）一体化出行服务平台

为了进一步推进智慧城市和交通领域的发展，将智慧城市/交通平台上开放共享的道路和交通数据与商业服务数据进行整合至关重要。此外，连接各种交通工具的平台，包括飞机、轨道交通、共享巴士和智能汽车等，可以实现不同交通方式之间的优势互补。通过这种方式，可以构建一个面向用户的一体化出行服务平台，有效地提升出行效率和体验。

（3）大数据和云平台推动城市治理升级

为了实现智能汽车产业生态中角色的商业模式和盈利模式的转变，关键在于对来自云端、管端和用户端的多样数据（包括道路交通、能源、车辆和用户数据）进行实时获取和监控。数据处理过程涉及标准化、融合、挖掘和预测等环节，通过这些步骤，数据的价值得以不断提升。此外，建立有效的数据监管和安全的数据交易机制也是至关重要的，这将有助于推动整个智能汽车产业生态的商业和盈利模式向更高效、更可持续的方向发展。

为支撑四智融合下智慧城市新生态的建设，主要发展战略包括建立城市级别的数据信息平台、推动城市智能基础设施规划建设、完善城市智能应用体系设计，以及探索基于智能基础设施与应用系统的城市空间组织模式。

（1）建立城市级别的数据信息平台

通过综合运用地理信息系统（Geographic Information System，GIS）、建筑信息模型（Building Information Modeling，BIM）和城市信息模型（City Information Modeling，CIM），可以构建一个持续更新和不断迭代的智能城市模型。这种模型促进了规划、建设和管理各阶段数据的共享与互通，同时也支持数据的动态更新。这样的系统使空间规划的精确模拟、建设实施的实时仿真，以及管理运营的主动调控成为可能。此外，城市级别的数据平台发挥着重要作用，它将城市运行和交通出行紧密关联，促进了整个城市运行的高效和协调。

（2）推动城市智能基础设施规划建设

为了促进智慧城市的发展，重要的一步是建设一个全域覆盖的物联网。这涉及创建一个统一且开放的物联网平台。为此，需要设计一个通用的城市感知体系架构，并制定城市物联网数据的接入标准。通过建设这样一个统一且开放的城市级物联网平台，可以实现感知设备的统一接入、分类管理和数据汇集。此外，该平台将提供感知数据的清洗、加工和融合共享服务，支持城市治理、服务和发展等各个领域的物联网应用系统建设。这样的发展不仅推动物联网相关技术和应用的进步，还促进相关产业的发展。

（3）完善城市智能应用体系设计

构建智能化的城市管理模式将涵盖多个关键方面。首先，通过全天候的动态监控公共设施，可以实现对公共服务设施的预见性维护，提前识别和解决潜在问题。其次，建立人机协同的执法模式，这将使得实时监测、精确识别和智能处理各种违规违章行为成为可能。此外，建立城市管理的第三方监管和大众评审信息平台，这将鼓励公众通过多种方式参与城市的共治。最后，动态生成城市特征和活动画像将辅助城市管理的决策过程，并引导公众合理利用城市资源。这些措施共同构成了一个高效、智能的城市管理体系。

（4）探索基于智能基础设施与应用系统的城市空间组织模式

为了优化城市公共服务，可以采用以生活圈为基础的布局策略，将公共服务设施与公共交通及共享交通设施相结合。这意味着所有层级的公共活动空间和服务设施将采用集中建设、混合布局和综合使用的方式，从而确保公共服务与日常生活的无缝对接。此外，根据5分钟生活圈的概念，可以划分共享交通单元，并在这些单元内布局共享交通中心。这些中心将与社区中心相耦合，既充当交通场站，又提供交通服务，确保多种交通方式之间的便捷、安全和舒适换乘。这样的布局旨在实现更高效、更便利的城市交通和服务体系。

2.4.3.4 智慧城市领域完成四智融合需要的支持

在构建智慧城市过程中，面临数据开放模式和商业模式的双重挑战，需要基于数据边界规则厘清主体边界并创新商业模式。由于智慧城市基础设施与智能网联汽车的建设和运营涉及众多主体，打破跨行业设备互联和数据互通的壁垒至关重要。同时，我国智能城市相关的标准、体系、核心产品标准及法律法规仍处于初级阶段，尚不能满足智能网联汽车的发展需求。为此，政府需要在顶层设计和标准规范方面出台相关政策，加快标准体系的构建；加大核心技术研发投入，建立智能网联汽车自主创新体系，促进关键技术领域的突破；推进产业创新平台的建设；以及加强监管，推动安全保障体系的建立，确保车辆运行安全。这些措施将共同推动智能城市的健康和可持续发展。

2.4.4 面向四智融合的智慧能源需求分析

2.4.4.1 功能与技术需求

能源作为所有事物发展的基础动力，其利用方式对汽车、交通、基础设施和城市发展产生着直接影响。因此，发展智慧能源不仅是能源结构调整和绿色低碳发展的关键战略，也是推进智慧城市、智能交通和智能网联汽车发展的必要条件。

智慧能源的发展贯穿汽车、交通、基础设施和城市发展的各个方面，展现了能源在不同场景和应用形式下的灵活高效利用。在这个过程中，智能汽车不仅是能源的使用者，还是存储者和贡献者。随着新型交通体系和基础设施的逐步完善，智慧城市的综合能源服务也在创新发展中。

通过实施多能融合、多技术集成、多品类输出的互联网整体能源解决方案，能够实现能源的高效转化、梯级利用和最优配比。这不仅能够满足用户端对多品类能源的需求，还实现了能源的有效利用。同时，也为实现智能交通的安全高效运行和智慧城市的绿色低碳发展提供了必要的能量流支持。

智慧能源旨在建立一个全方位的能源供应、输送和使用的优化系统。该系统的核心是将各种不同形式的能源有效地接入并进行优化组合，以确保在不同应用场景下的高效、经济且安全运行。通过这种方式，智慧能源不仅减少了能源使用过程中对环境的影响，还降低了能源供应的成本，实现了能源利用的可持续性和环境友好性。

四智融合下的智慧能源系统如图 2-11 所示。智慧能源的发展基础和支撑依赖于能源技术和信息通信技术。在能源技术方面，关键包括柔性多能转换技术，实现不同能源类型的相互转换；多能灵活存储技术，确保能源的可用性和稳定性；以及高效能源利用技术，最大化能源的利用率。而信息通信技术方面，则涉及能量信息化技术，将能源系统数字化,以及多能协同能量管理平台实现不同能源形式的综合管理;信息感知技术用于实时数据收集;信息传输与处理技术保证数据有效流转。

随着能源在各个行业的深入应用,涉及相关融合技术和解决方案的发展。如能源与汽车领域融合涉及智能充换电技术、电动汽车给电网送电(Vehicle to Grid,V2G)技术等;能源与交通领域融合涉及低碳运载工具的应用,如电动汽车及燃料电池汽车,智慧路口、光伏智能道路、光储充供电等分布式交通功能系统;能源与基础设施融合包括建设新型车网互动充电桩、多站合一新型基础设施等;智慧能源与智慧城市融合包括发展城市综合能源管理系统。

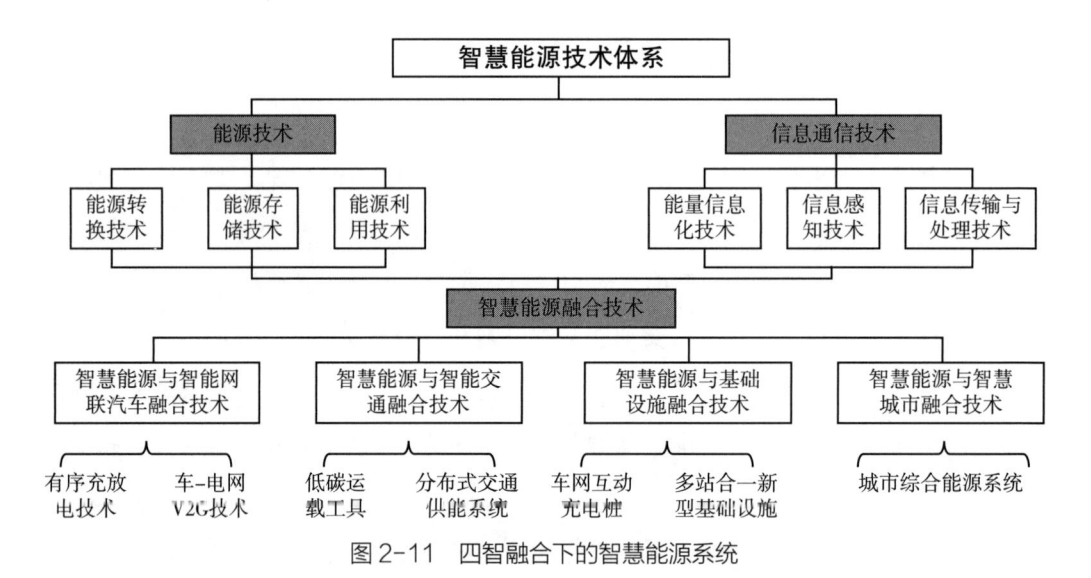

图 2-11 四智融合下的智慧能源系统

2.4.4.2 拟解决的关键问题

面向四智融合的智慧能源系统面临多种类型能源耦合优化与集成、能源系统稳定性,以及各类用能需求之间协同不足等方面的问题。

(1)智慧能源系统的耦合优化与集成难题

智慧能源系统是一个复杂的多目标、带约束、非线性、随机不确定组合优化问题,存在三个问题:其一,以往各能源系统的单独规划仅着眼于其局部利益,在耦合优化与集成过程中需兼顾各方的不同利益诉求,寻求全局与局部间的平衡。其二,在智慧能源系统中,能源应用端存在特性各异且随机变化的不同负荷,能源输入端又存在风能、太阳能灯间歇性能源,在规划过程中需综合考虑这些不确定因素。其三,智慧能源系统规划是一个多层次、滚动优化的过程,需要在空间及时间两个维度下实施协调优化。

（2）新能源汽车规模化接入影响能源系统稳定性

随着新能源汽车在市场上的大规模推广和应用，其无序接入电网充电对电力系统的运行和规划产生了显著的影响。这些影响主要包括：一是新能源汽车充电导致的电网负荷冲击，尤其在高峰时段可能引起电网负荷急剧增加；二是增加了电网运行优化控制的难度，因为需要同时满足传统电力需求和新能源汽车充电需求；三是影响电能质量，包括电压稳定性和电力供应的可靠性；四是为配电网规划带来新的挑战，需要重新考虑如何有效分配电力资源以应对新能源汽车充电带来的需求。这些变化要求电力系统在设计和运行上做出相应的调整和优化，以适应新能源汽车的充电需求。

（3）城市能源需求巨大、资源匮乏，污染严重，协调不足

城市各类用能场景对能源的需求量巨大，但普遍面临资源的局限性。在可再生能源之外，城市的能源供应主要依赖于从外部输送的化石能源，这使得城市在能源方面高度依赖外部来源，表现出显著的能源输入特性。煤炭作为城市能源消耗的主体，其燃烧是大气污染的主要原因，进一步加剧了城市的环境污染问题。在我国，城市能源管理面临的四个主要挑战是：能源市场的市场化水平、能源监管的能力建设、能源信息的通畅共享，以及公众在能源管理中的参与程度。这些挑战对于实现更加高效和可持续的城市能源管理至关重要。

2.4.4.3 四智融合背景下的智慧能源发展战略

从技术、产业及市场三个层面阐述四智融合背景下的智慧能源发展战略。

（1）智慧能源技术发展战略

为了推动产业发展并突破现有瓶颈，构建一个有效的技术体系是关键。首先，应加强智慧能源技术体系架构的研究，建立并完善一个全面的能源协调发展机制。这包括加强多种能源类型之间的互联和优化互补，以及构建一个可靠且高效的信息通信平台。此外，关键技术的攻关和研发工作应聚焦于两个主要层面：一是能源技术、信息通信技术，二是4S融合相关技术。这样的技术体系将促进智慧能源的高效利用和产业的快速发展。

（2）智慧能源产业发展战略

为促进全面发展，构建全产业链并推动跨产业协作创新至关重要。四智融合作为关键驱动力，不仅促进能源、交通、信息和服务业等行业的发展，还要求在现有产业基础上进一步发展新制造业和服务业，形成四智融合下的智慧能源全产业链。这种融

合涉及多个领域和部门，需要产业链、创新链、资金链和政策链的深度结合，实现跨行业的协同创新。

（3）智慧能源市场发展战略

为了构建一个开放和协同的能源市场，首先，需要完善能源市场本身，包括建立国家、省、市、区多级在线能源服务平台。其次，建立一个智慧能源管理和服务系统，这个系统应该让不同的市场主体参与其中，并以各种能源存储设施为核心，构建一个用于能源削峰填谷的网络。最后，需要加强融合产业市场的培育，建立一个统一、开放且公平的市场体系，从而加快形成一个开放、协同、成熟的市场机制和商业模式。由此逐步建立在四智融合背景下的智慧能源市场，发展新的业务、新的业态和新的模式。

2.4.4.4　智慧能源领域完成四智融合需要的支持

（1）加强顶层设计，建立政策保障体系

在国家层面进行顶层设计是关键，这要求坚持统筹规划、因地制宜、清洁环保、服务民生等原则。制定具体的阶段性任务和目标，强化新能源汽车与能源、交通、信息通信等行业在政策规划和标准法规方面的协调统一。建立和完善配套政策保障体系，有助于推动智慧能源的发展和管理机制向科学化、标准化、法制化方向发展。这样做将逐步形成有效的市场结构和体系。

（2）设置专业部门整合资源，统筹发展

政府在上层层面应确立发展方向，并设立专门部门来统筹整体发展。这一部门的职责包括执行整体的发展规划，制定具体的了目标，整合各类发展资源，并促进知识与经验的共享。此外，该部门还需推动不同产业之间的协同创新，同时制定统一的标准和预留统一的接口，以确保各项措施和计划的顺利实施和高效运作。

（3）组建国家四智融合发展产业创新中心，完善创新体系

建议政府牵头成立国家级的研发中心，如"国家四智融合发展产业创新中心"，通过联合企业和院校，采用多元化投资、军民融合及成果共享等新型模式来推动大型项目和技术攻关。这样的中心将集中资源和力量，专注于融合技术的研发，同时提供技术创新、测试验证、成果转化、人才培训、国际交流、项目融资和标准制定等多种公共服务。通过这种方式，可以有效地完善科技创新体系，促进产业发展和技术进步。

第 3 章
四智融合技术路线图

3.1 路线图制定整体思路

3.1.1 背景

3.1.1.1 行业背景

（1）新一轮科技革命驱动各行业加速变革与重构、赋能各领域发展

21世纪以来，全球科技创新进入空前密集活跃时期，新一轮科技革命和产业变革正在兴起。一些重要科学问题和关键核心技术已经呈现出革命性突破的先兆，并将在未来重构全球创新版图甚至重塑全球经济结构。

技术革命所带来的变革体现在社会的各个角落，信息通信领域便是如此，云计算、物联网、工业互联网等技术的兴起，促使信息技术渗透方式、处理方法和应用模式发生变革，进而促进人、机、物三元融合，为信息社会注入新的活力。同时，以人工智能、量子信息、移动通信、物联网、区块链为代表的新一代信息技术也正加速突破应用，为通信领域的二次增长奠定技术基础。

随着能源结构产业方面的不断创新，核电、风能、光伏、氢燃料电池等新型能源越来越多地走进人们的生活，为社会的长远稳定与可持续发展打下基础。在人与自然和谐共生理念的指导下，能源产业正加速向多元化和低碳化转型，积极推动能源绿色生产和消费，加快提高清洁能源和非化石能源消费比重，提高能源绿色低碳转型，以期大幅降低二氧化碳和污染物排放强度，早日实现碳中和。

新材料产业作为国家经济的战略性支柱，构成了现代制造业的基础。依托现有产业基础，新材料产业聚焦先进金属材料、碳基新材料、生物基新材料、半导体材料、纤维新材料、新型无机非金属材料、前沿新材料等关键领域，不断优化产品品种结

构，延伸产业发展链条，加速构建新材料产业发展格局，构筑高质量转型发展的新趋势。此外，为应对绿色发展的需求，在新材料的生产、制备、应用等各环节有许多革新出现。

在过去的20年里，中国的制造业经历了巨大的变革和发展。新制造产业在制造流程中使用了物联网、云计算、人工智能等新一代信息通信技术，促进了产业的信息化、智能化、柔性化和定制化。依靠新技术的迅猛发展，新制造产业也得到进一步提升。首先是各种基于微机电系统传感器的发展，可以感知各种光热、电磁等信息，具有体积小、重量轻、功耗低的特点，其次是运算能力的提升，如各种专用芯片、人工智能芯片等都起到了一个非常重要的推动作用。同时，AI算法的发展也对新制造产业产生巨大助力。

通信、能源、材料、制造等领域的技术创新发展，有助于上游产业的进一步升级进化。受5G、云计算等技术的影响，智能交通技术得以迅速发展，助力实现城市的智能化建设及交通信息的实时通信。作为综合了众多产业的复杂产业，新能源汽车近几年的蓬勃发展离不开新材料、新能源、新制造技术的突破，电池技术在能量密度及续航里程方面的进步尤其令人惊叹。除此以外，大数据浪潮、信息技术和制造业的融合，以及能源、材料、生物等领域的技术突破，将可能催生新产业，引发产业的革命性变革。

城市是人民生产生活的载体平台，利用信息技术实现加强城市内部联系，通过人工智能技术合理调配城市资源，对生产生活的各个方面都将产生重大影响。新型智慧城市发展是建立在完备的网络通信基础设施、海量的数据资源以及多领域数据平台等综合信息化和数字化建设基础上的城市发展的必然阶段。

汽车产业是国家支柱产业，不仅在于它能够体现一个国家的工业制造水平，更在于一台汽车生产制造水平的进步可以带动其他众多产业共同发展。从促进科技实力升级方面，汽车产业是科技创新、技术应用的最佳载体，将引领全新科技集群取得突破；从推动制造业升级角度，汽车产业是制造业的集大成者，汽车产业的转型对整个制造业具有引领作用。从带动经济增长动能升级方面，汽车产业生态价值链将在深度和广度扩展，成为经济"稳增长"长期的重要支点，并创造经济增长的"新动能"；从推动现代治理能力升级方面，智能汽车是未来交通及城市治理能力升级的关键环节，将实现人流－物流－能源流－信息流的融合打通，全面提升现代社会综合治理能力。

依靠互联网、云计算、5G等信息技术，新时代的智能汽车在车与人、车、路、云平台等的信息交换共享方面有了坚实的基础,这也为更高一级的车辆信息互联提供保障。自动驾驶是汽车未来发展的重要方向,不仅需要在汽车上搭载先进的车载传感器、控制器、执行器等装置,还需要搭配切实有效的自动驾驶算法对这些信息进行分析处理,并使用最新的人工智能技术以完成最优的车辆控制。传统的交通系统缺少统一调度指挥中心,大多对每一路段或路口进行单独管理,缺少路端信息交互。这将导致交通出行效率降低,交通拥堵时常发生,影响出行体验。智能交通系统是一种能够在大范围内、全方位发挥作用的实时、准确、高效的综合交通管理系统。该系统的建成需有效集成运用先进的信息技术、数据通信传输技术、电子传感技术、控制技术及计算机技术,通过综合处理路端交通信息完成对整个城市交通的最优控制。

通过信息化和智能化手段对能源的生产、利用等各个环节进行赋能,有助于提升能源的利用效率,推动生态文明建设。采集和利用能源的传统方式较为粗放,会导致能源的浪费及污染问题。为此,借助现代高科技技术,智慧能源提出以更加合理的方式对能源资源进行综合调度与规划控制。而智慧能源的优化既可以依托于可再生能源和清洁能源,也可以基于传统能源系统,其最终目的是发展具有自组织、自检查、自平衡、自由化等智能化功能的能源系统,使总体能源系统更清洁、高效与智能。

纵观智能汽车、智能交通、智慧城市及智慧能源产业,信息化与智能化是其未来发展的必然趋势。在这一轮产业变革浪潮中,各产业积极探索,与最新科技紧密结合,逐步实现产业的转型升级。

(2)智能汽车成为全球科技竞争新高地,各国探索有效的智能汽车发展方式

智能汽车是搭载先进的车载传感器、控制器、执行器等装置,并融合现代通信技术,实现车与人、车、路、后台等智能信息交换共享,达成安全、舒适、节能、高效行驶,并最终可替代人来操作的新一代汽车。

智能汽车可以提供舒适、节能、环保的驾驶方式和安全的交通出行综合解决方案,是城市智能交通系统的重要环节,是构成绿色汽车社会的核心要素,随着这项技术的推广,汽车产业正发生着变革与重塑。总之,智能网联汽车是未来汽车产业的重点发展方向,各主要发达国家也高度重视这一领域,并加大资源投入,以推动该领域的快速发展。

从全球范围看,美、日、欧等发达国家和地区纷纷从国家、行业、企业三个层面推动智能汽车的发展,实现横向协同与纵向突破:通过国家战略导向、国家项目推动、政策资金扶持与法规保障等手段,制定本国智能网联汽车发展愿景、目标,谋划

发展方向；通过建设行业共性技术创新平台建设，加速研究成果工程院并实现产业化，大力协调跨领域科技融合，推动科技创新在各行业的全面应用；通过企业层面的技术革新与创新突破，以产品为载体，实现行业共性成果的推广与应用，满足企业竞争需求，同时从而达到国家战略目标，实现经济效益与社会效益最大化。

美国对"协同自动驾驶"投入了关注，并在新的自动驾驶标准中有所体现。美国联邦公路管理局（FHWA）领导制订了一项CARMA计划，旨在促进协同驾驶自动化（Cooperative Driving Automation，CDA）的研究和开发：通过自动化车辆和道路基础设施的协同工作来改变交通运输，提高效率和安全性。CARMA是一种开源代码软件，支持在装备正确的车辆上开发和测试CDA功能；支持CDA概念的测试和评估；支持协同自动化车辆和传统交通数据的管理、融合和分析。

欧洲较早开始路侧基础设施支持的自动驾驶ISAD路线探讨。欧盟H2020框架下对网联自动驾驶开展了系列研究。路线图的主要目标为就欧洲网联、协作和自动化出行的长期发展提供利益相关者的联合观点。2021年版本路线图提出面向2050年的长期愿景，明确为实现这一长期愿景需要采取必要的短期行动——2030规划和2040展望。对协同驾驶路侧基础设施建设、智能汽车与智能基建的融合进行了新扩展，提出了CCAD理念，是ISAD的深化和扩展。

日本讨论基于智能汽车的社会5.0。国家系统工程调度了内阁府SIP、内阁IT综合战略室、警察厅交通局、国土交通省道路局、国土交通省汽车局、经产省制造产业局、各大高校、各大财团等，制定了一系列智能汽车相关顶层设计文件，如图3-1所示。

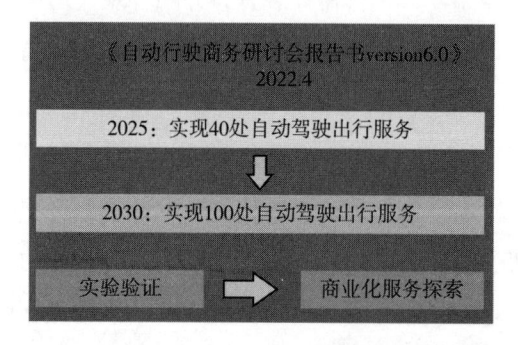

图3-1 日本智能汽车发展方向

为与国际先进智能汽车技术水平保持同步发展，开发具有自主知识产权的智能汽车产品和技术，积极推进行业亟须的智能汽车技术规范与标准，在国家相关部委支持下，2013年，中国汽车工程学会联合包括汽车整车企业、科研院所、通信运营商、软硬件厂商等30多家单位共同发起成立"智能网联汽车产业技术创新战略联盟"（原"车联盟产业技术创新战略联盟"）。联盟成立后，通过协同创新和技术共享，在智能网联汽车领域完善相关的标准法规体系，搭建共性技术平台，促进形成示范试点工程，推动建设可持续发展的智能网联汽车产业发展环境，为我国智能汽车产业发展奠定了良好基础。

（3）交通、汽车、城市、能源各领域发展普遍遭遇瓶颈、跨领域融合成为科技和产业创新热点

纵观现阶段智能汽车、智能交通、智慧城市各自发展进程，普遍未能取得预想的成果，并遭遇了特有的技术难点和共性的瓶颈问题，但这些问题可以通过四智融合的思路进行克服。

从智能汽车方面分析，当前的发展正面临几大挑战，具体包括感知不充分、行驶规则不明确、预期功能安全及成本问题。成功研发智能汽车的关键在于找到解决感知、规则、安全、复杂和可靠等问题的创新技术路径，并确保这一路径具有商品化价值。而通过在城市布置高性能传感器、边缘计算平台、通信基站、定位基站等基础设施，实现道路智能化升级，为智能汽车提供超视距感知、边缘辅助计算、车队管理及车路协同控制策略的硬件基础，有望解决以上技术挑战，两种智能汽车发展思路与问题的对比如图3-2所示。充分信息化、智能化的移动装备还将与人民生活和城市交通深度结合，是融合一体化技术发展的战略方向。

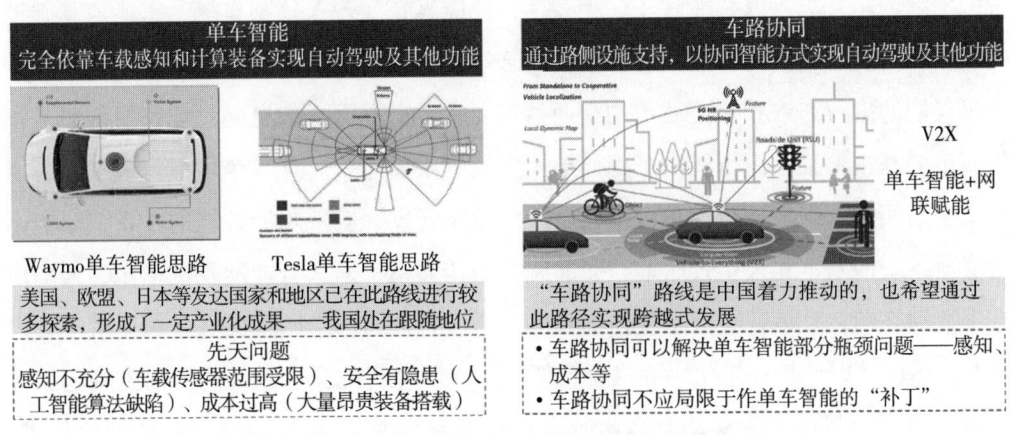

图3-2 两种智能汽车发展思路与问题

当前，智能交通领域发展的瓶颈在于交通感知不完善和交通控制手段有限。感

知不完善体现在：只能通过卡口、摄像头、测试车等手段，对车流量、车流速度等进行感知，无法捕捉主要关键信息。交通控制手段则局限于对交通信号灯、指示牌的控制，虽然较前瞻的城市有潮汐车道的布局，但这些手段是较为固化的。在四智融合思路下，车辆精准获取自车信息，每辆车作为交通感知单元，实现数据共享，更加有效、准确地得知交通状态信息，并与智慧城市连接，进而实现更高层面的出行优化。

智慧城市虽然是城市人口增多的有效解决方案，但其所涉及的内容过于广泛、零碎，需要一个主体思路统领全局。要解决的问题包括环境污染治理、能源消费转型、构建现代化的公共交通网络系统、分散城市功能以调整城市空间、建设智慧型城市等。而通过实现交通、汽车、能源的智能化，从而支持城市可持续发展无疑是各种手段中最行之有效的方法之一。

在我国城镇化加速发展的时期，未来城市将承载更多的人口，但随之而来的是城市发展过程中不断增多的问题。安全、环境、能源、交通拥堵等"城市病"日益严峻，影响范围也逐渐从一线城市扩大至二三线城市。要解决城市发展中面临的这些问题，需从多方面入手，其中包括环境污染治理、能源消费转型、公共交通网络系统构建、城市空间调整、智慧型城市建设等，同时，实现交通和汽车的智能化是其中一种行之有效的方法，可以支持城市的可持续发展。

事实上，智慧城市、智能交通、智慧能源与智能汽车的发展与建设是相互支持、相互需要的。在以新技术为发展基础的智能化社会中，智能交通通过实时互联、自动驾驶等技术特性为大众提供了新的出行选择。而智能交通系统又很大程度上依赖于智能网联汽车，只有以智能汽车作为载体，才能真正实现车辆与车辆、车辆与基础设施、车辆与人、车辆与智能家居、车辆与云端、车辆与能源系统的多方面互联，充分满足人们的出行需求和整个城市的交通效率要求。交通网、信息网、能源网构成了智慧城市的基本框架，而智能汽车则是填充框架的重要元素。这三个网都与未来的智能汽车密切相关。未来智能汽车将基于新能源汽车开发，实现与能源网的联系；车辆作为交通系统的基本元素，天然地与交通网有密切关系；未来智能网联汽车作为人类出行的移动终端，又承载了信息载体的功能，所以直接与信息网相关联。综上所述，设计 SC、ST、SV、SE 一体化协同融合智能汽车，研究智能交通系统的协同控制与服务技术，研究智慧城市的移动共享出行云控技术，开展 4S 系统集成与测试评价技术，突破车辆的模块化、智能化、云端融合控制以及智能出行服务等关键技术，研发由智能共享出行移动系统和智能共享出行服务系统组成的智能共享出行平台等四智融合技术，已成为未来智能汽车主要发展方向。

3.1.1.2 我国发展四智融合的战略形势

我国发展四智融合具有体制、产业、市场等方面的巨大优势，但与此同时在核心技术领域也存在短板与不足。

（1）我国发展四智融合具有体制优势

中国具有集中力量办大事的体制优势，基础设施建设能力强。国家部委通过完善顶层设计，实现了强有力的领导，各级政府强力落实发展路线、方针、政策，综合协调多个领域，支撑4S融合发展的总体目标，能够因地制宜，调配人力、物力、财力，快速完成智能交通基础设施、5G通信环境、各类云平台等基础设施建设。

（2）我国发展四智融合具有产业优势

中国在部分新兴技术领域位于世界前列，已具备一定的产业优势。其中，中国5G通信技术发展处于世界领先水平，以华为代表的信息与通信企业自主研制5G-V2X车路协同芯片与5G基站，并与中国联通、中国移动、中国电信等通信服务运营商合作开展5G通信环境建设；中国北斗导航卫星的成功发射，也使中国一定程度上在导航领域摆脱了美国的技术垄断，同时有力保障了智能汽车高精度定位需求。

（3）我国发展四智融合具有市场优势

中国国内市场巨大，是各类产业发展的有力推动。从需求端看，汽车市场连续十年稳居世界第一，年销量已超出第二位的美国近千万辆，同时在交通治理升级、城市管理升级、能源消费升级方面的发展空间也更大；从发展融合的角度看，由于具备规模优势，四智融合所带来的产业升级效果更为明显，给中国科技创新发展创造了历史机遇。实际上，市场长板可催生产业长板，二者相互促进，中国互联网产业就是实例。

但与此同时，中国在部分关键技术领域还存在许多不足，核心技术瓶颈成为制约中国四智融合发展进步的关键因素。例如芯片设计、制造能力不足，难以满足未来四智融合高性能计算平台研发生产需求，还需从国外巨头企业进口；操作系统研发能力薄弱，国内IT企业的操作系统几乎都是基于国外操作系统巨头的产品而开发的，缺少自主设计的底层操作系统；高性能传感器技术落后，目前车载激光雷达、高分辨率摄像头等产品供应均被国外电子产业巨头垄断。此外，因研发投入比例偏低，线控底盘、车用人工智能算法、信息安全等领域核心技术不足。

3.1.1.3 我国发展四智融合的驱动要素

3.1.1.3.1 需求驱动要素

当前，国内外智能汽车、智能交通、智慧城市、智慧能源产业的发展趋势和生态结构正在经历巨大变革。在众多驱动要素的作用下，这场变革将更好地满足我国人民对美好移动出行日益增长的需求。这些驱动要素主要来源于以下方面：

1）中国人口基数大，移动出行需求旺盛。由国家统计局数据，2019年年底，我国人口已超过14亿，占世界人口19%左右。根据联合国《世界人口预测》等文件，预计2030年我国人口将达到峰值14.2亿，之后逐渐转为负增长。如此庞大的人口基数必将带来巨量的客运与货运需求。根据中国工程院研究，预计到2030年，我国客运量将达到2020年的1.51~1.52倍，货运量将达到2020年总量的1.15~1.16倍；至2045年，客运量将达到2020年总量的1.74~1.92倍，约超过1000亿人次（其中公路数据含小汽车出行，但民航数据不包含国际出行），货运量预计将达到2020年总量的1.20~1.21倍，约超过660亿吨（不包括远洋运输）。因此，日益增长的需求量及对更美好出行服务的需求，无不提示着政府和市场推动行业更快更好发展。

2）经济高质量发展和产业结构转型升级的需求。改革开放以来，中国经济始终保持平稳高增长。根据中国社会科学院数量与技术经济研究所的研究，2035年中国国内生产总值有望突破170万亿元大关。在经济增长的影响下，人们的物质和精神追求不断提高，对市场的发展提出了更高的要求，同时也成为市场的重要驱动力。随着经济的发展，各行业的结构也将发生转变，以获得新的重塑机会。第一产业和第二产业在国内生产总值中的比重一直在下降，而第三产业的比重却在上升。产业升级表明，中国从事基础劳动的人口在减少，而转向提供精神需求的工人数量在增加，揭示了中国人民需求的转变和未来产业结构转型升级的必然趋势。在这种趋势下，高附加值和轻量化产品的比例增加，促进了小批量、多批次和高价值货物运输需求的增长，并提高了对更快、更方便、更准时的物流和配送的需求。

3）城市模式创新及绿色发展需求。我国城市化率不断攀升，已突破60%，但仍低于发达国家的平均水平80.7%，甚至低于中等收入国家的平均水平61.8%。根据历史发展经验，我国目前处在城市化发展中期阶段，且未来城市化进程仍存在较长的发展过渡阶段。预计到2030年，我国城镇格局在"两横三纵"的基础上，形成主体形态为20个"城市群"，辅以30个"魅力景观区"，把握"中心城市和特色城市"的方向引领，坚持"国家经济——文化走廊"为支撑骨架，推进形成信息化、绿色化、多元化、开放式的国家城镇空间新格局。而在城市模式创新的发展历程中，农林牧渔等行业的调配，重工业的重组升级，轻工业的不断创新，文娱产业的与时俱进都将产生源源不断的市场需求与动力，为缔造更加美好城市而助力。

4) 双边进出口贸易合作加深的需求。早在2013年，我国货物进出口总额首次超过美国，位列全球第一。不止于此，在我国主导的"一带一路"倡议引领下，规划了六大经济走廊（分别为中蒙俄、新亚欧大陆桥、中国-中亚-西亚、中国-中南半岛、中巴、孟中印缅）。在对外贸易合作加深的同时，一方面需要加强党对外贸工作的全面领导。充分发挥国务院推进贸易高质量发展部际联席会议制度作用，整体推进外贸创新发展。商务部要会同有关部门加强协调指导，各地方要有效贯彻落实。另一方面，要持续优化发展环境，完善保障体系。发挥自由贸易试验区、自由贸易港制度的创新作用，不断提升贸易便利化水平，优化进出口管理和服务，强化政策支持，加强国际物流保障，提升风险防范能力。在两方举措加持下，我国对外贸易额必将持续走高，也带来货物进出口运输总量的增长，对如海关、铁路、公路等运输设施不断提出更高要求。此外，需设法消除我国交通系统中出现的瓶颈问题，将运输体系建设为更可靠、即时、无缝衔接的新形态。

3.1.1.3.2 未来出行的主要矛盾

从以上需求的发展来看，我国交通运输领域也将步入新的历史阶段。在国家生产力总体落后的时代，交通运输的主要矛盾是出行需求增长与交通资源供给不足的矛盾。经过多年发展，我国交通基础设施的规模类指标已经位居世界前列，交通运输供给能力也取得了突破性进展，交通运输资源落后的面貌得到了根本性改观。未来出行的主要矛盾逐渐转变为交通运输发展对美好生活的支持不足，这主要是由于我国交通运输技术和产业发展不充分引起的。

这主要体现在技术创新能力不足、运输网络通达和竞争能力较低、强时效性/高附加值货物运输能力较弱、各种运输方式互联互通水平不高、多式联运在技术标准化和行业协同等方面存在技术瓶颈、交通"信息孤岛/管理孤岛"现象比较普遍、交通治理能力存在不充分之处等。

未来人们在交通领域对美好生活的向往，不仅会对客货运出行在服务质量、服务水平、服务成本、服务时限、服务层次、服务模式等方面提出更高要求，而且需要在服务内涵、服务链条、服务时空范围出现突破。要实现安全、绿色、高效、便捷、经济的交通系统，人们跨国、跨区、跨城和城内运输需求得到无缝化保护。要满足这些需求，有必要构建智能汽车、智能交通、智慧城市、智慧能源融合一体化的顶层架构与具体实施方案。

3.1.2 原则

（1）前瞻性

将前瞻性、引领性放在首位，着眼未来 15 年我国智能汽车、智能交通、智慧城市、智慧能源产业融合发展，通过产业发展愿景目标设定与需求分析，科学预测我国四智融合产业技术发展方向及趋势，为我国四智融合产业技术发展提供指引。

（2）系统性

以产业技术体系为基础，分析研究产业及技术发展现状和趋势，梳理关键技术架构和技术短板，并结合国内发展新形势，提出未来四智融合技术发展方向、发展路径和技术路线图。

（3）科学性

流程方面，在国际通用技术路线图研究流程基础上，继续开展技术预见、前沿分析等专项预研工作；方法方面，采用愿景分析、专家研判等国际通用的技术路线图研究方法。

（4）继承性

研究与编制工作继承 3S 等已有研究成果的主体框架；进一步完善各细分领域技术架构和关键路径，并基于上一版本阶段目标进行修订。

（5）开放性

研究与编制过程对国内外行业组织、整车、零部件及材料企业全程开放，并通过专家咨询会、技术研讨会、报告评审会等形式及时沟通讨论重要结论及信息，积极吸纳国内外权威专家进入专题工作组。

（6）公益性

秉持公益性原则，以推进四智融合产业可持续和高质量发展为目标，保持立场中立、实事求是和客观研判。

3.1.3 发展目标与里程碑

3.1.3.1 总体目标

分三个阶段实现四智融合发展战略目标，如图 3-3 所示，各阶段目标及实施要点如下。

第一阶段：现在到 2030 年，即融合发展的初级阶段。

这一阶段为四智融合发展战略的启动阶段，整体融合度较低，工作重点是完成四智融合顶层规划，各领域"分工式"发展，发达地区初步实现局部融合。该阶段制定技术路线图的目标是实现面向融合的各领域技术发展路线与关键瓶颈突破。

第二阶段：2030—2035 年，即融合发展的中级阶段。

这一阶段为四智融合发展战略的集成阶段，发展目标是实现近半比例的智能网联汽车渗透率，商业化模式逐渐成体系，信息流基本打通，初步实现 SC 平台对 SV、ST、SE 发号指令。该阶段技术路线图制定的重点是面向应用场景的发展目标和功能需求响应度。

第三阶段：2035—2050 年，即融合发展的高级阶段。

这一阶段为四智深度融合发展阶段，发展目标是实现 L0 级别汽车基本退出市场，高级别智能网联汽车迅速增长，基本实现 4S 深度融合。该阶段的技术路线图重点在于 4S 融合成效与挑战评估、优化。

图 3-3 四智融合总体战略布局

3.1.3.2 总体战略布局

基于以上目标，四智融合系统的发展应以破解制约大城市可持续发展的出行问题为目标，开展前沿性、颠覆性的技术创新，夯实基础技术，掌握关键核心技术，研发下一代汽车产品样车，培育重要零部件供应和智慧城市共享出行交付体系，打造绿色、安全、高效、共享、便捷的智慧城市、智能交通与智能汽车融合发展应用示范区。由此提出"3-4-2-1"的四智融合创新战略布局，如图3-4所示。

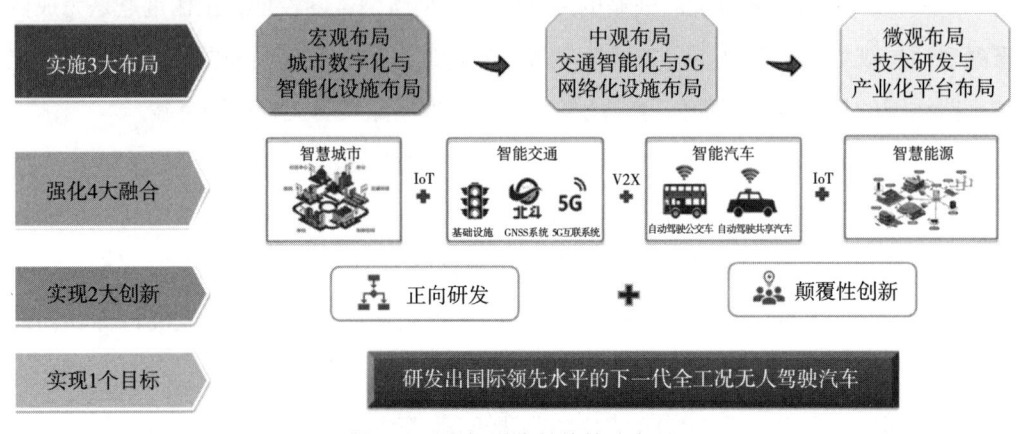

图 3-4　四智融合总体战略布局

总体架构实施包括宏观、中观、微观三大布局，在宏观布局层面，实施支持下一代5G网联无人驾驶汽车的城市数字化与智能化设施布局，建设一定规模的未来智慧城市示范区，构建智慧城市大数据平台；中观布局层面，建立支撑下一代汽车的智能交通系统，构建一体化的城市机动出行协同服务与城市交通信息管控中心；微观布局层面包括颠覆性技术创新布局、前沿性技术研究布局、基础性技术研究布局、核心性技术研究布局、产品及应用技术研究布局，突破技术研发和产业化关键技术。强化"智慧城市+智能交通+智能汽车+智慧能源"四大融合一体化，实现"正向研发+颠覆性创新"两大创新，研发出处于国际领先水平的新一代全工况无人驾驶汽车。

3.1.3.3　分阶段发展目标

在自动化方面，智能汽车、智能交通、智慧城市、智慧能源各领域相互融合，相互协作实现协同感知、决策与控制，提升总体系自动化水平，形成四智融合自动化技术体系。在网联化方面，在互联网、物联网和新一代通信技术的支撑下，多智能终端与云平台实现数据互融共享，提升网联化水平，形成"端-管-云"互联互通的四智融合网联化技术体系。在智能化方面，自动化与网联化相辅相成，相互促进，提升四智融合体系智能化水平，形成四智融合智能化技术体系。

在四智融合发展体系中，智能汽车、智能交通、智慧城市、智慧能源相互合作、相互促进，实现协同感知、决策与控制，关键技术包括感知融合与多源协同感知、基于人工智能、大数据和云平台的协同决策、车路云协同控制等。同时，物联网正成为四智融合网联化技术体系的"信息管道"与技术关键,网联化使能智能终端与云端数据融合,进一步推动四智融合的充分发展。基于网络、通信技术打造的网联化"信息管道",使各智能终端与云平台互联互通,实现多源数据信息融合、共享,逐步形成四智融合网联化发展体系。

依据四智融合自动化、网联化、智能化水平的不同,将其分为融合发展初级阶段、融合发展中级阶段和融合发展高级阶段。每个阶段下的智能汽车、智能交通、智慧城市和智慧能源将达到各自相应的发展水平。

3.1.3.3.1 融合发展初级阶段

智能汽车:初级智能汽车将搭载高级驾驶辅助系统,通过毫米波雷达、摄像头等传感器感知外界环境,并在车载计算平台对感知数据进行处理并利用感知数据进行决策,达成车辆的横、纵向预警与控制,实现中低级别自动驾驶。中低级别自动驾驶对汽车智能化和可靠性的要求较低,因此汽车相关硬件的冗余度也较低。同时,对通信实时性和传输带宽的要求也相对较低,因此汽车配备LTE-V2X通信模组,用于接收路侧传感器的感知数据,实现车路协同感知。在中低级别自动驾驶中,网联信息来源较少,服务生态相对匮乏,因此汽车可以更新较低级别的城市地图,获取固定的服务信息。

智能交通:通过在路侧布置传感器、路侧单元、通信微基站,协助智能汽车完成部分感知工作,提升车辆感知精度,扩大车辆感知范围,并将路端重要路况信息与车辆共享。同时,原有交通标识、信号灯、可变信息标志等基础设施将完成数字化改造,使得道路交通管理部门可以对道路进行更加及时、有效、灵活的管理。

智慧城市:城市云控平台初步搭建完成,但由于服务生态资源相对匮乏,不同领域服务平台之间由于标准、接口不一致,相互打通存在一定困难,仅可为智能车辆提供天气、新闻和信息。同时,城市云控平台可以协助交警、运输公司对车辆的行驶状态进行监控,及时发现安全隐患并处置违法行为,提升行车安全性。

智慧能源:智能汽车绝大多数都依靠新能源动力,充电桩布设满足智能汽车持续行驶需求,同时设立智慧能源示范区,以推动智慧能源融合技术的研发、应用和产业化。

3.1.3.3.2 融合发展中级阶段

智能汽车:中级智能汽车将全面提升车辆的感知、决策与控制能力,实现中高级别自动驾驶。在原有传感器布置基础上引入激光雷达、高分辨率广角摄像头等高性能传感器，提升感知精度；面对指数级增长的感知数据，车载计算平台在满足车规要求的条件下，将搭载算力更高的芯片，嵌入更加高效的算法，提升车辆的决策速度；车辆控制架构将由分布式架构升级为域控制架构，减少线束复杂程度，提升控制器响应速度与灵敏度。由于中高级别自动驾驶对汽车智能化和可靠性要求较高，所以相关传感器、计算芯片、控制机构等硬件设备的冗余度将进一步提高。同时，中高级别自动驾驶对通信实时性和传输带宽的要求较高，因此汽车将多配备 5G-V2X 通信模组，与路端进行数据交互，实现车路协同感知、决策和控制。在这一情境下，汽车的网联信息来源更加多样，服务生态丰富多样。汽车可以更新高级别自动驾驶所需的高精度地图，获取基于车辆实时位置的服务信息，使车辆的服务需求能够得到快速响应。

智能交通：在初级智能化的基础上，道路 5G 微基站部署完成，为车路协同提供 5G 通信环境。路侧传感器的布置密度和性能不断提升，协助智能汽车进一步提升广度与精度。路侧布置的边缘计算平台将分担车端庞大的数据运算需求，实现车路协同决策。同时，基于实时路况信息，信号灯可以基于路端交通流量、城市 BRT 公交车通行灵活改变配时，并灵活运用潮汐车道、可变车道，实现车路协同控制。

智慧城市：各类城市服务平台实现标准与接口统一化，与云控基础平台相互打通，为智能交通提供车辆实时位置，快速响应车辆的服务需求。云控平台还可为车辆更新高精度地图，依靠云计算设备协助智能汽车完成部分数据计算，实现车、路、云协同感知、决策、控制。

智慧能源：智慧能源网与交易平台在大中城市及高速公路建成，为能源管理和交易提供更便捷的平台，并实现与智慧城市平台的对接，城市能源利用效率提升，可再生能源使用占比增加，智慧能源"削峰填谷"作用显现。

3.1.3.3.3 融合发展高级阶段

智能汽车：高级智能汽车将进一步提升车辆的感知、决策与控制能力，自动驾驶功能的应用场景更加丰富，鲁棒性更高，实现高级别自动驾驶功能。车辆控制架构将升级为整车级中央集成式控制架构，具备可扩展、可配置、模块化的特性，实现车辆集中控制，并与车载计算平台与云计算平台进行算力共享。由于高级别自动驾驶对汽车智能化和可靠性要求极高，所以相关传感器、计算芯片、控制机构等硬件设备的冗余度极高。在网联化方面，智能汽车一方面可以获得更加丰富的网联生态资源，另一方面智能汽车将作为物联网的终端之一，与智能手机、智能家居全面打通，实现家居远程控制、行人轨迹预测，还可让用户拥有车机与手机一体化的连贯体验。

智能交通：为满足智能汽车更高的感知和决策需求，路侧传感器和边缘计算平台的性能和冗余度将进一步提升。道路 5G 微基站的覆盖密度将加大，以满足庞大的智能汽车数据传输需求。同时，智能交通基础设施将接收智慧城市平台的统一调度，实现区域信号灯协同控制，提高道路通行效率。

智慧城市：物联网高度覆盖，各智能设备将由信息孤岛转变为物联网终端，城市云控平台可以融合多智能终端数据，实现多智能终端协同控制，提供更加丰富的网联服务。例如基于智能手机上传的出行需求数据，云控平台可以灵活调配智能共享汽车；基于车端事故信息，可以及时通知医院安排医疗救助；基于路端交通事故信息，可以实现及时出警等。

智慧能源：智慧能源网络和交易平台的服务和功能扩展到全国各地，为广大用户提供更广泛、更便捷的能源服务和交易平台功能，能源的高效利用、交易的便利性进一步提升。在城市用能高峰，利用智能汽车储能节点的作用进行用能调节和平衡，为四智融合发展提供能源保障。

3.2 顶层规划：总体发展路线图

在当前科技发展变革及汽车产业发展的大趋势，以及我国四智融合及其相关产业发展的新变化、新需求和新使命的大背景下，需要在智能汽车、智能交通、智慧城市、智慧能源领域进行深入研究。立足当前，着眼长远，在整体推进的同时紧抓重点攻坚，坚持融合创新、协调发展、绿色开放为指导原则，从技术发展和产业发展维度制订四智融合发展的总体路线图。

总体路线图立足于总体宏观的角度，详细梳理了汽车行业的技术发展和产业发展，将初级阶段进一步划分，以 2025 年、2030 年、2035 年为节点，制定了初级阶段和中级阶段的具体发展要求及要达到的目标期望，形成对未来四智融合发展方向明晰、可参考借鉴的路径。

在发展的同时必须牢牢把握高质量发展要求，全面推广应用现代化高新技术和新材料、新工艺，着力完善基础设施网络，研制更加智能、绿色的交通出行工具，推动共享出行发展，助力四智融合发展体系稳健落地。

3.2.1 技术发展路线图

技术发展方面对四智融合进程中占主导作用的三个方向进行了提炼，分别是融合技术与支持、智能化技术及网联化技术。

3.2.1.1 融合技术与支持

面向四智融合发展的融合技术与支持分阶段发展路线如表 3-1 所示。

表 3-1 融合技术与支持分阶段发展路线

发展阶段	技术内容
初级阶段 （至 2025 年）	（1）4S 融合发展的战略规划及路线图制定； （2）突破电子与芯片产业发展的技术瓶颈； （3）各领域基础设施着手初步建设； （4）建设四智融合示范应用，包括推动新技术测试应用、培育新商业模式等
初级阶段 （至 2030 年）	（1）相关政府部门完善配套政策的支持； （2）创新地图测绘方法、制定规范标准； （3）升级整车控制架构、域控制架构，加速高新技术与汽车产业融合； （4）搭建城市云控基础平台； （5）加速 5G 技术落地； （6）继续完善基础设施建设； （7）继续加大示范应用力度
中级阶段 （至 2035 年）	（1）打造汽车数字化底盘，实现软件定义汽车； （2）构建 4S 深度融合的技术体系； （3）构建零部件供应商、OEM 基础设施供应商、IT 及 ICT 等上下游企业间的友好关系

3.2.1.2 智能化技术

面向四智融合发展的智能化技术分阶段发展路线如表 3-2 所示。

表 3-2 智能化技术分阶段发展路线

发展阶段	技术内容
初级阶段 （至 2025 年）	（1）深入研发用于信息采集的车载传感器、路侧传感器、各类云端设备等； （2）推动 AI 算法的进一步研发，支持多源信息感知融合； （3）初步建设"中央城市大脑"； （4）车、路、云系统均需预留标准接口以支持 4S 系统连通
初级阶段 （至 2030 年）	（1）进一步扩大"中央城市大脑"辐射范围； （2）助力新一代通信技术向高速率、低时延、大带宽方向迈进； （3）车端自动驾驶算法与路端车路协同算法、信号优化算法不断协同优化，共同提升车辆乃至 4S 的自动化水平； （4）车辆行驶状态及路况信息上传至智慧城市的云控平台

续表

发展阶段	技术内容
中级阶段 （至 2035 年）	（1）根据实时路况，对车辆行驶路线、信号配时、车道功能进行优化调整； （2）实现控制集中化、软硬件解耦化，新一代 SV 将搭载可充分扩展、可灵活配置的模块化整车级控制架构

3.2.1.3 网联化技术

面向四智融合发展的网联化技术分阶段发展路线如表 3-3 所示。

表 3-3 网联化技术分阶段发展路线

发展阶段	技术内容
初级阶段 （至 2025 年）	（1）推广 5G 通信技术基础设施建设，加快新一代信息技术研发； （2）积极发展 IoT 技术，初步建设用于四智融合发展的物联网"信息管道"； （3）小范围实现道路交通、城市建筑、车辆信息、行人情况等的网联化； （4）初步建设城市云平台
初级阶段 （至 2030 年）	（1）进一步扩大 5G 基础设施覆盖范围，提高 4S 网联终端普及率； （2）完善城市云平台建设，打造"城市云控中心"； （3）打通智能终端与云平台的连接，实现 SV、ST 基础设施、SC 智能终端、SE 设施等数据的采集，并通过"信息管道"上传至云端； （4）路侧边缘计算平台对车路感知数据、交通流数据等进行初步处理，直接辅助 SC 决策及 ST 管理
中级阶段 （至 2035 年）	（1）城市云控基础平台打通多领域的云平台，接入丰富的城市服务生态资源； （2）实现云分析处理各种智能终端、边缘云平台的数据信息； （3）通过"信息管道"向 4S 智能终端传达控制指令或提供信息服务

3.2.2 产业发展路线图

产业发展方面分别对智能汽车、智能交通、智慧城市及智慧能源四类产业在融合发展中各阶段应该实现的功能，以及智能化及融合发展水平应达到的水平提出了对应的要求。

3.2.2.1 智能汽车

面向四智融合发展的智能汽车产业分阶段发展路线如表 3-4 所示。

表 3-4 智能汽车产业分阶段发展路线

发展阶段	智能汽车
初级阶段（至 2025 年）	（1）达到中低级自动驾驶水平，无人驾驶技能达到普通人驾驶水平，能够适应正常的天气和道路条件变化，行车安全性优于人类驾驶水平； （2）网联性能要求相对较低：LTE-V2X
初级阶段（至 2030 年）	（1）达到中高级自动驾驶水平，常规交通场景下，无人驾驶技能达到熟练驾驶人水平，行车安全性优于人类驾驶人； （2）网联性能要求提升：5G-V2X
中级阶段（至 2035 年）	（1）达到高级自动驾驶水平，复杂场景应对能力进一步提升，恶劣场景条件下无人驾驶通过能力和速度，达到熟练驾驶人水平； （2）网联服务生态繁荣，接入 IoT

3.2.2.2 智能交通

面向四智融合发展的智能交通产业分阶段发展路线如表 3-5 所示。

表 3-5 智能交通产业分阶段发展路线

发展阶段	智能交通
初级阶段（至 2025 年）	（1）对现有基础设施进行智能化、网联化迭代升级，对无法升级的设备进行替换； （2）尝试将基础设施接入"信息管道"与 SV 进行连接，协助车辆感知
初级阶段（至 2030 年）	（1）大范围推进道路基础设施的建设，提升道路的网联化属性； （2）为 SC 提供道路交通信息，辅助城市决策； （3）协助车辆进行感知、决策、控制
中级阶段（至 2035 年）	（1）智能交通基础设施密度大幅提升，实现城市及乡村主要区域的全覆盖； （2）道路交通信息充分接入 SC，进行统一管理； （3）为车辆提供完善的交通信息，辅助车辆自动驾驶的作用得到充分发挥

3.2.2.3 智慧城市

面向四智融合发展的智慧城市产业分阶段发展路线如表 3-6 所示。

表 3-6 智慧城市产业分阶段发展路线

发展阶段	智慧城市
初级阶段（至 2025 年）	（1）加快城市建筑智能化，加速智能家居研发及推广落地； （2）制定城市能源网络、交通网络、运输网络等的未来发展方向； （3）初步建成城市"云控平台"，开展服务信息推送 + 城市辅助监控

续表

发展阶段	智慧城市
初级阶段 （至 2030 年）	（1）城市建筑、家居、手机等的智能化水平进一步提升； （2）初步打通 SC、SV、ST、SE 之间的信息交互渠道，以 SC 为主控平台分发指令； （3）通过多渠道信息协助车辆的感知、决策、控制及能源利用等
中级阶段 （至 2035 年）	（1）IoT 高度覆盖，多智能终端数据打通，四智融合发展实现高度协同控制； （2）城市内部实现车辆无障碍自动驾驶，有效提升出行效率，减少碳排放

3.2.2.4 智慧能源

面向四智融合发展的智慧能源产业分阶段发展路线如表 3-7 所示。

表 3-7 智慧能源产业分阶段发展路线

发展阶段	智慧能源
初级阶段 （至 2025 年）	（1）大面积铺开主要城市的公共充电桩铺设，基本满足人们日常充电需求； （2）设立 SE 示范区
初级阶段 （至 2030 年）	（1）公共及家用充电桩在全国主要城市普及，满足充电需求，解决充电焦虑问题； （2）智慧能源网与能源交易平台在大中城市及高速路建成； （3）与 SC 对接，SE 的"削峰填谷"作用初先显现
中级阶段 （至 2035 年）	（1）在城市用电高峰，SE 利用 SV 作为储能节点，充分发挥其调节作用，为四智融合发展提供能源保障； （2）智慧能源网与能源交易平台在全国覆盖

3.3 面向四智融合的智能网联汽车发展路线图

3.3.1 智能网联汽车总体技术路线图

智能网联汽车路线图全面考虑了系统、产品、技术三个方面，以明确未来产业发展的需求。在这一路线图中，通过对智能网联汽车技术架构和体系进行全面梳理和修订，充分考虑了相关领域前沿技术的不断变革和更替，同时注重与智能交通、智慧城市、智慧能源等领域的融合。研究的核心是以电动化、智能化、信息化等关键技术为技术骨架，涵盖底盘、电子电气架构、智能座舱、无人驾驶系统、车规级通信芯片等智能网联技术的产业化落地和发展路径。在整个路线图中，着重分析基于 SC、ST、

SV、SE 融合一体化的智能网联汽车技术产业化、市场化、商业化的时间进度。

3.3.1.1 总体目标发展路线图

面向四智融合发展的智能汽车总体目标发展路线如表 3-8 所示。

表 3-8 智能汽车总体目标发展路线

发展阶段	技术内容
初级阶段 （至 2025 年）	（1）完成智慧城市、智能交通、智慧能源、智能网联汽车融合一体化概念模型搭建、系统分析和下一代汽车需求设计； （2）研制出下一代一阶段概念样车，无人驾驶底盘系统技术基本成熟，实现智慧城市、智能交通、智能网联汽车协同感知； （3）无人驾驶技术达到普通人驾驶水平，能够适应正常的天气和道路条件变化，行车安全性优于人类驾驶水平
初级阶段 （至 2030 年）	（1）示范区域内路段及路口设施布设系统完备，具备无人驾驶交通的不间断支持能力； （2）研发出全工况无人驾驶运载平台，实现智能设施支持下的全工况无人驾驶示范运行； （3）常规交通场景下，无人驾驶技能达到熟练驾驶人水平，行车安全性优于人类驾驶人
中级阶段 （至 2035 年）	（1）全面实现智能汽车、智能交通、智慧城市、智慧能源融合一体化的系统工程研发与部署； （2）充分利用智能交通设施的支持，实现无人驾驶汽车间的局部交通协同； （3）复杂场景应对能力进一步提升，恶劣场景条件下无人驾驶通过能力和速度，达到熟练驾驶人水平，行车安全性优于人类驾驶人

3.3.1.2 关键技术发展路线图

从电动化、智能化、信息化三个维度提出面向四智融合的智能汽车关键技术发展路线，如表 3-9 所示。

表 3-9 智能汽车关键技术发展路线

发展阶段	技术内容
初级阶段 （至 2025 年）	（1）电动化关键技术：完成全工况无人驾驶汽车设计与规划、汽车总成系统设计和座舱内总成系统等原型的研发，实现具备相关技术试制条件； （2）智能化关键技术：完成无人驾驶关键技术研发，并搭建概念车用使能与赋能动态融合的无人驾驶系统原型机； （3）信息化关键技术：完成车规级通信芯片组技术方案制定，5G-V2X 技术方案制定与关键技术研发

续表

发展阶段	技术内容
初级阶段 （至2030年）	（1）电动化关键技术：完成基于新型总线和中央网关的电子电器架构关键技术研究，验证新型总成集成及其功能、性能和可靠性； （2）智能化关键技术：完成限定区域开放道路上自动驾驶汽车功能、性能和驾驶水平试验，并验证在恶劣工况下汽车功能和性能是否达到预期水平； （3）信息化关键技术：完成5G-V2X设备研制，实现设备在网联无人驾驶共享汽车概念样车上应用
中级阶段 （至2035年）	（1）电动化关键技术：完成下一代底盘与智能座舱研发和制造，跟随网联无人驾驶共享汽车研发过程并不断验证优化； （2）智能化关键技术：完成使能与赋能动态融合的无人驾驶系统优化升级，实现系统在智能道路设施支持下的全工况无人驾驶； （3）信息化关键技术：实现基于智能汽车、智能交通、智慧城市、智慧能源融合一体化的5G网联汽车研制与验证，并用以支撑全工况无人驾驶的实现

3.3.2 关键分领域技术路线图

面向四智融合的智能汽车关键技术领域包括先进传感器及自动驾驶计算平台技术、行驶安全系统技术、V2X技术和车用5G装备技术、车路云通信网络建设技术、云平台建设技术、底盘及其关键总成技术、下一代电子电气架构技术、使能与赋能动态融合的无人驾驶系统技术、整车技术、新一代智能网联汽车标准法规体系等。考虑智能网联汽车在四智融合发展中的核心地位，本节按照各关键技术领域的发展目标、实现发展目标需要突破的技术、关键技术发展路线的思路，详细阐述面向四智融合的智能网联汽车关键分领域技术路线图（如图3-10）。

3.3.2.1 先进传感器及自动驾驶计算平台技术

先进传感器及自动驾驶计算平台技术的发展目标包括完成基于场景库输入的动态驾驶任务、运行设计域等模型研发；完成先进传感器及感知系统研发；完成高性能中央计算平台研究和原型样机研制，用于下一代全工况无人驾驶概念汽车，实现基于智能汽车、智能交通、智慧城市、智慧能源融合一体化的感知、决策和控制。

为了实现上述目标，需要突破传感器、计算平台、自动驾驶系统设计、感知与决策训练、一体化感知等核心技术。

1）突破传感器技术：包括车载视觉雷达前融合一体化传感器技术、车规级专用行人检测传感器技术、路况感知技术等。

2）突破计算平台技术：即多核异构（集成图像信号处理器、视频处理单元、可编程视觉加速器、深度学习加速器、CUDA GPU 和 CPU）车载高性能中央计算平台。

3）突破无人驾驶系统设计技术：包括基于模型和场景库输入的动态驾驶任务、运行设计域等的无人驾驶系统的设计技术等。

4）突破感知与决策训练技术：即基于高性能计算平台的类脑感知与决策的训练技术。

5）突破一体化感知技术：即智能汽车、智能交通、智慧城市、智慧能源融合一体化感知技术。

基于上述分析，提出先进传感器及无人驾驶计算平台技术路线如图 3-5 所示。

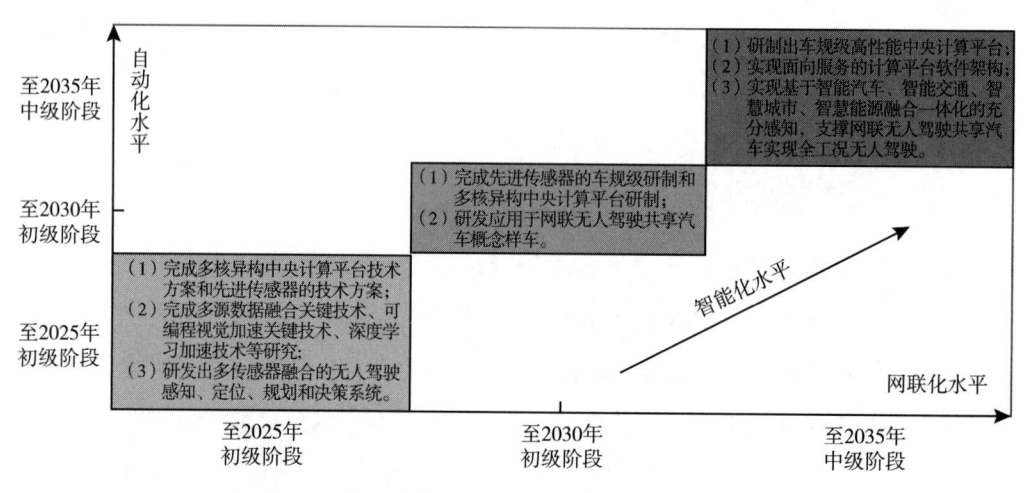

图 3-5　先进传感器及无人驾驶计算平台技术路线图

表 3-10　先进传感器及无人驾驶计算平台技术分阶段发展路线

发展阶段	技术内容
初级阶段 （至 2025 年）	（1）完成多核异构中央计算平台技术方案和先进传感器的技术方案； （2）完成多源数据融合关键技术、可编程视觉加速关键技术、深度学习加速技术等研究； （3）研发出多传感器融合的无人驾驶感知、定位、规划和决策系统
初级阶段 （至 2030 年）	（1）完成先进传感器的车规级研制和多核异构中央计算平台研制； （2）研发应用于网联无人驾驶共享汽车概念样车
中级阶段 （至 2035 年）	（1）研制出车规级高性能中央计算平台； （2）实现面向服务的计算平台软件架构； （3）实现基于智能汽车、智能交通、智慧城市、智慧能源融合一体化的充分感知，支撑网联无人驾驶共享汽车实现全工况无人驾驶

3.3.2.2 行驶安全系统技术

(1) 行驶安全系统技术的总体发展目标包括（图 3-11）：

1) 实时监控汽车的行车安全状况，为无人驾驶系统提供控制执行安全边界，并为车内乘员提供行车安全状态信息的无人驾驶汽车"安全大脑"。

2) 搭建满足乘员指令下达、掌握行车状态信息、与外界沟通联络、特殊工况下对汽车接管与虚拟操控等任务的车内人机交互系统。

3) 搭建本车行车意图表达、危险警示、与弱势交通参与物进行模糊交流等功能的车外信息交互系统。

4) 完成上述智能座舱装备系统与座舱的同步研发。

(2) 为实现上述目标，需要突破安全性分析、行车操控、交通参与物通信交流等核心技术：

1) 突破安全性分析技术：包括基于类脑决策的行车安全性在线评估、无人驾驶控制执行安全边界定义等。

2) 突破行车操控技术，包括行车指令准确识别与执行反馈、乘员对汽车虚拟操控等。

3) 突破交通参与物通信交流技术：包括本车与弱势交通参与物模糊交流技术等。

基于上述分析，提出行驶安全系统技术路线如图 3-6 所示。

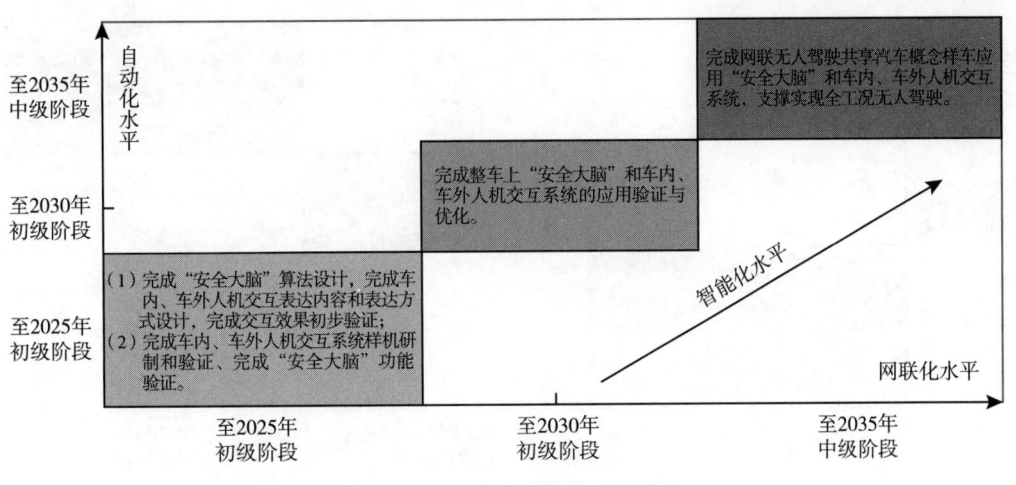

图 3-6 行驶安全系统技术路线图

表 3-11 行驶安全系统技术分阶段发展路线

发展阶段	技术内容
初级阶段（至 2025 年）	（1）完成"安全大脑"算法设计，完成车内、车外人机交互表达内容和表达方式设计，完成交互效果初步验证； （2）完成车内、车外人机交互系统样机研制和验证、完成"安全大脑"功能验证
初级阶段（至 2030 年）	完成整车上"安全大脑"和车内、车外人机交互系统的应用验证与优化
中级阶段（至 2035 年）	完成网联无人驾驶共享汽车概念样车应用"安全大脑"和车内、车外人机交互系统，支撑实现全工况无人驾驶

3.3.2.3 V2X技术和车用5G装备技术

V2X 技术和车用 5G 装备技术的总体发展目标是完成下一代无人驾驶载运平台用 5G-V2X 技术和装备研发（如表 3-12）。

为实现上述目标，需要突破 V2X 通信、数据融合等核心技术：

1）突破 V2X 通信技术：包括车规级通信芯片组技术、5G-V2X 技术方案和设备、C-V2X 通信安全技术等。

2）突破数据融合技术：即多源数据融合技术研发。

基于上述分析，提出 V2X 技术和车用 5G 装备技术路线如图 3-7、表 3-12 所示。

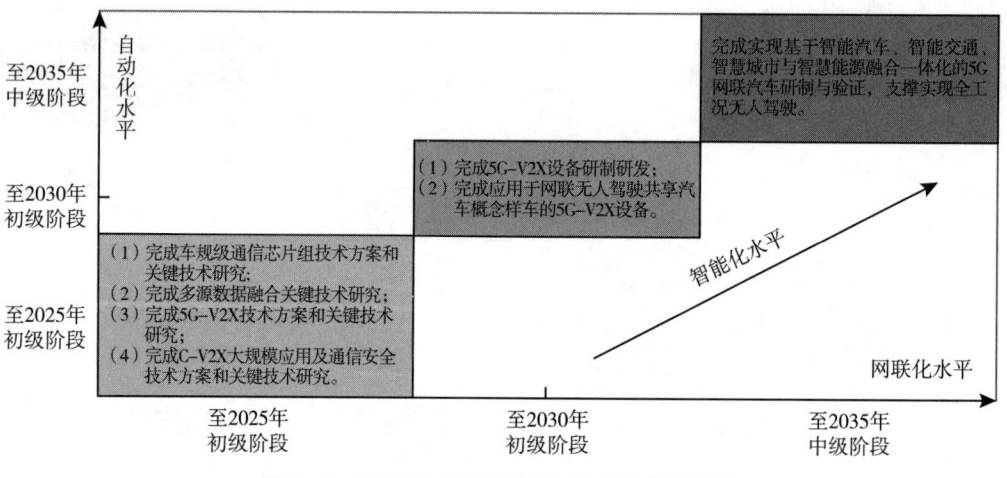

图 3-7 V2X 技术和车用 5G 装备技术路线图

表 3-12 行驶安全系统技术分阶段发展路线

发展阶段	技术内容
初级阶段 （至 2025 年）	（1）完成车规级通信芯片组技术方案和关键技术研究； （2）完成多源数据融合关键技术研究； （3）完成 5G-V2X 技术方案和关键技术研究； （4）完成 C-V2X 大规模应用及通信安全技术方案和关键技术研究
初级阶段 （至 2030 年）	（1）完成 5G-V2X 设备研制研发； （2）完成应用于网联无人驾驶共享汽车概念样车的 5G-V2X 设备
中级阶段 （至 2035 年）	完成实现基于智能汽车、智能交通、智慧城市与智能能源融合一体化的 5G 网联汽车研制与验证，支撑实现全工况无人驾驶

3.3.2.4 车路云通信网络建设技术

面向四智融合的智能网联汽车车路云通信网络建设技术的总体发展目标包括突出 5G 技术创新特点、提高通信技术智能化水平、打造新型网络架构等。

（1）突出 5G 技术创新特点

5G 技术创新主要包括无线技术和网络技术两个方面。在无线技术方面，关键技术包括大规模天线阵列、超密集组网、新型多址和全频谱接入等。多天线技术从 3G 时代开始发挥作用，其可以减少多用户之间的干扰，能够有效地对抗多径衰落，并结合多输入多输出系统（Multiple-Input Multiple-Output，MIMO）技术在 4G 网络中发挥了巨大作用，大大增加了传输速率和可靠性。在 5G 技术中，为了进一步提高频谱利用率，必须继续发挥大规模多天线技术的特点，通过对源天线列阵的不断完善，利用 3D-MIMO 技术进一步扩大网络覆盖范围，提高频谱利用率。

（2）提高通信技术智能化水平

同时同频全双工技术是一种先进的通信技术，其特点在于发送端和接收端同时采用相同的频率进行信息传输。这一技术突破了传统的频分双工和时分双工模式。为了防止发射机信号对接收机信号造成干扰，同时同频全双工技术采用干扰消除方法，以减少信号在频域或时域上的相互影响，在提高频谱效率方面取得了显著的成效。相较于传统的双工模式，同时同频全双工技术使得无线资源的利用效率提升近一倍。作为 5G 通信的关键技术之一，虽然在目前的实际应用中可能尚未完全成熟，但随着 5G 技术的不断发展，预计该技术将进一步增强系统的稳定性和可靠性。

（3）打造新型网络架构

通信技术的不断发展旨在适应对日益增多的综合业务传输的需求。由于业务种类的多样化,对网络系统结构以及硬件要求都会随之提高。但是另一方面,也要控制通信业务的成本,这样才能有利于通信技术的推广,才能惠及大众。在传统的网络架构中,一旦业务需求发生变化,就必须相应地修改网络设备的配置,而这个过程是极其烦琐的。然而,借助软件定义网络技术可以将路由器的控制和转发功能分离,极大提高网络的灵活性和敏捷度。在这个这一过程中,网络功能的虚拟化也是一项重要技术。它基于大型共享的服务器,利用软件定义的方式,对网络实体进行虚拟化运行。利用虚拟化技术可以方便地整合和操作复杂的硬件设备,根据业务需要对其进行并行处理或者合理释放资源。这种方法不仅能够降低整个网络的构建成本,同时提高了网络功能的灵活性,是5G通信迈向更高台阶的关键技术。

为了实现上述发展目标,需要突破高速移动的环境下实时可靠的5G通信技术、车辆安全和隐私保护技术、驾驶安全技术等核心技术。

(1)突破高速移动的环境下实时可靠的5G通信技术

在车联网中,由于车辆行驶速度快,每次连接的实际有效时间短,接入切换频繁,因此要求网络接入和切换足够快,才能保持车载终端始终在线,从而保障其他的业务正常进行。V2X通信需求包括极短的网络接入时间、极低的传输时延、高传输可靠性、高信息安全性和隐私保护、有限的范围内频谱再利用和低干扰、拥有足够的通信带宽。目前车联网中存在多种不同的无线通信模式,如无线局域网、4G/5G蜂窝通信、卫星通信和全球微波互联接入等。这些不同结构的网络需要实现互通互联,进行数据传输交换,就必须解决异构网络的融合问题。5G的超可靠性、低时延、切片网络等关键技术为车联网提供强有力的支撑,使车联网的体系结构得到优化,进一步激发了车联网的市场潜力。

(2)突破车辆安全和隐私保护技术

车辆作为智能交通运输系统最为重要的一环,其安全是非常重要的。未来,车辆将不再是一个封闭的载体,而是一个开放的可连接的载体,能够与目前的手机等智能终端一样融入互联网中进行信息交互。因此,不法分子可以利用互联网技术对车辆进行攻击,从而达到解锁车辆、使车辆熄火或主动刹车等目的。此外,与普通的通信网络(如手机通信网络等)相比,V2X通信网络由于涉及用户的生命和财产安全,往往需要更高的安全等级。因此,如何保证V2X通信网络中的数据安全是一个关键的问题。

（3）突破驾驶安全技术

由于车联网中网络拓扑结构的频繁变化以及传输数据的海量递增，驾驶安全也是 V2X 通信中需要考虑的关键问题。V2X 通信系统所特有的一些新应用存在安全漏洞问题，比如车队通信、协作防撞、动态驾驶地图、视频数据共享等。信息共享机制允许车辆、路边基础设施、行人或所涉及的任一实体共享其传感数据，以避免不必要的碰撞。但是，每辆车捕获的视频数据太大，无法进行加密，而且在许多情况下，这些视频数据是在没有任何保护的情况下进行传输的，因此可能对 V2X 通信带来安全隐患。在车辆传感数据伪造方面，攻击者可能插入一些视频帧或照片，进而误导其他车辆用户做出错误的决定。

因此，为加强 V2X 通信网络信息安全，必须在技术上采取多项措施。一种方法是研究不可见的邻居用户数量、数据的传输范围和数据分组生成率对于 V2X 通信行驶安全的影响，针对某一特定安全需求的车联网应用场景，较大的传输范围和较低的数据分组生成率能够使不可见的邻居数量最小化，从而满足安全驾驶的要求。此外，还有定期会话的双向通信信道以及两种对双向信道可靠性的监控方法，一种是在会话期间进行监测，另一种是在会话期间进行监控的基础上再在相邻会话之间的间歇加一次监测，以确保 V2X 通信的安全性和可靠性。

基于上述分析，提出车路云通信网联建设的技术路线如图 3-8、表 3-13 所示。

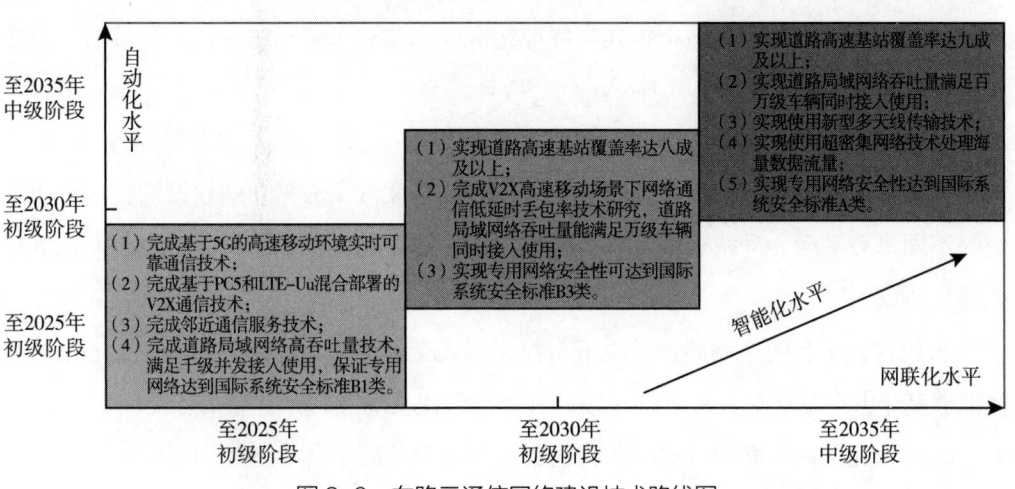

图 3-8 车路云通信网络建设技术路线图

表 3-13 车路云通信网络建设发展路线

发展阶段	技术内容
初级阶段 （至 2025 年）	（1）完成基于 5G 的高速移动环境实时可靠通信技术； （2）完成基于 PC5 和 Uu 混合部署的 V2X 通信技术； （3）完成邻近通信服务技术； （4）完成道路局域网络高吞吐量技术，满足千级并发接入使用，保证专用网络达到国际系统安全标准 B1 类
初级阶段 （至 2030 年）	（1）实现道路高速基站覆盖率达八成及以上； （2）完成 V2X 高速移动场景下网络通信低延时丢包率技术研究，道路局域网络吞吐量能满足万级车辆同时接入使用； （3）实现专用网络安全性可达到国际系统安全标准 B3 类
中级阶段 （至 2035 年）	（1）实现道路高速基站覆盖率达九成及以上； （2）实现道路局域网络吞吐量满足百万级车辆同时接入使用； （3）实现使用新型多天线传输技术； （4）实现使用超密集网络技术处理海量数据流量； （5）实现专用网络安全性达到国际系统安全标准 A 类

3.3.2.5 智能网联汽车云平台建设技术

云平台建设技术的总体发展目标包括统一车联网标准数据格式与标准化协议，建立车端－边缘云－区域云－全国云的云控平台体系；依托国内互联网巨头企业构建起标准化云基础平台；基于数据标准化的云平台开发各类中间件，供用户根据需要设计相应的功能；推动智能网联汽车云平台建设与 LTE-V2X 车云通信网络协同演进等。

（1）统一车联网标准数据格式与标准化协议，建立车端－边缘云－区域云－全国云的云控平台体系

车端与云端的协同是未来的自动驾驶必然要求，基于不同厂商提供的车载 OBU、云服务存在差异的现状，从国家角度出发，智能网联汽车云平台的建设的关键一步是统一不同车载平台、异构云计算服务的数据，这需要相关权威机构制定车联网标准化数据与协议。

云控驾驶平台将车辆的运动决策与控制引入交通优化中，使得车辆与交通信号之间能够基于共同的优化目标发挥作用，有效地解决交通出行中存在的各类问题。

（2）依托国内互联网巨头企业构建起标准化云基础平台

智能网联汽车云平台需要拥有强大、可靠的云计算服务能力的提供商支持，其云服务应该满足以下几点要求：

1）稳定健壮：其数据中心需要具备自动水平扩展能力，能够在异地部署同时保

持很好的活性,可以稳定支撑多款亿级产品的运行;

2)亿级并发:当海量的数据、消息与用户同时接入时,云服务端需要具备即时到达的能力;

3)安全保障:当云服务端被攻击时,云服务端应当能够保证客户数据的机密性、完整性和可用性;

4)自由扩展:云服务应当能够任意配置多个服务集群,其提供的服务、数据、网络应当可以动态伸缩无限扩展。

(3)各大云服务商应该基于数据标准化的云平台开发各类中间件,供用户根据需要设计相应的功能

基于只依靠单车自动驾驶技术无法从根本上解决车-车、车-路一体化协同问题的现状,自动驾驶的全面实施需要一套基于云端的面向全局的网联基础设施体系,这需要云服务商提供标准化的开发环境。通过数据和业务分离结构,车企可以掌控数字资产、汇聚第三方内容与应用生态,并构筑以车企为中心的生态系统。产业链客户能够利用超视距感知平台和云控驾驶平台来开发支持自动驾驶、智能交通与智慧城市的应用。

(4)推动智能网联汽车云平台建设与LTE-V2X车云通信网络协同演进

智能网联汽车云平台的建设应该与LTE-V2X车云通信网络的建设同步进行,在5G通信技术的推动下,移动通信网络的整体速率、带宽等参数大幅提升,将会催生出更多的车联网应用需求,云平台也必须为适应未来的通信环境作出演进。车联网平台与V2X协同发展,从单车智能到车、路协同智能,能够有效提升社会交通整体的安全性和效率。

为了实现上述发展目标,需要突破基于边缘计算的大规模高性能计算集群构建技术、云计算平台构建技术等核心技术。

(1)突破基于边缘计算的大规模高性能计算集群构建技术

海量的运算资源是云计算平台的基础,因此构建智能网联汽车云平台的核心技术之一是构建基于边缘计算的大规模高性能计算集群。边缘计算是指利用靠近交通道路的边缘计算设备,采用网络、计算、存储、应用核心能力为一体的开放平台,就近提供服务。目前边缘计算虽然目前没有得到足够的应用,但根据其趋势与特点判断其未来前景广阔。构建基于边缘计算的高性能计算平台可以获取高性能计算(High Performance Computing,HPC)集群资源和快速扩容,支持最新硬件、应用加速以及物

理服务器无虚拟化损耗；同时，高性能计算集群具备灵活的配置方式，将不再受限于计算资源，可以按需配置 HPC 集群，即时调整配置满足需求；最后，高性能计算集群还具有丰富的解决方案，用户无须关注资源和调度平台，可以更专注于产品研究和创新。

（2）突破云计算平台构建技术

云计算是一种通过网络以便利的、按需付费的方式获取计算资源（包括网络、服务器、存储、应用和服务等）并提高其可用性的模式，这些资源来自一个共享的、可配置的资源池，用户可以自由获取其计算资源。云计算平台具有五个关键功能，还包括三种服务模式。

1）按需自助服务：供应商的资源保持高可用和高就绪的状态，用户可以按需自助获得资源。

2）泛在的网络访问：用户可以使用多种多样的瘦客户端或富客户端通过各种网络渠道，采用统一标准的机制（如浏览器，相同的 API 等）获取服务。

3）动态的资源池：不同的供应商的计算资源将被整合为一个动态资源池，根据客户需求，所有的物理和虚拟资源合理高效地动态分配。同时，客户主动指定特定的资源位置（如国家、数据中心等）为其服务。

4）快速弹性：云服务应当能够快速扩展，并快速释放资源。客户可以在任何时间购买任何数量的资源。

5）可计量的服务：系统可以针对不同服务需求（例如，CPU 时间、存储空间、带宽，甚至按用户账号的使用率高低）来计量资源的使用情况和定价，以提高资源的管控能力和促进优化利用。

云计算主要包括软件即服务（Software as a Service，SaaS）、平台即服务（Platform as a Service，PaaS）和基础设施即服务（Infrastructure as a Service，IaaS）三种服务模式。

SaaS 提供给用户的是运营商运行在云计算基础设施上的应用程序，用户可以在各种设备上通过瘦客户端，例如浏览器界面访问，但不需要管理或控制网络、服务器、操作系统、存储等云计算基础设施。

PaaS 可以让用户把自身所拥有的应用程序部署到运营商的云计算基础设施上，而不需要管理或控制底层的云基础设施，但能够控制其部署的应用程序与托管环境配置。

IaaS 提供给用户的是所有云计算基础设施，可以让用户自由部署和运行任意软件，包括操作系统和应用程序。消费者不需要管理或控制任何云计算基础设施，但能控制操作系统的选择、储存空间、部署的应用，并有限制地控制防火墙、负载均衡器等网络组件。

基于上述分析，智能网联汽车云平台建设技术路线如图 3-9、表 3-14 所示。

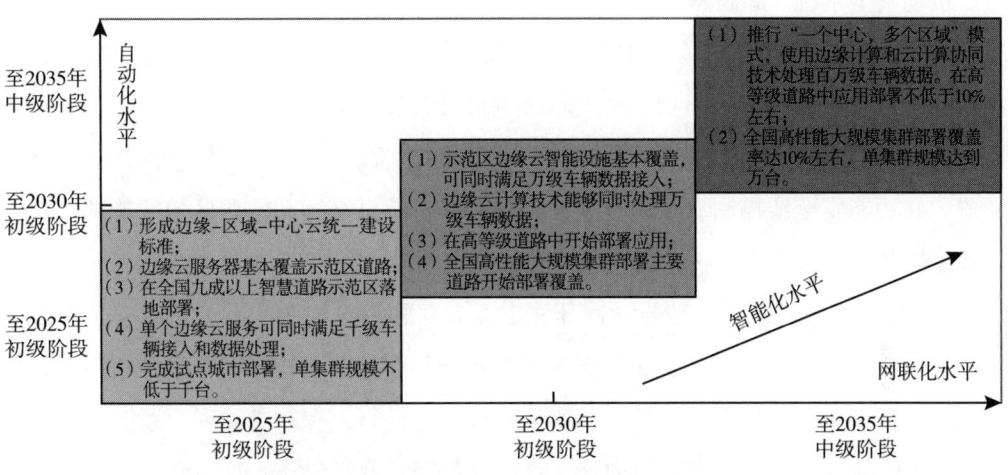

图 3-9　智能网联汽车云平台建设技术路线图

表 3-14　智能网联汽车云平台建设技术发展路线

发展阶段	技术内容
初级阶段 （至 2025 年）	（1）形成边缘-区域-中心云的统一建设标准； （2）边缘云服务器基本覆盖示范区道路； （3）在全国九成以上智慧道路示范区落地部署； （4）单个边缘云的服务可同时满足千级车辆接入和数据处理； （5）完成试点城市部署，单集群规模不低于千台
初级阶段 （至 2030 年）	（1）示范区边缘云智能设施基本覆盖，可同时满足万级车辆数据接入； （2）边缘云计算技术能够同时处理万级车辆数据； （3）在高等级道路中开始部署应用； （4）全国高性能大规模集群部署
中级阶段 （至 2035 年）	（1）推行"一个中心，多个区域"模式，使用边缘计算和云计算协同技术处理百万级车辆数据在高等级道路中应用部署不低于 10% 左右； （2）全国高性能大规模集群部署覆盖率达 10% 左右，单集群规模达到万台

3.3.2.6　底盘及其关键总成技术

面向四智融合的智能网联汽车底盘及其关键总成技术的总体发展目标包括：

1）研发出网联无人驾驶共享汽车的高电压（800V以上）平台下的电机、电池、集成式机舱高压模块（车载充电机、直流变压器、高压分电器等系统）、高功能安全的底盘域控制器、线控转向、线控制动系统、新型灯光及信号系统等。

2）研发出下一代无人驾驶汽车的车与乘员指令交互系统、车内一般信息人机交互系统、车外人机交互系统、舒适性管理系统、车身域控制器、新型座椅及办公装置、被动安全系统、新材料和新结构座舱等。

3）为完成底盘及其关键总成技术的发展目标，一方面需要设计制造出下一代底盘模块化总成、高压高效高功率密度轮毂电机及其控制器、高压、快充、安全动力电池包及无人充电系统、高集成度高效机舱高压模块、高功能安全线控转向系统及其控制器、高功能安全线控制动系统及其控制器、具备信息交互和前照区域智能调节功能的智能灯具等，这些核心技术的突破将大大提升车辆各种性能。

4）在人机交互方面，需要设计开发出无人驾驶汽车的车与乘员指令交互系统总成、满足新型人机交互要求、面向服务架构要求和行车安全要求的车身域控制器、满足无人驾驶汽车乘员坐姿安排的被动安全系统、车外行人保护被动安全系统、采用新材料、满足新安全标准的座舱结构等，给驾驶者带来更安全舒适的体验。

基于上述分析，提出底盘及其关键总成技术路线如图3-10、表3-15所示。

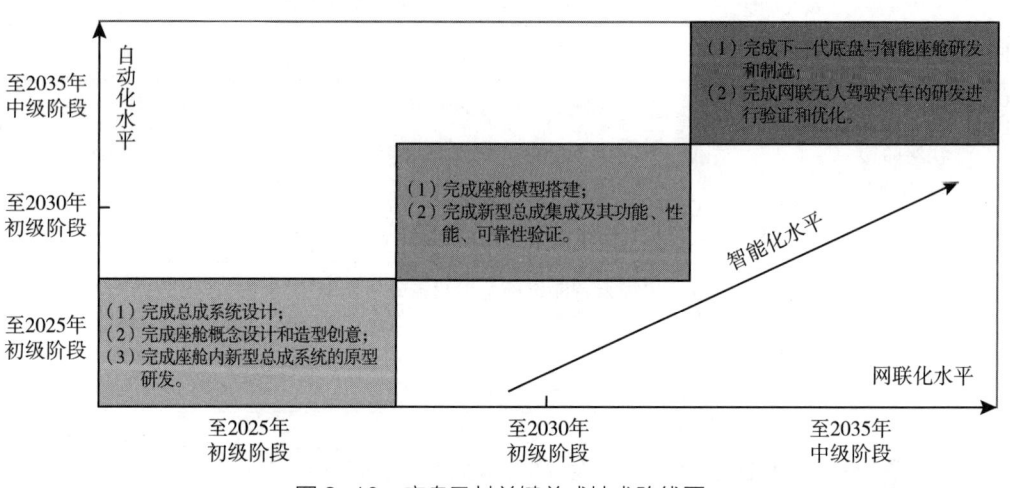

图3-10 底盘及其关键总成技术路线图

表 3-15　底盘及其关键总成技术发展路线

发展阶段	技术内容
初级阶段 （至 2025 年）	（1）完成总成系统原型研发； （2）完成座舱概念设计和造型创意； （3）完成座舱内新型总成系统的原型研发
初级阶段 （至 2030 年）	（1）完成座舱模型搭建； （2）完成新型总成集成及其功能、性能、可靠性验证
中级阶段 （至 2035 年）	（1）完成下一代底盘与智能座舱研发和制造； （2）完成网联无人驾驶汽车的研发进行验证和优化

3.3.2.7　下一代电子电气架构技术

下一代电子电气架构技术的总体发展目标为：完成使能与赋能动态融合技术路线下车内、车外通信需求梳理并提出标准建议；研发出新型总线、中央网关及车内车外信息路由系统；研发出下一代面向服务的、基于高性能中央计算平台的 E/E 架构，满足智能座舱总成即插即用要求和共享出行服务要求。

为实现下一代电子电气架构技术的总体发展目标，需要制定座舱与底盘接口协议标准，突破面向服务的、基于高性能中央计算平台的 E/E 架构等核心技术。

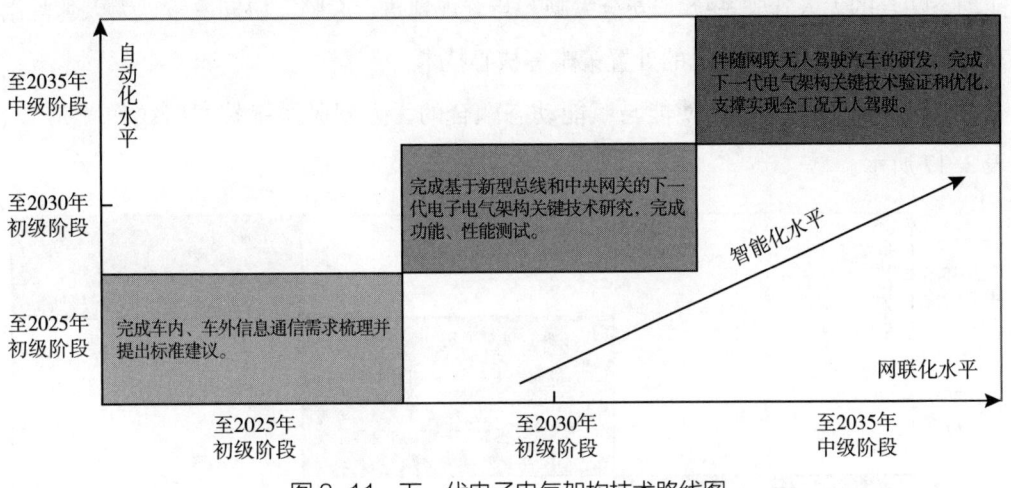

基于上述分析，提出下一代电子电气架构技术路线如图 3-11、表 3-16 所示。

图 3-11　下一代电子电气架构技术路线图

表 3-16　下一代电子电气架构技术发展路线

发展阶段	技术内容
初级阶段（至 2025 年）	完成车内、车外信息通信需求梳理并提出标准建议
初级阶段（至 2030 年）	完成基于新型总线和中央网关的下一代电子电气架构关键技术研究，完成功能、性能测试
中级阶段（至 2035 年）	伴随网联无人驾驶汽车的研发，完成下一代电气架构关键技术验证和优化，支撑实现全工况无人驾驶

3.3.2.8　使能与赋能动态融合的无人驾驶系统技术

使能与赋能动态融合的无人驾驶系统技术的未来预期目标为：

1）按照下一代电子电气架构设计，通过集成新型的传感器、V2X 车载装备、中央计算平台、车身域控制器、底盘域控制器、各线控总成系统及人机交互系统，研制出使能与赋能动态融合的无人驾驶系统。

2）实现基于智能汽车、智能交通、智慧城市、智慧能源融合一体化的俯察式融合感知，并以中央计算平台为核心，对整车进行综合控制。

3）实现"安全大脑"与"规划执行大脑"协同决策，对特殊、危险、故障等工况进行合理处置，对常规工况和特殊工况实现指令信息和一般行车信息的人机顺畅交互。

为实现使能与赋能动态融合的无人驾驶系统技术的未来目标，需要突破使能与赋能动态融合的无人驾驶系统、"安全大脑"与"规划执行大脑"协同决策、无人驾驶汽车特殊、危险、故障等工况的处置策略等核心技术。

基于上述分析，提出使能与赋能动态融合的无人驾驶系统技术路线如图 3-12、表 3-17 所示。

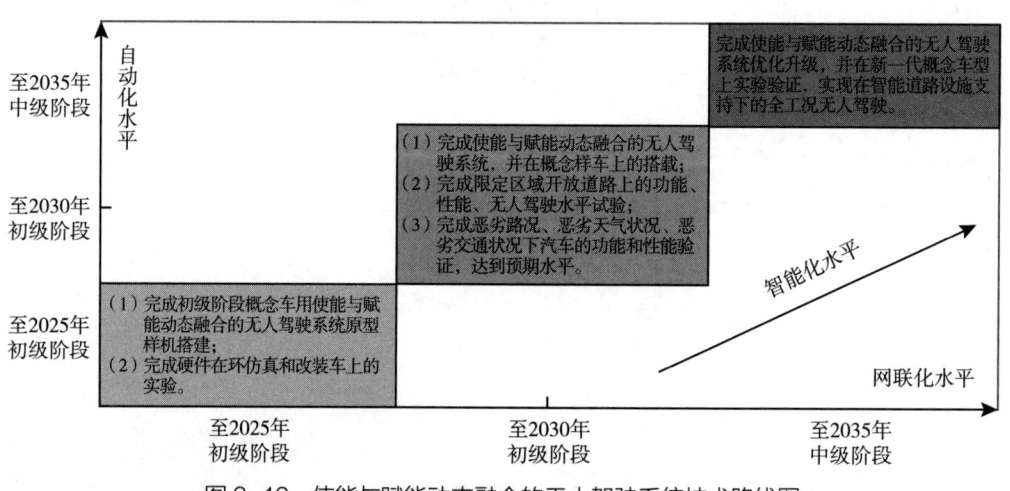

图 3-12　使能与赋能动态融合的无人驾驶系统技术路线图

表 3-17 使能与赋能动态融合的无人驾驶系统技术发展路线

发展阶段	技术内容
初级阶段 （至 2025 年）	（1）完成初级阶段概念车用使能与赋能动态融合的无人驾驶系统原型样机搭建； （2）完成硬件在环仿真和改装车上的实验
初级阶段 （至 2030 年）	（1）完成使能与赋能动态融合的无人驾驶系统，并在概念样车上的搭载； （2）完成限定区域开放道路上的功能、性能、无人驾驶水平试验； （3）完成恶劣路况、恶劣天气状况、恶劣交通状况下汽车的功能和性能验证，达到预期水平
中级阶段 （至 2035 年）	完成使能与赋能动态融合的无人驾驶系统升级版研发，并在新一代概念车型上实验验证，实现在智能道路设施支持下的全工况无人驾驶

3.3.2.9 网联无人驾驶汽车整车技术

网联无人驾驶汽车整车技术的未来预期目标为从网联无人驾驶汽车的需求与价值工程研究的结果出发，以网联无人驾驶汽车概念设计系统研发成果为框架，研发出网联无人驾驶汽车概念样车，带动开展相关技术研发工作，于概念样车中检验相关研发成果，加速成果的产业化转化，功能和性能分期达到规划目标中初级、中级、高级发展阶段的要求，最终具备以下形态结构特征、功能特征、性能特征、生态特征。

1）网联无人驾驶汽车具备以下形态、结构特征：轮毂电机驱动、光纤总线、碳化硅电机控制器、高功能安全的转向系统和制动系统、生物识别（无钥匙进入）、轻量化车身和底盘、承载式线控底盘、可更换座舱、新型人机交互、无制动踏板、无加速踏板、无转向盘、无后视镜等驾驶员操纵装置。

2）网联无人驾驶汽车功能特征：具备自动的休眠/唤醒功能、上/下电功能、启动功能；具备自动泊车功能；具备自动充电功能；具备引导乘客找到本车的功能；具备理解车内乘员指令的功能；具备与其他交通参与物进行模糊交流的功能；具备智能汽车、智能交通、智慧城市、智慧能源融合一体化感知和决策功能；具备识别道路设施支持水平、交通状况、天气情况的功能，并根据实际情况具备主动切换无人驾驶水平的功能；具备车内乘客以虚拟方式进行汽车操控的功能；具备自身故障状态监测和处置功能。

3）网联无人驾驶汽车具备以下性能特征：智能汽车、智能交通、智慧城市、智慧能源融合一体化感知，实现俯察微观动态交通参与物；在智能路侧设施的支持下进行编队行车；以"安全大脑"保障行车安全；具备精益的能量管理系统；能够实现拟人化转向与制动控制；保障联网安全。

4）网联无人驾驶汽车具备的生态特征：V2X 互联（V2I、V2V、V2N、V2P 等）；智能路侧设施、网联 -ITS、先进交通管理系统为网联无人驾驶汽车提供不间断服务；公共设施为无人驾驶汽车的运行提供便利（如上下车位置等）；汽车制造和试验设施能够支持网联无人驾驶汽车的研发；社会公众认可的网联无人驾驶汽车的行车规则和服务方式。

为实现整车技术预期目标，顺利完成概念样车落地，需要完成网联无人驾驶汽车正向设计技术、"内能""使能""赋能"的融合一体化技术以及基于网联无人驾驶共享汽车架构的底盘、座舱模块化集成技术等核心技术的突破。

基于上述分析，提出网联无人驾驶汽车整车技术路线如图 3-13、表 3-18 所示。

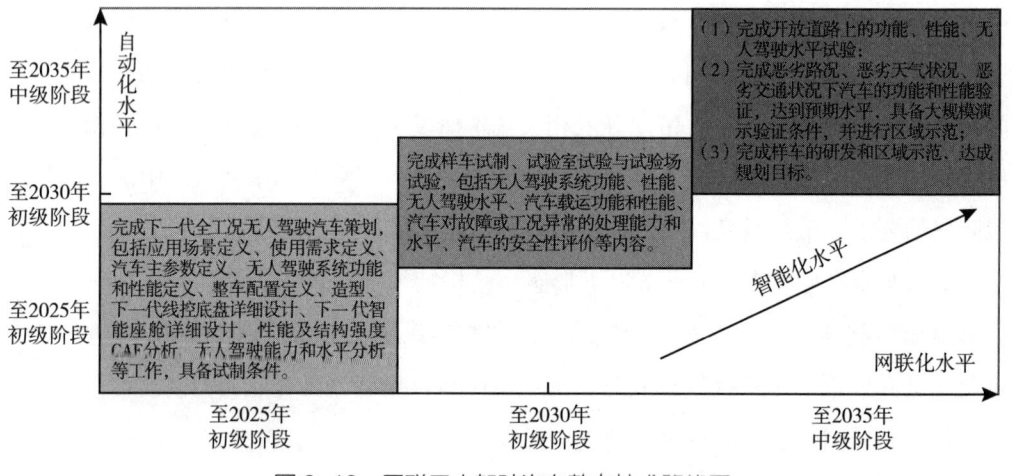

图 3-13　网联无人驾驶汽车整车技术路线图

表 3-18　网联无人驾驶汽车整车技术发展路线

发展阶段	技术内容
初级阶段 （至 2025 年）	完成下一代全工况无人驾驶汽车策划，包括应用场景定义、使用需求定义、汽车主参数定义、无人驾驶系统功能和性能定义、整车配置定义、造型、下一代线控底盘详细设计、下一代智能座舱详细设计、性能及结构强度 CAE 分析、无人驾驶能力和水平分析等工作，具备试制条件
初级阶段 （至 2030 年）	完成样车试制、试验室试验与试验场试验，包括无人驾驶系统功能、性能、无人驾驶水平、汽车载运功能和性能、汽车对故障或工况异常的处理能力和水平、汽车的安全性评价等内容

续表

发展阶段	技术内容
中级阶段 （至2035年）	（1）完成开放道路上的功能、性能、无人驾驶水平试验； （2）完成恶劣路况、恶劣天气状况、恶劣交通状况下汽车的功能和性能验证，达到预期水平，具备大规模演示验证条件，并进行区域示范； （3）完成样车的研发和区域示范，达成规划目标

3.3.2.10 新一代智能网联汽车标准法规体系

以新型架构车载关键系统关键标准、信息交互关键技术标准、智能化基础设施关键技术标准、基础支撑关键技术标准为标准分类骨架开展研究，进一步细分到不同领域，分别从建设目标、标准制修订具体工作、标准应用示范等方面提出面向四智融合的新一代智能网联汽车标准法规体系总体发展目标。

一是加快开展智能网联汽车准入和上路通行试点，推动产品管理和道路交通管理相关法律法规在地方上的先行先试，形成可复制可推广的试行经验，为我国准入管理和道路交通管理实施办法的正式制定奠定基础。为保障智能网联汽车数据安全，制定智能网联汽车数据分类分级指南和管理细则、智能网联汽车数据安全风险评估、数据安全合规性评估和数据出境安全评估的实施流程和评估方法等文件，从而规范数据处理活动。对于无人配送车等新型车辆的身份问题，首先，需要厘清无人配送车等新型车辆的法律属性，明确无人配送车在我国交通体系中的定位；其次，应明确无人配送车等新型车辆产品管理、道路路权、上路牌照获取、商业运营资质、保险等管理方式，最后建立产品认证体系，引导和规范无人配送车。

二是全面形成适用于各类型智能汽车的量产需求的技术先进、结构合理、内容完善的基于四智融合的中国新一代智能网联汽车技术标准体系，重点制定新型架构车载关键系统、中国典型工况测试场景、智能网联汽车基础地图、云控基础平台、安全防护与安全管理、智能化基础设施等技术标准和规范，以及"人-车-路-云"系统协同的专用通信与网络、服务与控制等相关规范，并对标准体系实施整体评估与优化研究工作，最后根据研究结果启动相关标准的制定工作。

三是建立完备的车路云一体化智能网联汽车管理体系，完成《道路交通安全法》及实施条例、《道路运输条例》、《机动车交通事故责任强制保险条例》、地理测试、网络安全和数据安全等相关法规等的修订，全面支持L3、L4级智能网联汽车大规模上路和商业化应用。建立可覆盖智能网联汽车发展的全部过程并满足产业产品设计、准入认证、在用车管理等车辆全生命周期需求的标准体系，最终目标是实现高级别自动驾驶功能的全面普及，推动构建 4S 跨界融合的智能网联汽车产业生态体系，显著提升国际竞争力，助力构建安全、高效、绿色、文明的未来智能汽车社会。

基于四智融合的中国新一代智能网联汽车标准法规体系建设目标，在国家法律法规、政策和战略要求的大框架下，需要坚持"立足国情，统筹规划；基础共性，前瞻引领；协同发展，开放合作"的基本原则，充分利用和整合各领域、各部门在智能网联汽车相关产业标准研究领域的基础和成果，最终形成跨领域、跨行业、跨部门合作的工作机制。与此同时，根据智能网联汽车技术体系的构建方法与基于四智融合的标准法规需求，标准法规体系框架被定义为"新型架构车载关键系统""信息交互""智能化基础设施""基础支撑"四个部分。其中，"信息交互"部分又可分为"专用通信与网络标准""协同标准"；"基础设施"部分又可细分为"路侧基础设施标准""云控基础平台标准""基础地图标准"；"基础支撑"部分又可细分为"安全防护与安全管理标准""测试场景标准"。

1）新型架构车载关键系统标准包涵基于智能网联汽车特征的电子电气架构设计、人机交互界面设计以及计算平台技术相关标准。其中，新型电子电气架构包含新型车载高速网络相关协议、接口、应用类标准；人机交互着重考虑驾驶模式切换和其他交通参与者信息传达交互等问题，与驾驶安全密切相关；计算平台是指包括芯片、模组、接口等硬件以及驱动程序、操作系统、基础应用程序等软件，能够保障智能网联汽车感知、决策、规划、控制的高速可靠运行的新一代车载中央计算单元。

2）信息交互是指具备了网联功能的车辆可利用自身传感器探测以及车载通信装置与外部节点进行信息交换，并进行网联化协同决策与控制，最终实现车辆安全、有序、高效、节能运行。信息交互包括"专用通信与网络"和"车路协同"两部分。其中，专用通信与网络涵盖 LTE-V2X 及 5G-V2X 无线通信技术专用通信芯片与模块、应用层（具体功能场景）、数据集、通信终端等相关标准；车路协同包括行驶环境/路网环境协同感知、协同定位、协同预警、协同决策、协同控制等旨在提高交通安全和效率的服务与控制相关标准。

3）智能化基础设施分为"路侧基础设施""云控基础平台"和"高精动态基础地图"等三部分。其中，路侧基础设施标准涵盖视觉、毫米波雷达、激光雷达等路侧多感知设备、交通智能化基础设施与交通管理设施等的相关技术要求与测试方法；云控基础平台标准涵盖平台架构、界面接口，服务与管理系统技术要求，以及车－路－云数据交互协议等相关标准；高精动态基础地图主要建立完善包含中国路网信息的地理信息系统，提供实时动态数据服务的面向智能网联汽车的自动驾驶地图以及高精度定位及时空服务相关标准。

4）基础支撑分为"安全防护与安全管理"和"测试场景"两部分。其中，安全防护与安全管理主要包括支撑智能网联汽车信息安全产业链的汽车电子产品、汽车信息系统、通信网络传输、云端平台与基础设施等方面提出风险评估、安全防护与测试评价要求以及交通安全管理相关的车辆登记管理、身份认证与安全、运行管理等相关标准。测试场景主要构建体现中国区域特征、交通特征、驾驶员行为习惯的测试场景库的相关标准。

面向四智融合的新一代智能网联汽车标准法规总体目标以及新型架构车载关键系统关键标准、信息交互关键标准、智能化基础设施关键标准、基础支撑关键标准的技术路线分别如图 3-14、表 3-19 所示。

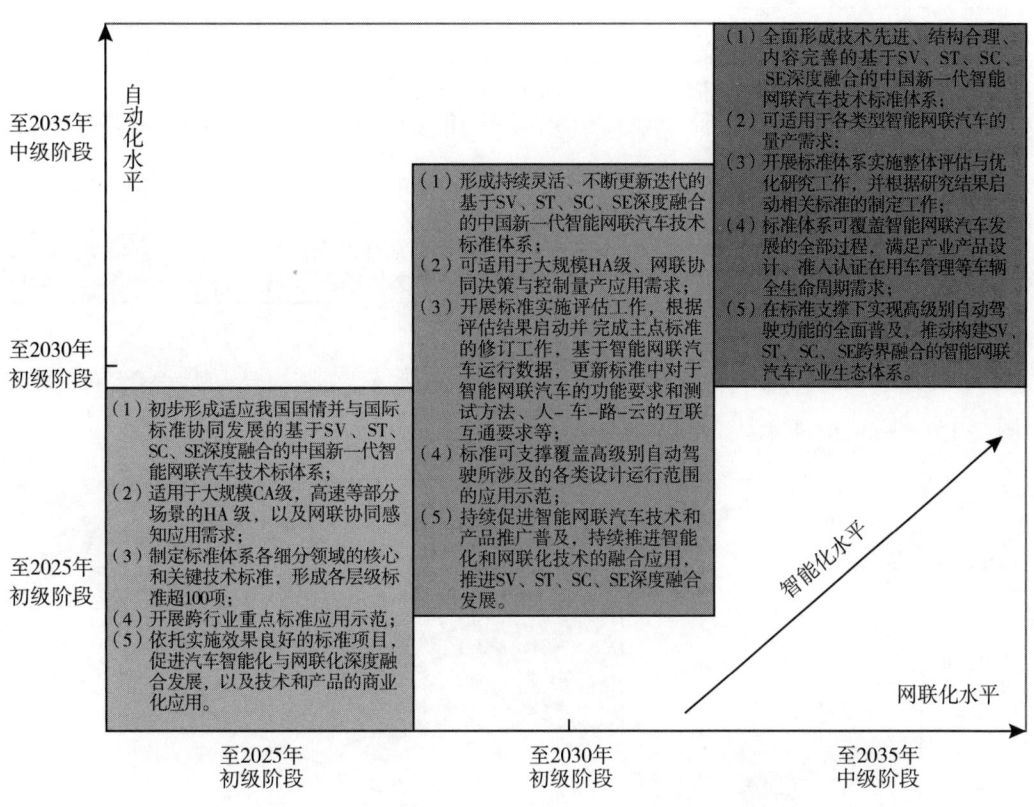

图 3-14　四智融合发展标准法规总体目标技术路线图

表 3-19　四智融合发展标准法规总体发展路线

发展阶段	技术内容
初级阶段 （至 2025 年）	（1）初步形成适应我国国情并与国际标准协同发展的基于 SV、ST、SC、SE 深度融合的中国新一代智能网联汽车技术标体系； （2）适用于大规模 CA 级，高速等部分场景的 HA 级，以及网联协同感知应用需求； （3）制定标准体系各细分领域的核心和关键技术标准，形成各层级标准超 100 项； （4）开展跨行业重点标准应用示范； （5）依托实施效果良好的标准项目，促进汽车智能化与网联化深度融合发展，以及技术和产品的商业化应用
初级阶段 （至 2030 年）	（1）形成持续灵活、不断更新迭代的基于 SV、ST、SC、SE 深度融合的中国新一代智能网联汽车技术标准体系； （2）可适用于大规模 HA 级、网联协同决策与控制量产应用需求； （3）开展标准实施评估工作，根据评估结果启动并完成主点标准的修订工作，基于智能网联汽车运行数据，更新标准中对于智能网联汽车的功能要求和测试方法、人－车－路－云的互联互通要求等； （4）标准可支撑覆盖高级别自动驾驶所涉及的各类设计运行范围的应用示范； （5）持续促进智能网联汽车技术和产品推广普及，持续推进智能化和网联化技术的融合应用，推进 SV、ST、SC、SE 深度融合发展
中级阶段 （至 2035 年）	（1）全面形成技术先进、结构合理、内容完善的基于 SV、ST、SC、SE 深度融合的中国新一代智能网联汽车技术标准体系； （2）可适用于各类型智能网联汽车的量产需求； （3）开展标准体系实施整体评估与优化研究工作，并根据研究结果启动相关标准的制定工作； （4）标准体系可覆盖智能网联汽车发展的全部过程，满足产业产品设计、准入认证在用车管理等车辆全生命周期需求； （5）在标准支撑下实现高级别自动驾驶功能的全面普及，推动构建 SV、ST、SC、SE 跨界融合的智能网联汽车产业生态体系

面向四智融合的新一代智能网联汽车新型架构车载关键系统关键标准技术路线如图 3-15、表 3-20 所示。

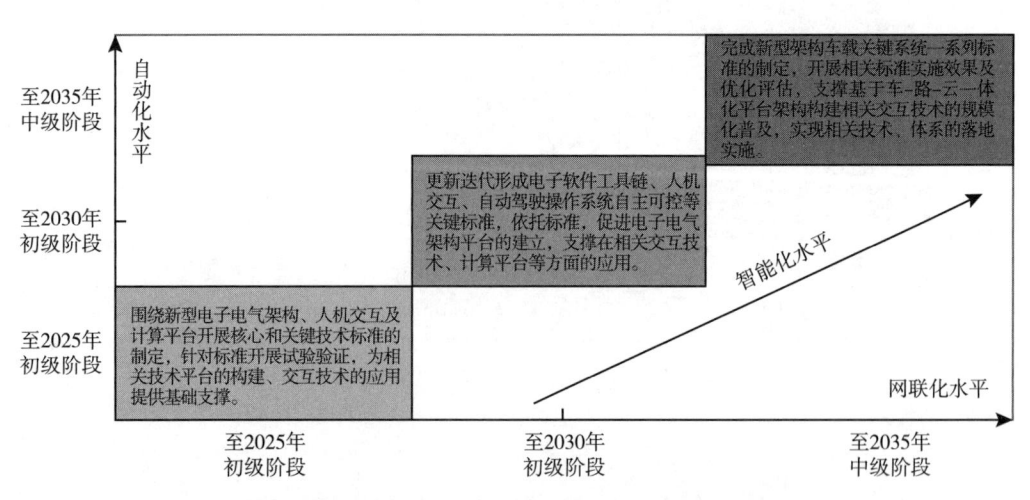

图 3-15　新型架构车载关键系统关键标准技术路线图

表 3-20　新型架构车载关键系统关键标准发展路线

发展阶段	技术内容
初级阶段（至 2025 年）	围绕新型电子电气架构、人机交互及计算平台开展核心和关键技术标准的制定，针对标准开展试验验证，为相关技术平台的构建、交互技术的应用提供基础支撑
初级阶段（至 2030 年）	更新迭代形成电子软件工具链、人机交互、自动驾驶操作系统自主可控等关键标准，依托标准，促进电子电气架构平台的建立，支撑在相关交互技术、计算平台等方面的应用
中级阶段（至 2035 年）	完成新型架构车载关键系统一系列标准的制定，开展相关标准实施效果及优化评估，支撑基于车－路－云一体化平台架构构建相关交互技术的规模化普及，实现相关技术、体系的落地实施

面向四智融合的新一代智能网联汽车信息交互关键标准技术路线如图 3-16、表 3-21 所示。

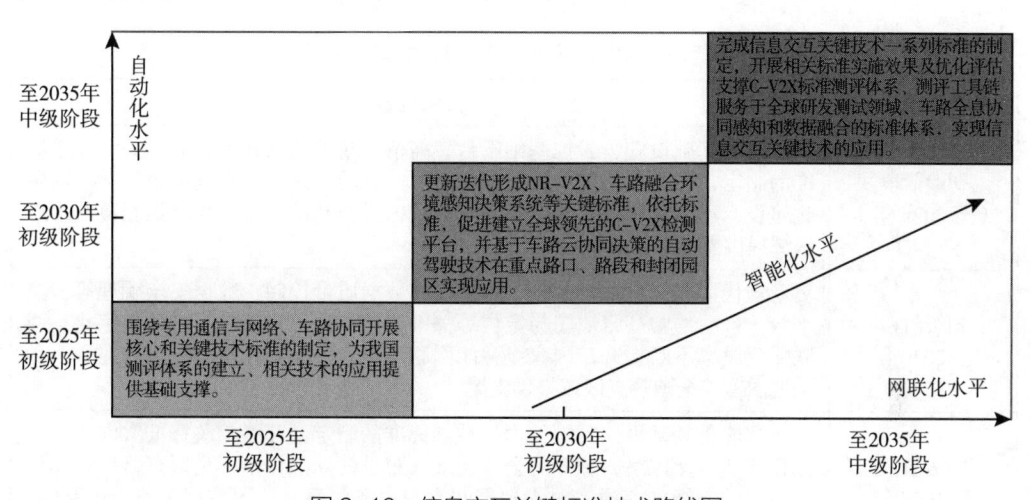

图 3-16　信息交互关键标准技术路线图

表 3-21　信息交互关键标准技术发展路线

发展阶段	技术内容
初级阶段（至 2025 年）	围绕专用通信与网络、车路协同开展核心和关键技术标准的制定，为我国测评体系的建立、相关技术的应用提供基础支撑
初级阶段（至 2030 年）	更新迭代形成 NR-V2X、车路融合环境感知决策系统等关键标准，依托标准，促进建立全球领先的 C-V2X 检测平台，并基于车路云协同决策的自动驾驶技术在重点路口、路段和封闭园区实现应用
中级阶段（至 2035 年）	完成信息交互关键技术一系列标准的制定，开展相关标准实施效果及优化评估支撑 C-V2X 标准测评体系、测评工具链服务于全球研发测试领域、车路全息协同感知和数据融合的标准体系，实现信息交互关键技术的应用

面向四智融合的新一代智能网联汽车智能化基础设施关键标准技术路线如图 3-17、表 3-22 所示。

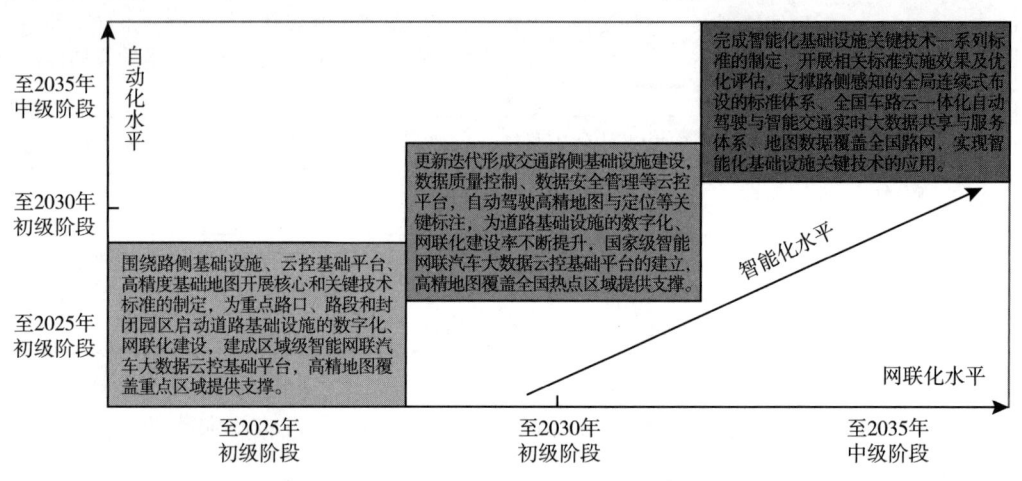

图 3-17 智能化基础设施关键标准技术路线图

表 3-22 智能化基础设施关键标准发展路线

发展阶段	技术内容
初级阶段（至 2025 年）	围绕路侧基础设施、云控基础平台、高精度基础地图开展核心和关键技术标准的制定，为重点路口、路段和封闭园区启动道路基础设施的数字化、网联化建设，建成区域级智能网联汽车大数据云控基础平台，高精地图覆盖重点区域提供支撑
初级阶段（至 2030 年）	更新迭代形成交通路侧基础设施建设，数据质量控制、数据安全管理等云控平台，自动驾驶高精地图与定位等关键标注，为道路基础设施的数字化、网联化建设率不断提升，国家级智能网联汽车大数据云控基础平台的建立，高精地图覆盖全国热点区域提供支撑
中级阶段（至 2035 年）	完成智能化基础设施关键技术一系列标准的制定，开展相关标准实施效果及优化评估，支撑路侧感知的全局连续式布设的标准体系、全国车路云一体化自动驾驶与智能交通实时大数据共享与服务体系、地图数据覆盖全国路网，实现智能化基础设施关键技术的应用

面向四智融合的新一代智能网联汽车基础支撑关键标准技术路线如表 3-23、图 3-18 所示。

表 3-23 基础支撑关键标准发展路线

发展阶段	技术内容
初级阶段（至 2025 年）	围绕安全防护与安全管理、测试场景开展核心和关键技术标准的制定，为构建智能网联汽车信息安全基础防护体系，车车、车路、车人、车云安全通信及车联网专有中心云/边缘云的安全防护，SV、ST、SC、SE 融合发展的中国典型驾驶场景数据库提供支撑

续表

发展阶段	技术内容
初级阶段（至2030年）	更新迭代形智能网联汽车信息安全产业链的汽车电子产品、汽车信息系统、通信网络传输、云端平台与基础设施等风险评估、安全防护与测试评价相关标准体系，模拟仿真测试、封闭场地测试、开放道路测试等相关标准体系，依托标准，支撑相关技术、体系的落地实施
中级阶段（至2035年）	完成基础支撑关键技术一系列标准的制定，开展相关标准实施效果及优化评估，支撑在智能网联汽车信息安全防护体系的全面落地实施，中国交通环境下 MILHIL、VIL 测试评价全覆盖等方面实现关键技术的应用

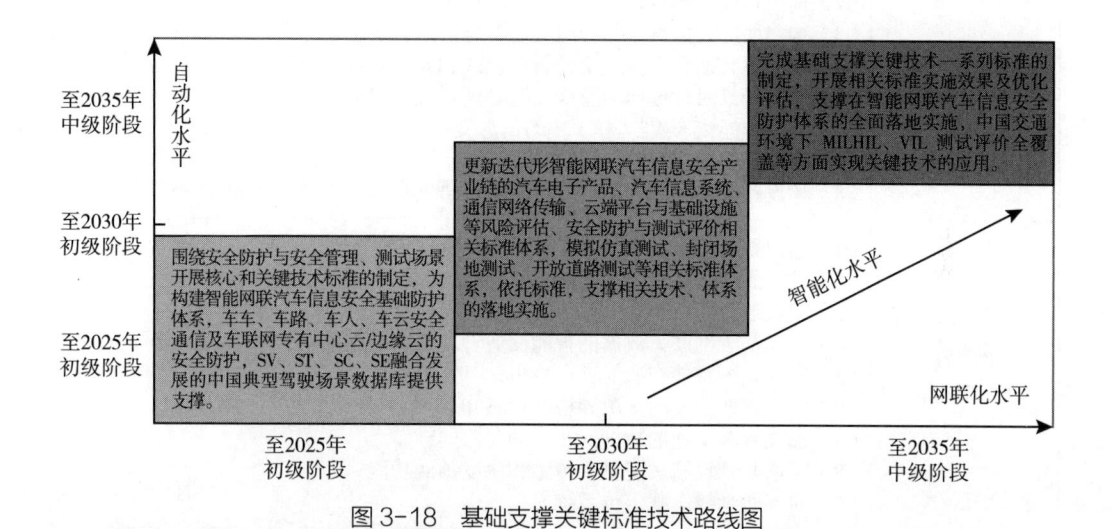

图 3-18 基础支撑关键标准技术路线图

3.4 面向四智融合的智能交通发展路线图

3.4.1 智能交通总体技术路线图

智能交通发展技术路线图旨在搭建完整的技术架构，涵盖智能汽车与车联网运行安全管理与服务、大数据为核心的智能交通管理体系框架，以及智能汽车、智能交通、基础设施融合发展技术和模式创新等重点方向。这一路线图的关键特点在于全面审视智能交通领域前沿技术的不断演进，对智能汽车和智能交通管理体系进行了全面梳理和更新，并考虑了与智慧城市、智慧能源等领域的融合。

总体而言，智能交通总体技术路线图着眼于构建以大数据为核心的智能交通管理体系框架作为关键技术骨架进行研究，兼顾了智能汽车与车联网的运行安全管理与服务、智能汽车与智能交通融合发展技术，详细分析了智能汽车全流程管理框架、混合通行条件下的交通管控模式和通行规则、城市交通数据大脑等管理体系框架建设的时间进度。在总体发展目标方面，智能交通总体技术路线图如表 3-24 所示。

表 3-24 智能交通总体发展路线

发展阶段	技术内容
初级阶段 （至 2025 年）	（1）确立我国智能交通总体发展战略； （2）提出智能汽车运行安全能力分级； （3）构建面向智能汽车与智能交通融合的运行安全与服务标准体系； （4）研究混合通行条件下交通管控模式和通行规则基础技术； （5）形成场景目标导向的智能交通管理系统逻辑框架； （6）实现智能汽车 V2V 和 V2I 的信息交互； （7）搭建计算感知协同平台； （8）建设路车融合无线通信支持网络，研发高精度定位系统和地图模型
初级阶段 （至 2030 年）	（1）构建智能汽车和车联网运行安全测试评价体系； （2）开展面向智能汽车与智能交通融合的车联网测试道路智能化改造； （3）突破混合通行条件下交通管控模式和通行规则关键技术； （4）形成基于网联大数据的智能交通管理系统物理框架； （5）实现我国智能交通的试点城市； （6）实现智能汽车的多源异构融合感知； （7）加强智能交通的数据泛在感知与协同； （8）交通基础设施实现复杂传感和深度预测功能； （9）实现厘米级车载定位系统
中级阶段 （至 2035 年）	（1）形成智能汽车全流程管理体系框架； （2）形成面向智能汽车与智能交通融合的车联网安全运行与服务商业模式； （3）完善混合通行条件下交通管控模式和通行规则法规标准； （4）形成城市交通"数据大脑"； （5）建设及应用标准体系框架； （6）实现交通基础设施高度网联化； （7）实现智能汽车的多源异构融合感知，实现完全自动驾驶

3.4.2 关键分领域技术路线图

3.4.2.1 智能汽车与车联网运行安全管理与服务

智能汽车与车联网运行安全管理与服务技术的关键在于构建智能汽车运行安全能力分级、运行安全与服务标准体系、安全测试评价体系、车路协同综合能力测试评价体系、安全测试认证等全流程管理体系，同时探索车联网规模化、商业化运营与服务的机制与模式，其发展技术路线如图 3-19、表 3-25 所示。

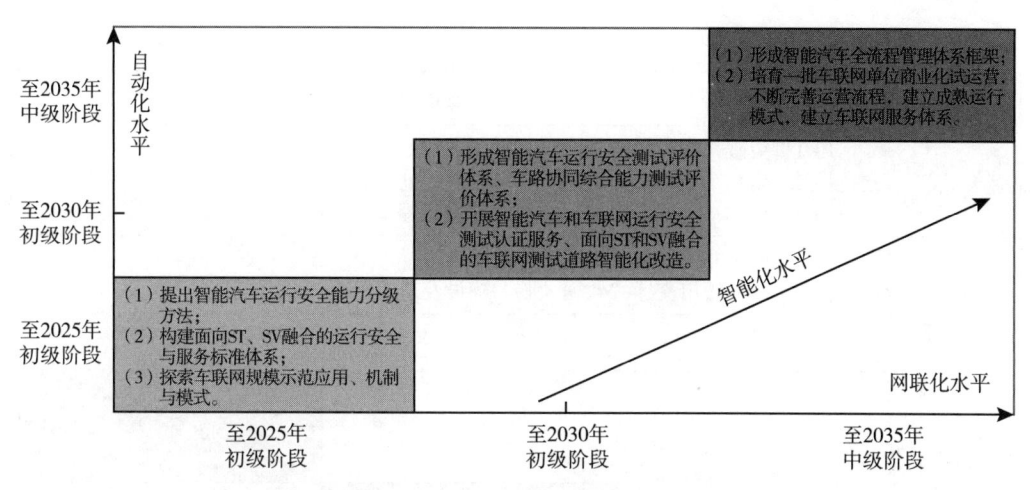

图 3-19 智能汽车与车联网运行安全管理与服务技术路线图

表 3-25 智能汽车与车联网运行安全管理与服务技术分阶段发展路线

发展阶段	技术内容
初级阶段 （至 2025 年）	（1）提出智能汽车运行安全能力分级方法； （2）构建面向 ST、SV 融合的运行安全与服务标准体系； （3）探索车联网规模示范应用、机制与模式
初级阶段 （至 2030 年）	（1）形成智能汽车运行安全测试评价体系、车路协同综合能力测试评价体系； （2）开展智能汽车和车联网运行安全测试认证服务、面向 ST 和 SV 融合的车联网测试道路智能化改造
中级阶段 （至 2035 年）	（1）形成智能汽车全流程管理体系框架； （2）培育一批车联网单位商业化试运营，不断完善运营流程，建立成熟运行模式，建立车联网服务体系

3.4.2.2 大数据为核心的智能交通管理体系框架

以大数据为核心的智能交通管理体系技术的重点是突破数据通信技术、路侧基础设施数字化技术、混合交通流协同驾驶技术，构建基于网联大数据的混合交通流管理系统框架等，其技术发展路线如表 3-26、图 3-20 所示。

表 3-26 大数据为核心的智能交通管理体系框架技术分阶段发展路线

发展阶段	技术内容
初级阶段 （至 2025 年）	（1）探索基于 5G 的数据通信技术应用； （2）研究路侧基础设施数字化技术以及混合通行驾驶机理特性； （3）提出场景目标导向的智能交通管理系统逻辑框架

续表

发展阶段	技术内容
初级阶段 （至 2030 年）	（1）突破普通车与智能汽车协同驾驶技术； （2）研究符合伦理的智能汽车事故避险处理； （3）构建基于网联大数据的智能交通管理系统物理框架
中级阶段 （至 2035 年）	（1）制定并完善相关交通法规标准； （2）形成城市交通"数据大脑"建设及应用标准体系框架

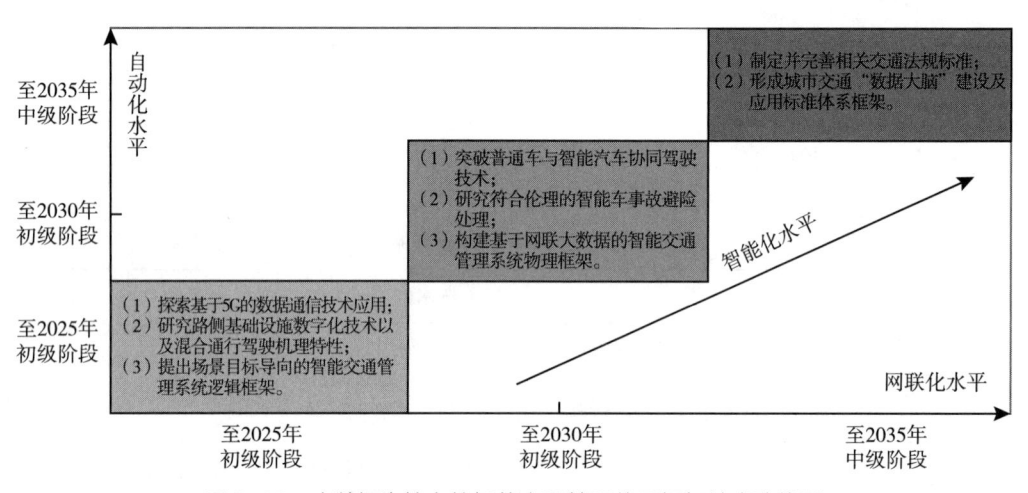

图 3-20　大数据为核心的智能交通管理体系框架技术路线图

3.4.2.3　融合感知技术

新一代区域智能交通系统获取车辆和道路运行状态参数方式从传统的断面传感，逐步向跨域全时的多维、多基自动采集转变，数据颗粒度也从断面、局部数据变为精准的全时空数据，逐步实现系统要素的可测性问题。因此，融合感知技术的重点是建立车、路、空多元协同感知能力，实现高覆盖范围的全域感知，其技术路线如表 3-27、图 3-21 所示。

表 3-27　感知技术分阶段发展路线

发展阶段	技术内容
初级阶段 （至 2025 年）	（1）拓宽智能交通系统感知维度； （2）利用多元传感数据融合技术提升自主环境感知精度，实现局部感知功能
初级阶段 （至 2030 年）	（1）实现智能车辆与路侧感知单元的融合； （2）增强定位效能，建立车基+路基的多域协同感知
中级阶段 （至 2035 年）	（1）通过车基、路基和空基协同感知提升全域感知能力； （2）建立多元传感数据融合架构，实现高覆盖范围的全域感知

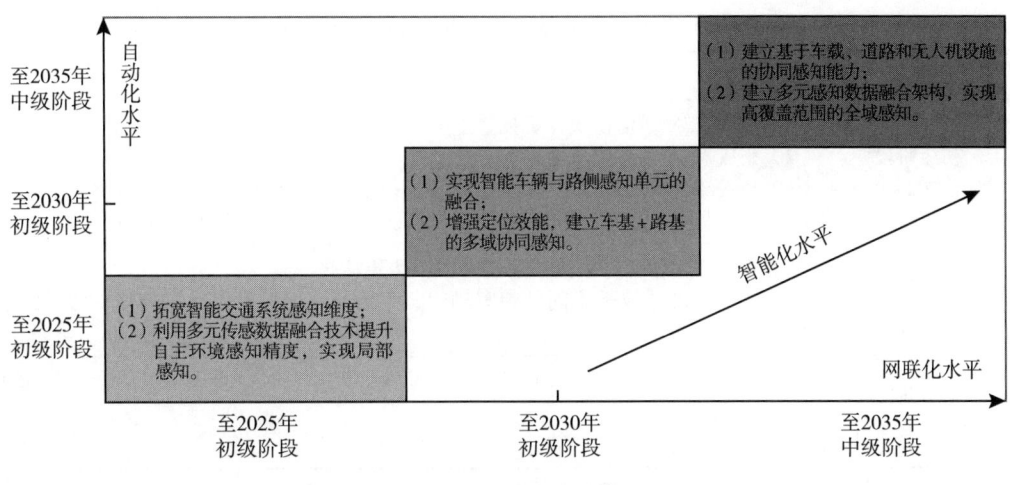

图 3-21 感知技术路线图

3.4.2.4 车路信息交互技术

车路信息交互技术目前与国际先进水平的主要差距体现在两个方面：一是 V2X 底层通信技术方面，如频谱分配、底层传输技术、通信标准体系、通信模块产品等；二是 V2X 应用方面，存在 V2X 应用层通信协议互操作性的数据信息标准缺乏、应用开发成熟度与实际应用经验不足等问题。未来推进发展的路径应主要从分配频谱、突破 V2X 通信传输层技术、标准制定、模块开发、测试认证、大规模示范性应用等方面着手。基于此，提出面向四智融合的车路信息交互技术路线如图 3-22、表 3-28 所示。

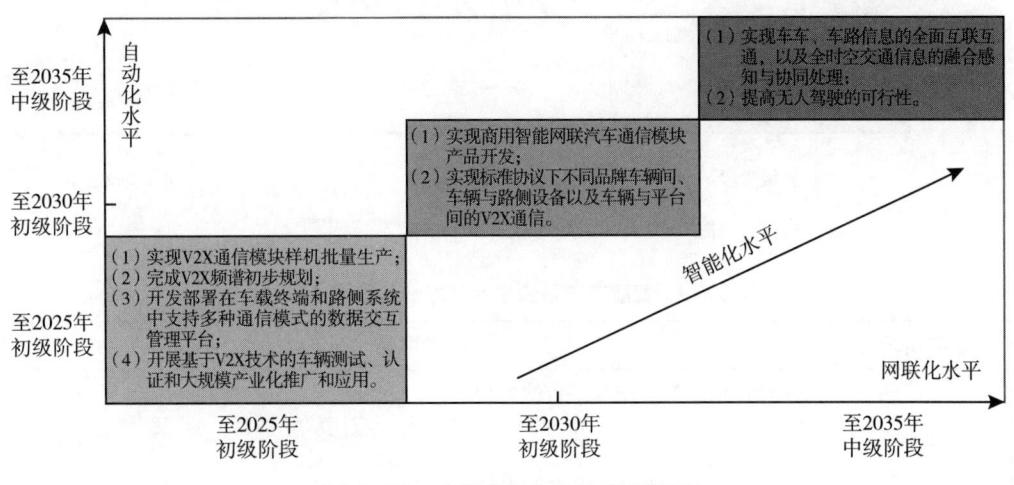

图 3-22 车路信息交互技术路线图

表 3-28 车路信息交互技术分阶段发展路线

发展阶段	技术内容
初级阶段（至 2025 年）	（1）实现 V2X 通信模块样机批量生产； （2）完成 V2X 频谱初步规划； （3）开发部署在车载终端和路侧系统中支持多种通信模式的数据交互管理平台； （4）开展基于 V2X 技术的车辆测试、认证和大规模产业化推广和应用
初级阶段（至 2030 年）	（1）实现商用智能网联汽车通信模块产品开发； （2）实现标准协议下不同品牌车辆间、车辆与路侧设备以及车辆与平台间的 V2X 通信
中级阶段（至 2035 年）	（1）实现车车、车路信息的全面互联互通，以及全时空交通信息的融合感知与协同处理； （2）提高无人驾驶的可行性

3.4.2.5 智能交通融合平台及应用技术

智能交通融合平台技术目前主要存在架构和标准化方面的差距。未来的发展方向应该集中在关键技术的研发，分级架构和标准的建设，以及推动各级平台规模化接入和运营服务。基于此，提出智能交通融合平台技术路线如图 3-23、表 3-29 所示。

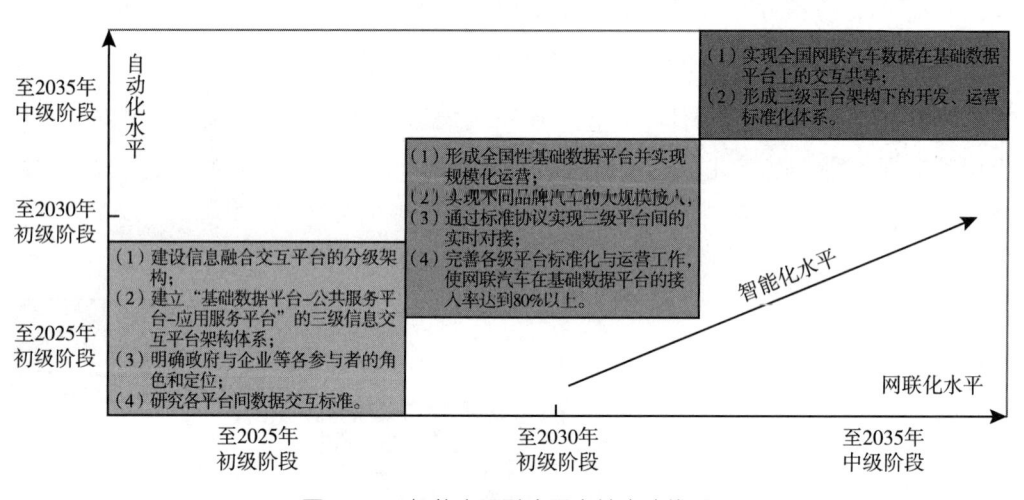

图 3-23 智能交通融合平台技术路线图

表 3-29 智能交通融合平台技术分阶段发展路线

发展阶段	技术内容
初级阶段（至 2025 年）	（1）建设信息融合交互平台的分级架构； （2）建立"基础数据平台－公共服务平台－应用服务平台"的三级信息交互平台架构体系； （3）明确政府与企业等各参与者的角色和定位； （4）研究各平台间数据交互标准

续表

发展阶段	技术内容
初级阶段 （至2030年）	（1）形成全国性基础数据平台并实现规模化运营； （2）实现不同品牌汽车的大规模接入； （3）通过标准协议实现三级平台间的实时对接； （4）完善各级平台标准化与运营工作，使网联汽车在基础数据平台的接入率达到80%以上
中级阶段 （至2035年）	（1）实现全国网联汽车数据在基础数据平台上的交互共享； （2）形成三级平台架构下的开发、运营标准化体系

智能交通融合应用技术与国外存在差距的焦点主要在于模型表达能力、虚拟仿真平台、信息交互接口的一致性、多车纵横向协同控制与决策框架、多车协同控制方法的稳定性、鲁棒性和可延展性等方面的不足。为了弥补这些缺陷，建议进行以下工作：建立智能网联汽车多车系统的动力学机理和协同控制架构，研发统一架构下的多车协同决策与控制方法，以及进行通信拓扑结构与编队几何构型优化以及在非理想信息环境下协同控制特性的解析，这些举措将推动车路协同应用技术的发展。基于此，提出智能交通融合应用技术路线如图3-24、表3-30所示。

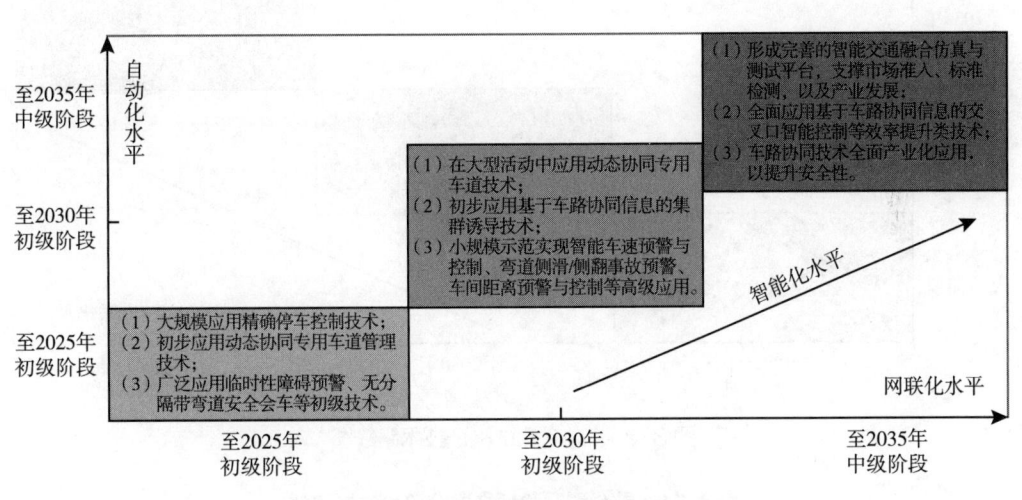

图3-24 智能交通融合应用技术路线图

表3-30 智能交通融合应用技术分阶段发展路线

发展阶段	技术内容
初级阶段 （至2025年）	（1）大规模应用精确停车控制技术； （2）初步应用动态协同专用车道管理技术； （3）广泛应用临时性障碍预警、无分隔带弯道安全会车等初级技术

续表

发展阶段	技术内容
初级阶段 （至 2030 年）	（1）在大型活动中应用动态协同专用车道技术； （2）初步应用基于车路协同信息的集群诱导技术； （3）小规模示范实现智能车速预警与控制、弯道侧滑/侧翻事故预警、车间距离预警与控制等高级应用
中级阶段 （至 2035 年）	（1）形成完善的智能交通融合仿真与测试平台，支撑市场准入、标准检测，以及产业发展； （2）全面应用基于车路协同信息的交叉口智能控制等效率提升类技术； （3）车路协同技术全面产业化应用，以提升安全性

3.4.2.6 融合测试验证技术

测试验证技术的主要差距集中在软件仿真、半实物仿真技术以及试验场能力方面。为了弥补这些差距，建议进行以下工作：推动仿真与测试技术的突破和环境初步搭建，提升测试能力，实现多种测试方法的融合发展，以及建立完善的车路协同仿真与测试平台。基于此，提出面向四智融合的智能交通测试验证技术路线如图 3-25、表 3-31 所示。

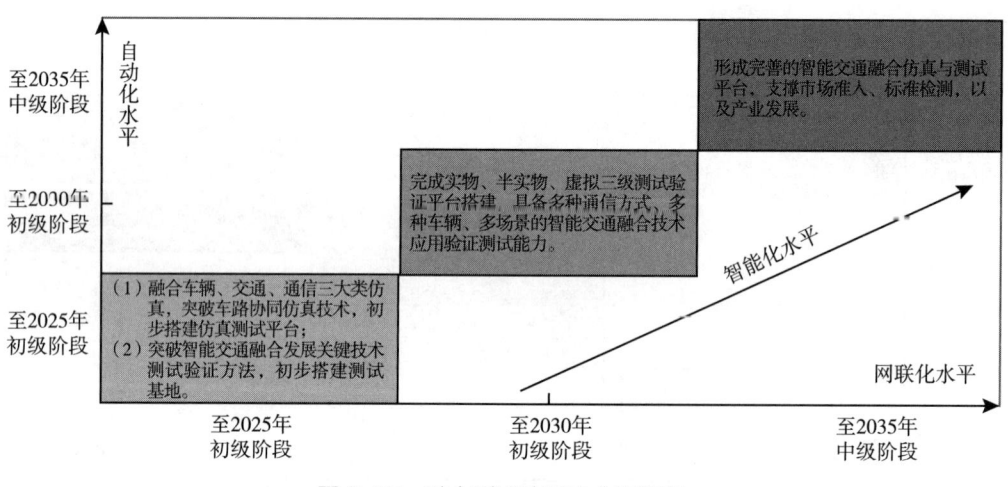

图 3-25 融合测试验证技术路线图

表 3-31 融合测试验证技术分阶段发展路线

发展阶段	技术内容
初级阶段 （至 2025 年）	（1）融合车辆、交通、通信三大类仿真，突破车路协同仿真技术，初步搭建仿真测试平台； （2）突破智能交通融合发展关键技术测试验证方法，初步搭建测试基地
初级阶段 （至 2030 年）	完成实物、半实物、虚拟三级测试验证平台搭建，具备多种通信方式、多种车辆、多场景的智能交通融合技术应用验证测试能力

续表

发展阶段	技术内容
中级阶段 （至 2035 年）	形成完善的智能交通融合仿真与测试平台，支撑市场准入、标准检测，以及产业发展

3.4.2.7 信息安全技术

信息安全技术存在于技术标准、安全模型建立、生命周期信息安全防护体系以及安全漏洞组织建立等方面，与先进水平存在差距。为了缩小这些差距，可采取以下实施路径：推动关键技术的研发与应用，制定相应的规范，以及完善信息安全体系认证，这些举措有助于提升信息安全技术水平。基于此，提出面向四智融合的智能交通信息安全技术路线如图 3-26、表 3-32 所示。

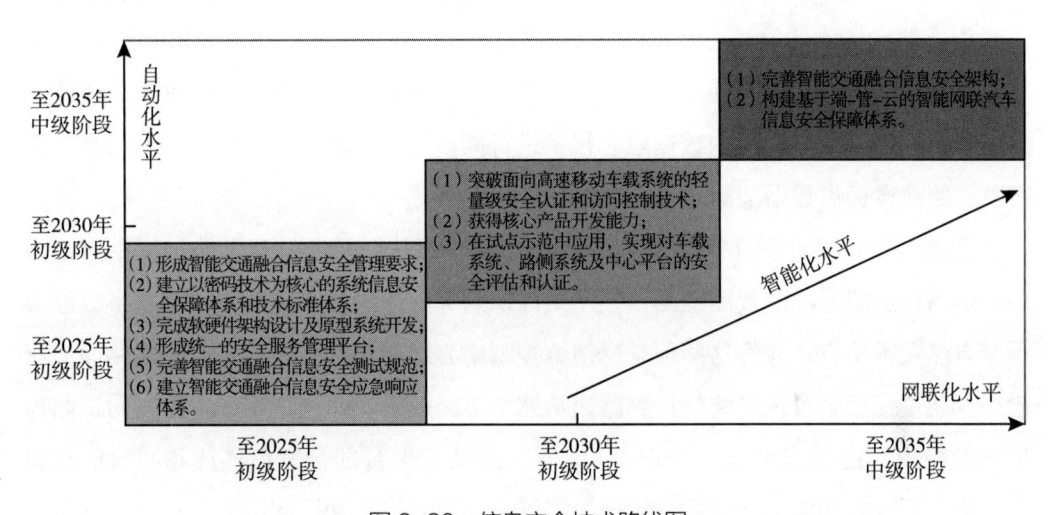

图 3-26 信息安全技术路线图

表 3-32 信息安全技术分阶段发展路线

发展阶段	技术内容
初级阶段 （至 2025 年）	（1）形成智能交通融合信息安全管理要求； （2）建立以密码技术为核心的系统信息安全保障体系和技术标准体系； （3）完成软硬件架构设计及原型系统开发； （4）形成统一的安全服务管理平台； （5）完善智能交通融合信息安全测试规范； （6）建立智能交通融合信息安全应急响应体系
初级阶段 （至 2030 年）	（1）突破面向高速移动车载系统的轻量级安全认证和访问控制技术； （2）获得核心产品开发能力； （3）在试点示范中应用，实现对车载系统、路侧系统及中心平台的安全评估和认证

续表

发展阶段	技术内容
中级阶段 （至2035年）	（1）完善智能交通融合信息安全架构； （2）构建基于端－管－云的智能网联汽车信息安全保障体系

3.4.2.8 智慧道路体系化建设技术

面向四智融合发展的智慧道路体系化建设需要突破基于5G和AI融合的车路协同智能交通综合感知技术、车路协同技术、云边计算技术、新型充电技术等核心技术。

（1）基于5G和AI融合的车路协同智能交通综合感知技术

在智慧道路建设中，对道路信息的全面而清晰的掌握至关重要。数据采集是整个智慧道路系统的基础，根据数据标准体系的要求，收集各类基础数据。通过智能摄像头、传感器、探测器等设备，并应用障碍物识别、场景感知以及安全模型建立等AI算法，对交通数据进行预处理，有选择地采集重要信息。借助物联网技术实现道路信息的获取，并利用多源异构数据融合技术进行同步处理，保存动态实时路网信息，为智慧道路建设提供数据基础。

关键技术主要包括车辆在复杂环境下的自动驾驶以及通过智慧路桩提供定位服务；对高速道路路况的智能检测，使用图像识别算法来探测道路障碍、交通事故以及预警自然灾害信息，并将这些信息反馈给控制中心以便及时处理；进行道路路面健康检测，通过深度学习神经网络检测路边结冰、道路起雾、车道线损毁等，以向道路养护和管控中心提供实时信息。通过人、车、路及云平台的全方位连接和高效信息服务，构建新一代智能交通体系，实现协同管控、协同安全和协同服务，从而达到节省资源利用、减少环境污染、减少事故发生和改善交通管理的重要目标。

智慧道路信息采集中心通过与路网管理系统、桥梁管理系统、养护管理系统以及交通监控系统等业务系统进行对接，整合并汇总路网、桥梁、养护和交通监控等业务信息。通过大数据平台进行深度分析处理，并以图形化方式呈现道路管理者直观的道路运行情况。这为管理决策提供了有力支持，同时使对安全事件的发生具有预警功能。

（2）车路协同技术

智慧道路的特征在于充分融合新一代互联网技术，包括云计算、大数据、物联网和人工智能，以实现对道路的全面、实时、准确的感知，能够精准预测每段路、每辆车和每个结构物的现状以及发展趋势。为了实现这一目标，感知到的数据需要通过稳定、大带宽的道路通信专网进行传输。

在智慧道路的建设中，车路协同系统是一个关键支撑。该系统利用无线通信技术和网络技术，实现车辆与外界各要素之间的信息互联互通，构建智能交通系统。V2X标准应用场景如表 3-33 所示。

表 3-33 V2X 标准应用场景

分类	应用场景
V2V	前方碰撞警告、车辆失控警告、紧急车辆警告、紧急停车、协同自适应巡航控制、基站控制下的通信、预碰撞警告、非网络覆盖下的通信、错误驾驶警告、V2V 通信的信息安全
V2P	行人碰撞警告、道路安全警告、交通弱势群体安全应用
V2I	于路侧单元的通信体验、自动停车系统、曲线速度警告、基于路侧设施的道路安全服务、道路安全服务、紧急情况下的停车服务、排队警告
V2N	交通流量优化、交通车辆记录查询、提高交通车辆的精度、远程诊断和及时修复通知
V2X	漫游下的信息交换、混合交通管理、与外界通信的最低服务质量

车路协同系统通过车－车、车－人、车－路等方式实现信息共享。在这些共享过程中，低延时、大带宽的通信网络建设至关重要。在 V2X 场景中，尤其是对于自动驾驶和扩展传感器场景，时延要求最低可达 3ms；而在扩展传感器场景中，带宽速率最高要求可达 1Gbps。通过 5G 通信网络的建设，能够实现单载波达到 100MHz 的带宽，同时通过 8CA 载波聚合，实现高达 800MHz 的超高带宽。在 5G 时代，最大网络传输速率甚至可达 4.63Gbps/s，能够满足智慧公路对通信的高要求。

（3）云边计算技术

交通系统每天产生大量数据，单日采集的数据量可达 PB 级别，这些数据用于支持不同功能，如交通管控和自动驾驶等。为满足不同功能在计算效率和能力等方面的需求，应对数据进行分层级的计算处理，其中包括云计算和边缘计算。

在智慧道路建设的背景下，采用以"云－边－端"为架构设计，构建以车路协同为基础的整体框架，以更好地实现特殊车辆如小汽车和公交车等的车路协同应用。该架构以多功能智能杆中的边缘计算网关为中心节点，在"边"侧实现设备的广泛互联，实现网关与设备、网关与网关、网关与信号机、网关与平台、网关与车载设备之间的双向互联，以实现全覆盖、低时延和广连接的建设目标，形成信息快速感知、分析和流转。同时，在以平台为主的"云"侧与"边"进行协同处理，进行数据大规模集散和应用调度；在"端"侧实现与"边"业务数据的双向联动。

对于云计算，它是通过互联网提供计算资源和应用程序服务的模式，主要用于处理非时效性数据，如为智能交通系统提供存储和管理庞大数据集的能力；提供智能化的数据分析，包括数据挖掘和机器学习模型训练所需的计算能力，有助于获得交通流量、拥堵状况、出行模式和出行这需求等信息；可帮助交通系统进行规划和预测，例如城市规划、交通安全和枢纽站点的优化等；执行大量的优化算法，包括路线规划、定价策略和交通信号灯优化等。

对于边缘计算，一般通过在路侧搭建边缘计算设备，将部分数据在边缘直接处理，从而减少数据流量和延迟，并提供更快速和安全的服务，如更快速、更实时地识别交通事件和发生的事故；降低对云计算的大量依赖；降低数据的传输延迟和网络拥堵，从而提供更快速和高效的通信体验；另外，边缘计算能够实现完全本地数据处理，将传感器数据加密，只有在必要时才传输数据。这样可以使得大量隐私数据不再集中存在云计算服务器上，因此边缘计算可以提高交通服务的安全性和隐私保护性。

高效而合理地分配云边计算资源是提高智能交通系统效率的基础。针对不同的交通系统场景，可以利用一系列优化算法和技术，以确定是使用边缘计算、云计算，还是二者结合的方式，以提高系统性能和可靠性。在做出决策时，必须充分考虑网络传输时延、响应速度、隐私安全、计算成本等因素。

（4）新型充电技术

为了实现车辆的快速充电需求，智能充电桩除需要高效率的充电功能外，还必须具备智能性。在实现硬件框架设计时，智能充电桩的硬件系统主要由以下设备组成：中央主控板、IC读卡器、检测芯片、显示电表、显示屏、键盘以及通信模块等。

就系统层面来看，其核心是主控板，在充电过程中启动、运行、实时监控以后关闭。从主控板的具体工作来看，其能够通过多种的数据传输方式实现数据向后台的传输。IC读卡器以及检测芯片的主要作用是进行用户认证。至于其他的如显示电表、显示屏等设备，主要的作用是进行监测结果的显示。简单来讲，智能充电桩在实际应用的过程中，硬件系统发挥着重要的作用，所以对硬件系统的具体设备、设备的性能和参数等进行分析和讨论，保证系统的完整性具有非常重要的价值。

不论是传统的充电技术还是新型的智能充电桩，都需要电动无人驾驶车辆停车之后进行电力的补充，并且要耗费一定的时间，如果能将无线充电技术应用到电动汽车的充电领域，可以实现在车辆不停的情况下就完成充电过程，这对于充电时间的节省将会意义重大，满足车辆对于快速、高效充电方式的需求。

电动汽车在进行无线充电时，不需要通过插座内的接口来传输电能。其充电原理类似于变压器，利用电磁场作为媒介，将一次线圈安置于车辆外部，而将二次线圈置于车辆内部，通过高频磁场的耦合来传输电能。这种充电设备可以被放置在特定的路段或者特定的道路旁边。当电动汽车电量较低时，只需驶过这段道路，即可完成充电，无须停车，节省时间，满足智能共享出行对效率的需求。

基于上述分析，面向四智融合发展的智慧道路体系化建设技术路线如图3-27、表3-34所示。

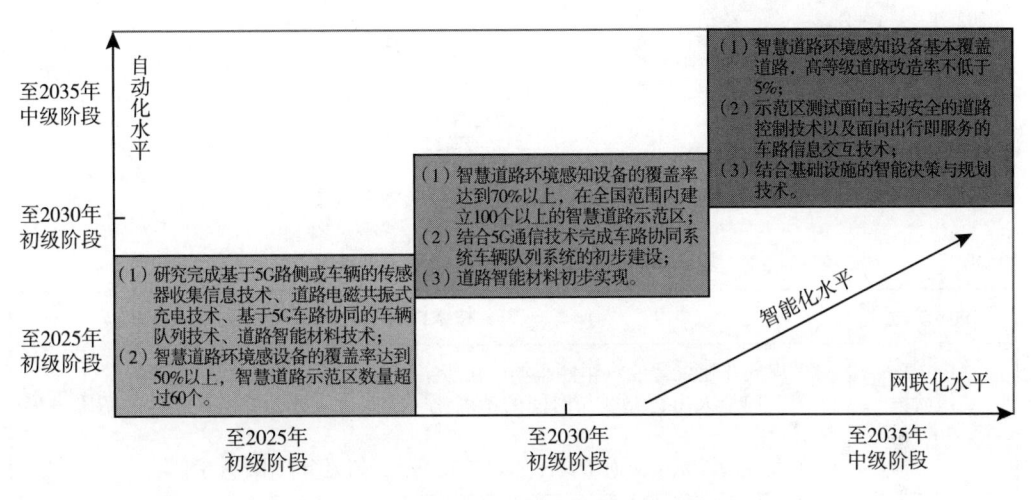

图 3-27 智慧道路体系化建设技术路线图

表 3-34 智慧道路体系化建设技术分阶段发展路线

发展阶段	技术内容
初级阶段（至2025年）	（1）研究完成基于5G路侧或车辆的传感器收集信息技术、道路电磁共振式充电技术、基于5G车路协同的车辆队列技术、道路智能材料技术； （2）智慧道路环境感设备的覆盖率达到50%以上，智慧道路示范区数量超过60个
初级阶段（至2030年）	（1）智慧道路环境感知设备的覆盖率达到70%以上，在全国范围内建立100个以上的智慧道路示范区； （2）结合5G通信技术完成车路协同系统车辆队列系统的初步建设； （3）道路智能材料初步实现
中级阶段（至2035年）	（1）智慧道路环境感知设备基本覆盖道路，高等级道路改造率不低于5%； （2）示范区测试面向主动安全的道路控制技术以及面向出行即服务的车路信息交互技术； （3）结合基础设施的智能决策与规划技术

3.4.2.9 交通模式创新

（1）个人出行模式创新

四智融合下的个人出行模式向精确化、定制化、立体化、共享化方向发展，其技术路线如图 3-28、表 3-35 所示。

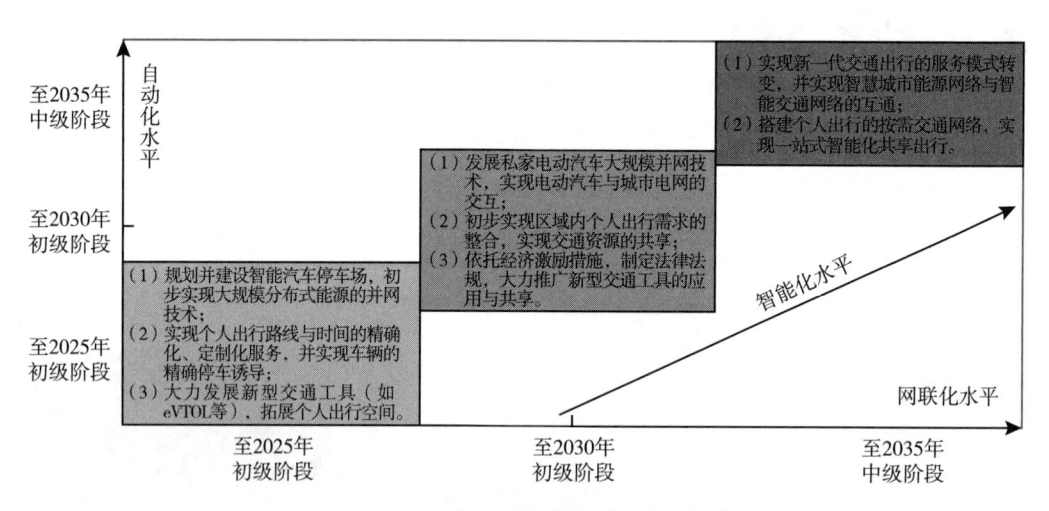

图 3-28 个人出行模式发展技术路线图

表 3-35 个人出行模式分阶段发展路线

发展阶段	技术内容
初级阶段 （至 2025 年）	（1）规划并建设智能汽车停车场，初步实现大规模分布式能源的并网技术； （2）实现个人出行路线与时间的精确化、定制化服务，并实现车辆的精确停车诱导； （3）大力发展新型交通工具（如 eVTOL 等），拓展个人出行空间
初级阶段 （至 2030 年）	（1）发展私家电动汽车大规模并网技术，实现电动汽车与城市电网的交互； （2）初步实现区域内个人出行需求的整合，实现交通资源的共享； （3）依托经济激励措施，制定法律法规，大力推广新型交通工具的应用与共享
中级阶段 （至 2035 年）	（1）实现新一代交通出行的服务模式转变，并实现智慧城市能源网络与智能交通网络的互通； （2）搭建个人出行的按需交通网络，实现一站式智能化共享出行

（2）城市交通模式创新

城市交通服务与供给模式向低碳化、多样化、便利化方向发展，其技术路线如图 3-29、表 3-36 所示。

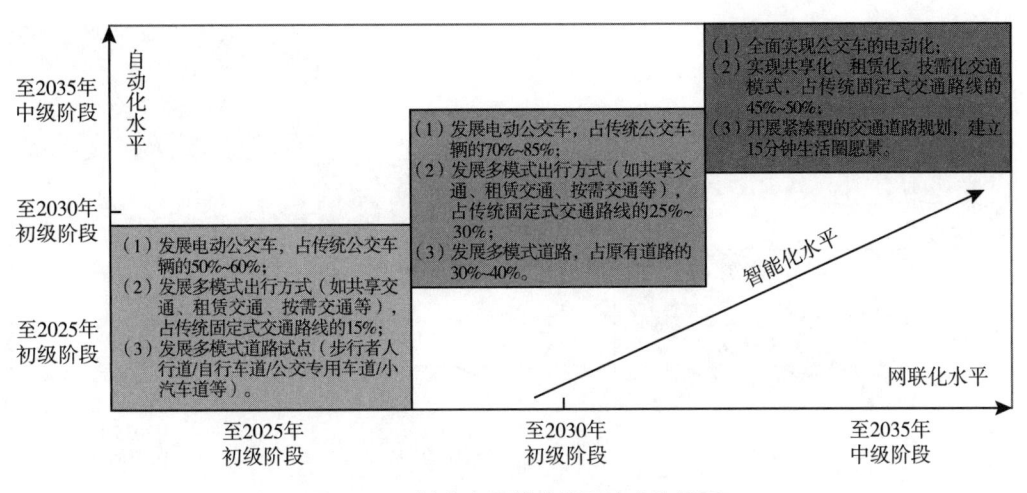

图 3-29 城市交通模式发展技术路线图

表 3-36 城市交通模式分阶段发展路线

发展阶段	技术内容
初级阶段 （至 2025 年）	（1）发展电动公交车，占传统公交车辆的 50%~60%； （2）发展多模式出行方式（如共享交通、租赁交通、按需交通等），占传统固定式交通路线的 15%； （3）发展多模式道路试点（步行者人行道/自行车道/公交专用车道/小汽车道等）
初级阶段 （至 2030 年）	（1）发展电动公交车，占传统公交车辆的 70%~85%； （2）发展多模式出行方式（如共享交通、租赁交通、按需交通等），占传统固定式交通路线的 25%~30%； （3）发展多模式道路，占原有道路的 30%~40%
中级阶段 （至 2035 年）	（1）全面实现公交车的电动化； （2）实现共享化、租赁化、按需化交通模式，占传统固定式交通路线的 45%~50%； （3）开展紧凑型的交通道路规划，建立 15 分钟生活圈愿景

3.4.2.10 技术标准规范

在技术标准规范方面，目前面临智能化汽车、网联化汽车以及相关行业配套标准法规的缺失。为解决这一问题，建议一方面加强对战略性和前瞻性标准的前期研究；另一方面，需要加速对车路协同相关标准法规的制定和修订工作。基于此，提出面向四智融合的智能交通技术标准规范发展技术路线如图 3-30、表 3-37 所示。

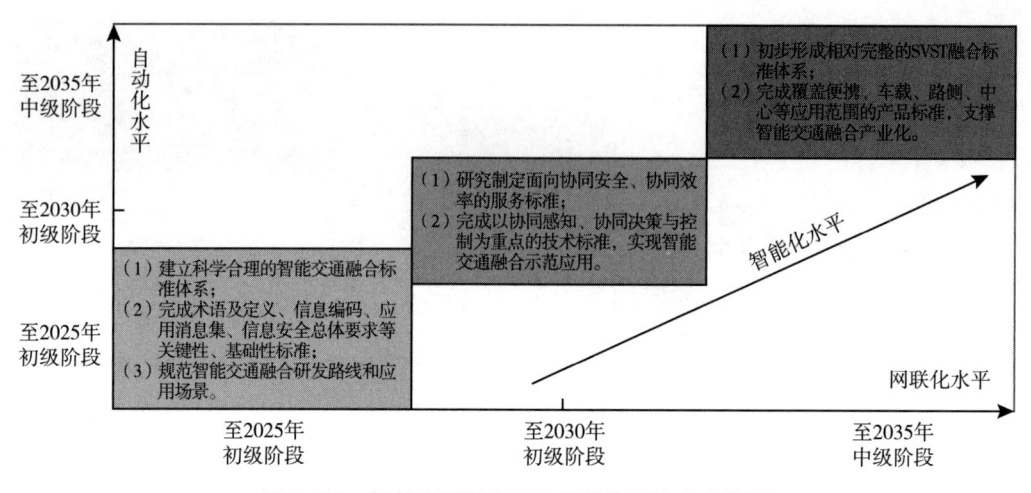

图 3-30　智能交通技术标准规范发展技术路线图

表 3-37　智能交通技术标准规范分阶段发展路线

发展阶段	技术内容
初级阶段 （至 2025 年）	（1）建立科学合理的智能交通融合标准体系； （2）完成术语及定义、信息编码、应用消息集、信息安全总体要求等关键性、基础性标准； （3）规范智能交通融合研发路线和应用场景
初级阶段 （至 2030 年）	（1）研究制定面向协同安全、协同效率的服务标准； （2）完成以协同感知、协同决策与控制为重点的技术标准，实现智能交通融合示范应用
中级阶段 （至 2035 年）	（1）初步形成相对完整的 SVST 融合标准体系； （2）完成覆盖便携、车载、路侧、中心等应用范围的产品标准，支撑智能交通融合产业化

3.5　面向四智融合的智慧城市发展路线图

3.5.1　智慧城市总体技术路线图

智慧城市的发展应坚持以人民为中心，深入探索 SC-ST-SV 的核心要素，并建立"需求－场景－功能－技术"的技术路径。智慧城市的首要功能应是满足人们多样化的出行需求，根据不同的出行目的，在现有的空间和场所中，构建完整且高效的出行链路。同时，为了最大限度地便利人们的出行，应坚持构建安全和绿色的交通系统的指导思想，明确主要的服务功能。

为了确保智慧城市的顺利实施，需要实现多种不同的关键技术，并且各项技术的发展路径也会有所不同。整合判断和决策输出系统是融合决策技术发展的关键，这包括规建管一体化平台、大数据云控平台、车路云一体化协同决策、城市数字诚信体系以及出行即服务应用体系。对于泛在感知技术，关键在于建设研究基于城市中的各类感知终端及相关技术，以支持智慧车辆实现更精准的感知、决策与控制。而空间组织技术的关键在于适应未来智慧城市集约化、混合化的建设趋势，使空间组织及设计更加精细化、具体化。基于此，提出面向四智融合的智慧城市发展路线，如表 3-38 所示。

表 3-38　智慧城市总体发展路线

发展阶段	技术内容
初级阶段 （至 2025 年）	（1）提升道路交通基础设施的智能化，一定程度上改善出行需求和交通资源供给的不平衡状况； （2）部分封闭区域或专用车道将零散地实现高度自动驾驶智能网联汽车的商业化应用； （3）试点建设智能化运行的新型枢纽场站
初级阶段 （至 2030 年）	（1）建设一体化的交通信息平台，大幅度提升城市管理水平，明显改善出行需求和交通资源供给的不平衡状况； （2）智能网联汽车编队行驶在部分道路，少部分道路和路口可实现无信号灯行驶； （3）交通效率、安全、秩序等能够明显改善，人们逐步形成绿色出行的生活方式
中级阶段 （至 2035 年）	（1）全面推进交通基础设施的数字化与智能化，智慧城市体系全面建成； （2）车辆全面实现自动驾驶，主要道路和路口可实现无信号灯行驶； （3）交通效率、安全、秩序得到飞跃提升，城市生活更加安全美好、舒适

在融合发展的初级阶段（至 2025 年），随着道路交通基础设施智能化的提升，公交车、共享汽车、共享巴士、物流配送、停车、充电等动态信息将更为精细、精准和集成化。交通、交管、城管和治安感知体系将开始整合，以改善出行需求和交通资源供给的不平衡状况。城市的重要道路和重要节点运行情况将通过智能交通信号平台进行调节。智能网联汽车的研究将更进一步，部分封闭区域或专用车道将零散地实现高度自动驾驶。智能网联汽车的商业化应用，如自动泊车、自动充电、矿区挖掘、码头作业、低速无人环卫等，也将得以实现。此外，试点建设智能化运行的新型枢纽场站，作为智能公交的运行核心，还需要探索城市绿道系统与物流配送的智能化应用。

至 2030 年，将建设一体化的交通信息平台，实现城市公交、私家车、非机动车、行人、物流车辆实时动态信息的精细化掌握，进而大幅度提升城市管理水平。出行需求与交通资源供给的不平衡状况将得到明显改善。交通、交管、城管和治安的感知体系将得到有效整合，全面覆盖城市所有道路和节点运行情况。智能网联汽车编队将在部分高速公路和城市快速路上行驶，并与部分城市道路连接形成完整的自动驾驶线路。部分道路和路口可实现无信号灯行驶，进一步加强城市交通的可控性，显著改善交通效率、安全和秩序。在此基础上，可适当放宽城市机动车限行限购政策。同时，推出面向个人的绿色出行积分管理制度，实现城市公交、共享车辆的智能化接驳换乘服务，逐步引导人们形成绿色出行的生活方式。这样的变革将使城市更加安全、宜居和高效。

到融合发展的中级阶段（至 2035 年），将全面推进交通基础设施的数字化与智能化，实现交通网、信息网、能源网的深度融合。智慧城市体系将全面建成，城市管理将实现数字化和智能化。出行需求和交通资源供给将趋于平衡，基本解决城市出行难、停车难、充电难问题。智能交通载具将实现联网联控，城市道路将全面实现智能化建设。车辆将全面实现自动驾驶，主要道路和路口可实现无信号灯行驶，大大增强城市交通的可控性。交通效率、安全和秩序将得到飞跃提升，城市枢纽将全面实现智能化接驳换乘。人们可以利用智能应用与智能载具，实现"门到门"的公共交通出行服务，使城市生活更加安全、美好和舒适。

3.5.2 关键分领域技术路线

3.5.2.1 泛在感知技术

基于车路协同的技术路径利用城市中的各类感知终端及相关技术，能够支持车辆实现更精准的感知、决策与控制，从而提升交通系统的整体效率和安全性。泛在感知技术的发展也是构建 SC 系统的基础，包括：

1）基于城市建筑、基础设施、交通设施的感知终端，是检测、管理城市的活动硬件基础。

2）基于城市环境的感知终端，可以收集城市环境信息，后台处理，提前预警自然灾害或空气变化，为决策提供信息基础。

3）基于城市交通的感知终端，可以实时监测城市交通状况。

4）基于城市人群的感知终端，直接影响人们生活的智慧应用设施。

5）基于城市物流的感知终端，可以在运载、装卸等方面发挥作用。

基于以上分析，提出面向四智融合发展的智慧城市泛在感知技术路线，如图3-31、表3-39所示。

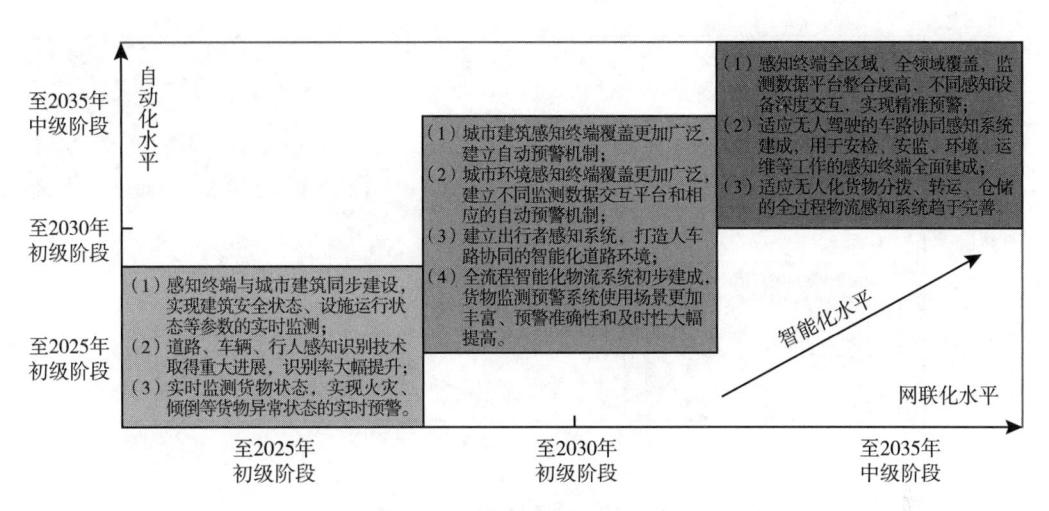

图 3-31　泛在感知技术路线图

表 3-39　泛在感知技术分阶段发展路线

发展阶段	技术内容
初级阶段 （至2025年）	（1）感知终端与城市建筑同步建设，实现建筑安全状态、设施运行状态等参数的实时监测； （2）道路、车辆、行人感知识别技术取得重大进展，识别率大幅提升； （3）实时监测货物状态，实现火灾、倾倒等货物异常状态的实时预警
初级阶段 （至2030年）	（1）城市建筑感知终端覆盖更加广泛，建立自动预警机制； （2）城市环境感知终端覆盖更加广泛，建立不同监测数据交互平台和相应的自动预警机制； （3）建立出行者感知系统，打造人车路协同的智能化道路环境； （4）全流程智能化物流系统初步建成，货物监测预警系统使用场景更加丰富、预警准确性和及时性大幅提高
中级阶段 （至2035年）	（1）感知终端全区域、全领域覆盖，监测数据平台整合度高，不同感知设备深度交互，实现精准预警； （2）适应无人驾驶的车路协同感知系统建成，用于安检、安监、环境、运维等工作的感知终端全面建成； （3）适应无人化货物分拨、转运、仓储的全过程物流感知系统趋于完善

3.5.2.2　高效传输技术

可靠的信息传输对于四种智能形式的实现和融合至关重要。它承担着双重任务：一是确保所有泛在感知信息能够准确传输到决策平台或相邻终端，二是确保决策信息能够以分布式形式迅速、准确地传达至目标执行终端。这样的信息传输能力对于提升智能系统的整体效能和响应速度具有不可或缺的作用。由此提出高效传输技术路线，如图 3-32、表 3-40 所示。

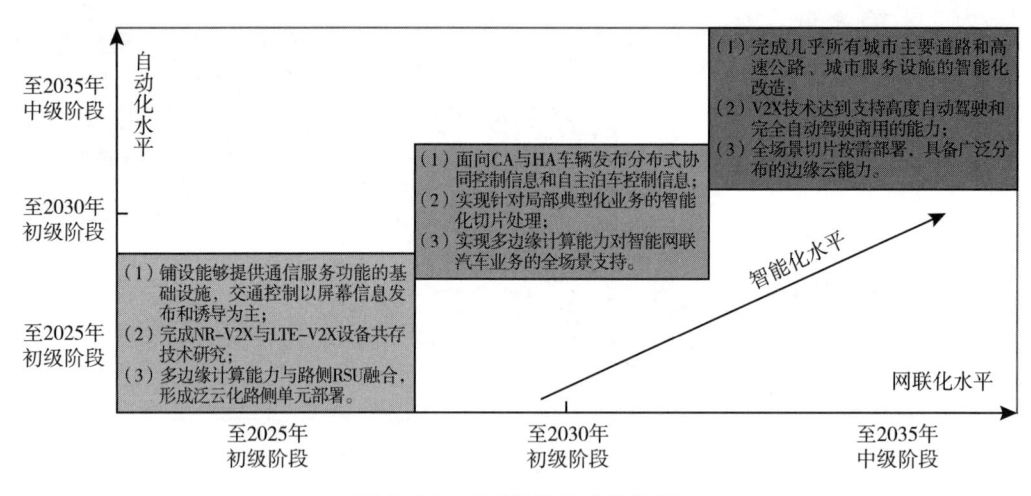

图 3-32　高效传输技术路线图

表 3-40　高效传输技术分阶段发展路线

发展阶段	技术内容
初级阶段 （至 2025 年）	（1）铺设能够提供通信服务功能的基础设施，交通控制以屏幕信息发布和诱导为主； （2）完成 NR-V2X 与 LTE-V2X 设备共存技术研究； （3）多边缘计算能力与路侧 RSU 融合，形成泛云化路侧单元部署
初级阶段 （至 2030 年）	（1）面向 CA 与 HA 车辆发布分布式协同控制信息和自主泊车控制信息； （2）实现针对局部典型化业务的智能化切片处理； （3）实现多边缘计算能力对智能网联汽车业务的全场景支持
中级阶段 （至 2035 年）	（1）完成几乎所有城市主要道路和高速公路、城市服务设施的智能化改造； （2）V2X 技术达到支持高度自动驾驶和完全自动驾驶商用的能力； （3）全场景切片按需部署，具备广泛分布的边缘云能力

在融合发展初级阶段（至 2025 年），铺设提供 LTE-V2X 和少量 NR-V2X 通信服务功能的基础设施，以完成核心干道、少数高速公路和城市服务设施的智能化、网联化改造。交通控制将主要针对车载 OBU 和路侧可变信息屏幕的信息发布和诱导。无线通信技术部分将完成 NR-V2X 与 LTE-V2X 设备的共存技术研究，深入探讨 NR-V2X 频谱问题，并利用 5G 网络切片技术实现超可靠低延时通信。分布式传输技术部分将实现多边缘计算能力与路侧 RSU 的融合，形成泛云化路侧单元部署，从而显著提升路段业务处理能力。

至 2030 年，主要铺设提供 NR-V2X 通信服务功能的基础设施，完成主要道路和部分高速公路、城市服务设施的智能化、网联化改造。可面向 CA 与 HA 车辆发布分布式协同控制信息和自主泊车控制信息。无线通信技术部分将实现 NR-V2X 6GHz 以上毫米波技术，针对局部典型化业务的智能化完成切片处理。分布式传输技术部分将实现多边缘计算能力对智能网联汽车业务的全场景支持，多级别分布的业务处理功能智能化编排。

到融合发展的中级阶段（至 2035 年），铺设提供 NR-V2X 通信服务功能的基础设施，完成几乎所有城市主要道路和高速公路、城市服务设施的智能化、网联化改造。在城市主要道路和高速公路和面向 CA 与 HA、FA 车辆发布分布式协同控制信息和自主泊车、自主充电信息。无线通信技术部分的 V2X 技术将达到支持高度自动驾驶和完全自动驾驶商用的能力。分布式传输技术部分将实现全场景切片按需部署，增强切片智能化能力，针对不同业务和场景实现切片自主优化。

3.5.2.3 高精地图体系化建设技术

面向四智融合发展的高精地图体系化建设需要突破高精地图制作技术、实时更新技术等核心技术。

（1）高精地图制作技术

高精地图的丰富度主要满足智能网联汽车在道路数据和车道周边街景信息两方面的需求。具体来说，高精地图包含了车道的位置、类型、宽度、坡度和曲率等道路数据，以及交通标志、交通信号灯等基础设施信息。这些信息对于智能网联汽车的应用来说非常重要，可以帮助合理控制车速、灯光、能源补充和路径规划等。丰富度主要表达了车辆所需的各种要素和属性，这些内容可以支持导航、横向定位、纵向定位、相对实时空间定位和主动安全等功能实现。为了提高丰富度，需要研究数据模型以及数据在媒体上的存储格式。

高精度地图的制作是一个复杂的过程，主要包括数据采集、加工和转换三个环节。在数据采集环节，需要使用各种传感器来获取高精度地图所需的数据。其中，激光雷达是用于采集点云数据的，因为它能够精确地反映出位置信息。通过激光雷达，可以获取路面的宽度、红绿灯的高度以及其他重要信息。摄像头则用于采集路面标志和车道线等图像信息。全球定位系统用于记录车辆的位置信息，提供当前采集点的坐标。惯性测量单元则用于捕获车辆的角度和加速度信息，用于校正车辆的位置和角度。加工环节主要包括点云地图校准和地图标注加工。点云地图校准是将不同传感器获取的数据进行融合和校准,以确保数据的准确性和一致性。地图标注加工则是将采集的数据转化为高精度地图所需的格式和标注信息。转换环节的目标是将加工后的数据转换为通用的高精度地图格式,以便于自动驾驶系统使用。

高精度地图作为除复杂传感器之外的无人驾驶车辆最核心的技术之一,已成为智能网联汽车技术产业的重要基础技术。与提供给驾驶员看的导航电子地图不同,高精度地图是提供给计算机使用的,为辅助驾驶和自动驾驶提供重要的道路信息保障。因此,相较于普通的导航电子地图,高精度地图具有精度更高、信息更全的特点,这种特点一方面是指地图的绝对精度更高,普通导航电子地图的精度一般在10m左右,而高精度地图的精度则一般需要达到20cm左右。另一方面是指包含的道路信息更加丰富、细致和全面,能够更加精准地反映道路的真实情况。高精度地图将大量的行车辅助信息存储为结构化数据,这些信息可以分为两类:第一类是道路数据,比如车道线的位置、类型、宽度、坡度和曲率等车道信息。第二类是车道周边的固定对象信息,比如交通标志、交通信号灯等信息、车道限高、下水道口、障碍物及其他道路细节,还包括高架物体、防护栏、数目、道路边缘类型、路边地标等基础设施信息。

(2)高精地图实时更新技术

实时更新的高精度地图对于确保智能网联车辆行驶安全至关重要,因为道路路网每天都在发生变化,例如道路整修、道路标识线的磨损及重漆、交通标示的改变等。这些变化需要迅速地在高精度地图上更新。虽然这一过程极具挑战性,但随着装备多种传感器的智能网联车辆在路网中的增多,一旦它们检测到路网的变化,就能通过车路协同设备与云端的通信,将更新信息传递给其他车辆,从而使这些车辆更加智能和安全。高精度地图可以分为两个层次:底层是静态高精地图,包含车道模型、道路部件、道路属性和其他定位图层,满足自动驾驶需求;上层是动态高精地图,提供道路拥堵情况、交通管制、天气和路面状况等信息。除了具有更高精度坐标和更准确的道路形状,高精度道路导航地图还加入了每个车道的坡度、曲率等数据,提高了地图的实用性和准确性。智能高清地图的静态数据和动态数据具有动态路径规划、车辆控制的功能,其数据类型、内容和属性分别如表3-41和表4-42所示。

表3-41 智能高精地图静态数据层数据特征表

数据类型	内容	属性
交通限制信息	道路交通、交通管制、交通事件、天气条件	路面状况、可见度、限制起点、限制终点、限制长度、影响范围、车道ID等

续表

数据类型	内容	属性
交通流量信息	实时交通拥堵程度、预测交通拥堵程度等	通行时间、拥堵起点、拥堵终点、拥堵长度、路段行驶时间、拥堵程度（颜色）、车道 ID 等
服务区信息	停车空位、服务区负载程度等	车位宽度、车位起点、车位终点、车位长度、服务区拥堵长度（颜色）、车道 ID 等

表 3-42　智能高精地图动态数据层数据特征表

数据类型	内容	属性
主动感知动态信息	车辆传感器主动感知附近车辆、行人、交通信号灯等	种类、方位、GNSS 定位数据、距离、速度、航向等
被动感知动态信息	源获取的附近车辆、行人、交通信号灯等	种类、方位、GNSS 定位数据、距离、速度、航向等

基于上述分析，高精地图体系化建设技术的发展路线如图 3-33、表 3-43 所示。

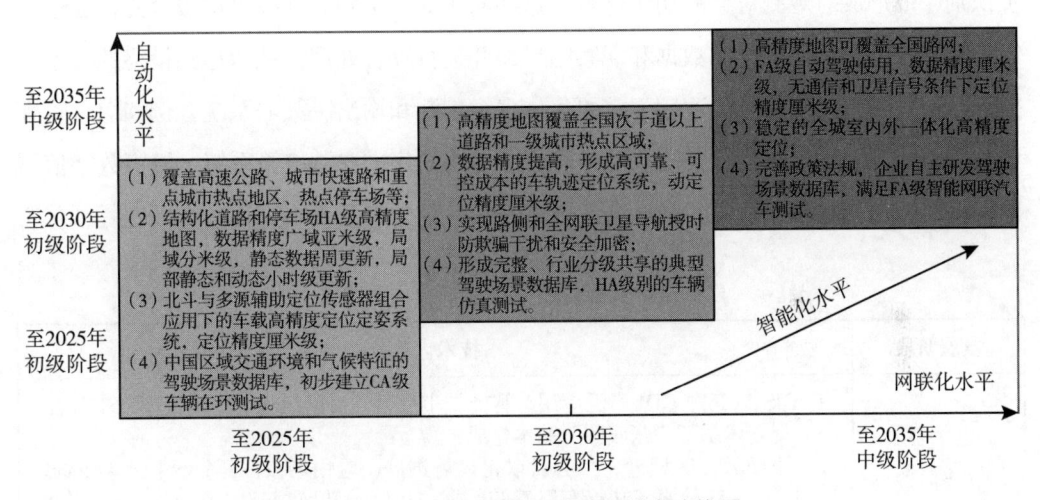

图 3-33　高精地图体系化建设技术路线图

表 3-43　高精地图体系化建设技术分阶段发展路线

发展阶段	技术内容
初级阶段（至 2025 年）	（1）覆盖高速公路、城市快速路和重点城市热点地区、热点停车场等； （2）结构化道路和停车场 HA 级高精度地图，数据精度广域亚米级，局域分米级，静态数据周更新，局部静态和动态小时级更新； （3）北斗与多源辅助定位传感器组合应用下的车载高精度定位定姿系统，定位精度厘米级； （4）中国区域交通环境和气候特征的驾驶场景数据库，初步建立 CA 级车辆在环测试

续表

发展阶段	技术内容
初级阶段 （至 2030 年）	（1）高精度地图覆盖全国次干道以上道路和一级城市热点区域； （2）数据精度提高，形成高可靠、可控成本的车轨迹定位系统，动定位精度厘米级； （3）实现路侧和全网联卫星导航授时防欺骗干扰和安全加密； （4）形成完整、行业分级共享的典型驾驶场景数据库，HA 级别的车辆仿真测试
中级阶段 （至 2035 年）	（1）高精度地图可覆盖全国路网； （2）FA 级自动驾驶使用，数据精度厘米级，无通信和卫星信号条件下定位精度厘米级； （3）稳定的全城室内外一体化高精度定位； （4）完善政策法规，企业自主研发驾驶场景数据库，满足 FA 级智能网联汽车测试

3.5.2.4 融合决策技术

在融合决策系统中，每个传感器或节点独立执行基础的数据分析，如特征提取和初步识别，以形成对观测对象的初步理解。这些初步的结论随后在决策层被合并，通过汇集来自各种传感器或节点的数据和观察结果，并进行综合处理，从而达到最终的决策和推理。这种融合决策的方法适用于需要集成多个判断和输出决策的系统，例如综合管理和监控平台、大规模数据云控制系统、车辆和道路的集成协调决策系统、城市数字信用架构以及综合交通服务系统。融合决策技术的发展路线如表 3-44、图 3-34 所示。

表 3-44 融合决策技术分阶段发展路线

发展阶段	技术内容
初级阶段 （至 2025 年）	（1）GIS、BIM、CIM 广泛应用，智能城市模型、交通模型、车辆模型初步融合，空间规划体系"一张底图"基本建成； （2）边缘云、区域云、中心云取得显著进展，应用场景广泛；云控平台 SaaS、PaaS、IaaS 三种服务功能车路感知数据与边缘云和区域云实现融合，云端实现对数据的整合分析功能； （3）打通政府、社会和第三方征信机构通用数据，形成互认共享的信用数据平台； （4）建立出行即服务应用平台，出行优化算法框架基本建成
初级阶段 （至 2030 年）	（1）形成 GIS、BIM、CIM 持续更新、不断迭代的智能城市模型，平台实现规划、建设、管理各个阶段的数据共享互通，空间规划精确建模； （2）边缘云实现实时性、低时域、高并发的感知和控制，区域云实现实时性和弱实时性控制； （3）建成大规模高性能 HPC 计算集群，边缘云和区域云通过交通建模和优化算法对交通信号、路段限流速度统筹优化，向其他车辆和其他平台提供建议； （4）基于区块链技术的关键数据上链，构建可追溯、不可篡改的个人与机构诚信数据体系，提供多信用等级查询等验证服务

发展阶段	技术内容
中级阶段 （至2035年）	（1）平台规划、建设、管理不同阶段的实时仿真，实现管理运行主动调控，实现城市功能布局的智能优化，城市形态的协同设计，与现实对应的虚拟孪生城市建设； （2）形成边缘云－区域云－中心云架构体系，以支撑数据协同平台，计算中心与资源优化的配置； （3）车路云一体化协同决策系统建成，联合决策作出统筹； （4）自动调控车辆和其他外部平台，建设基于深度学习、自我优化的信用评价体系，多领域推进多元化信用服务； （5）推动建立守信激励和失信惩戒的综合奖惩机制，智能融合、调度、控制等效率趋于成熟，体系与无人驾驶技术深度融合

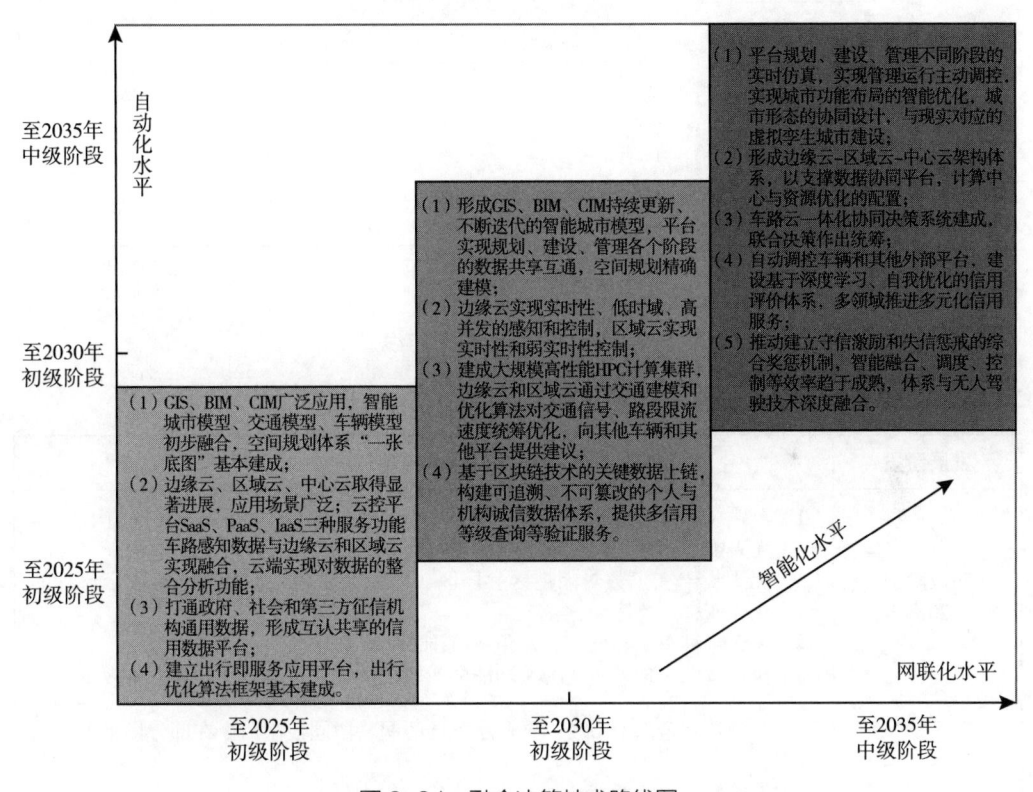

图 3-34　融合决策技术路线图

3.5.2.5　智能执行技术

在 2025—2035 年，智能汽车在执行协同控制决策方面将得到显著的能力提升，逐渐实现包括协同变道和汇入交通流等操作。同时，响应城市出行、物流、作业以及特殊服务的需求，汽车的内部如乘客舱、货舱以及专用功能区都将经历创新改造，以满足特殊功能的实施需求。智能执行技术的发展路线如图 3-35、表 3-45 所示。

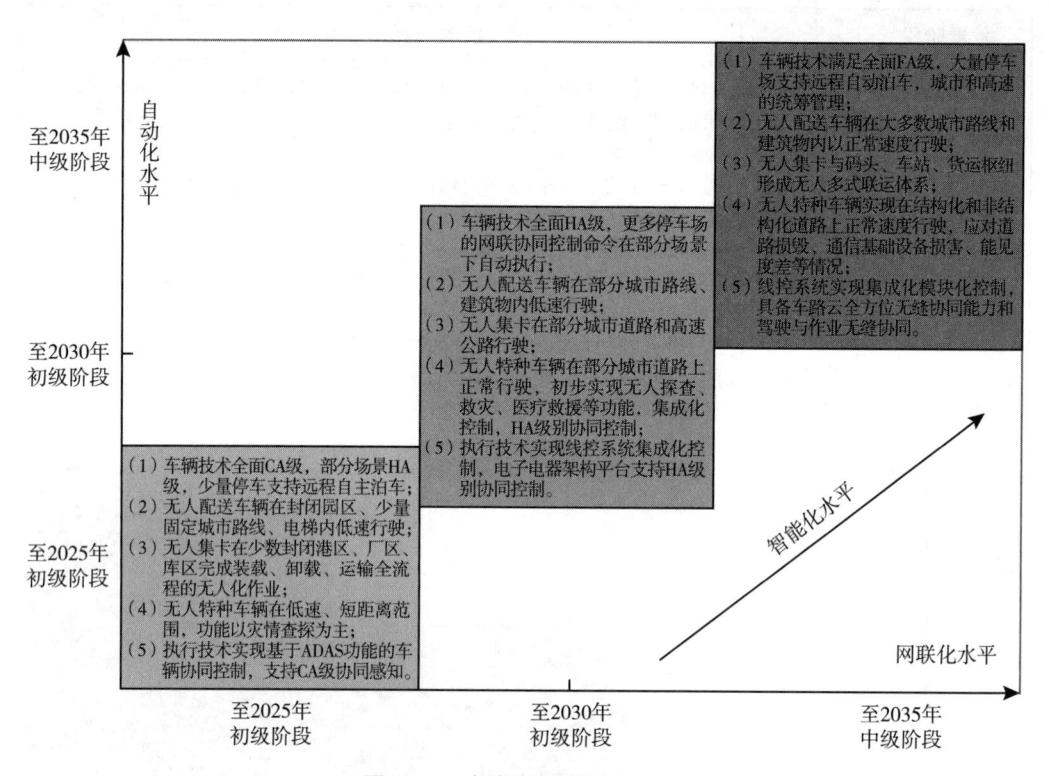

图 3-35 智能执行技术路线图

表 3-45 智能执行技术分阶段发展路线

发展阶段	技术内容
初级阶段 （至 2025 年）	（1）车辆技术全面 CA 级，部分场景 HA 级，少量停车支持远程自主泊车； （2）无人配送车辆在封闭园区、少量固定城市路线、电梯内低速行驶； （3）无人集卡在少数封闭港区、厂区、库区完成装载、卸载、运输全流程的无人化作业； （4）无人特种车辆在低速、短距离范围，功能以灾情查探为主； （5）执行技术实现基于 ADAS 功能的车辆协同控制，支持 CA 级协同感知
初级阶段 （至 2030 年）	（1）车辆技术全面 HA 级，更多停车场的网联协同控制命令在部分场景下自动执行； （2）无人配送车辆在部分城市路线、建筑物内低速行驶； （3）无人集卡在部分城市道路和高速公路行驶； （4）无人特种车辆在部分城市道路上正常行驶，初步实现无人探查、救灾、医疗救援等功能，集成化控制，HA 级别协同控制； （5）执行技术实现线控系统集成化控制，电子电器架构平台支持 HA 级别协同控制

续表

发展阶段	技术内容
中级阶段 （至2035年）	（1）车辆技术满足全面FA级，大量停车场支持远程自动泊车，城市和高速的统筹管理； （2）无人配送车辆在大多数城市路线和建筑物内以正常速度行驶； （3）无人集卡与码头、车站、货运枢纽形成无人多式联运体系； （4）无人特种车辆实现在结构化和非结构化道路上正常速度行驶，应对道路损毁、通信基础设备损害、能见度差等情况； （5）线控系统实现集成化模块化控制，具备车路云全方位无缝协同能力和驾驶与作业无缝协同

3.5.2.6 空间组织技术

随着未来城市向智能化和数字化的转型，城市空间将经历根本性的改变。智能化和数字化技术的应用将提升城市运作的效率。城市建设将倾向于更加密集、多元的模式，公共服务设施将变得更加微型化、分散化，建筑的功能将变得多样复合。因此，城市公共服务设施的布局应围绕生活圈来组织，以便更有效地服务居民，交通设施将变得更小型化、更广泛分布，并与其他类型的建筑融合，满足人们从起点到目的地的完整出行需求，公共交通将提供与私家车匹敌的服务质量和体验。面向四智融合发展的智慧城市空间组织技术的发展路线如图3-36、表3-46所示。

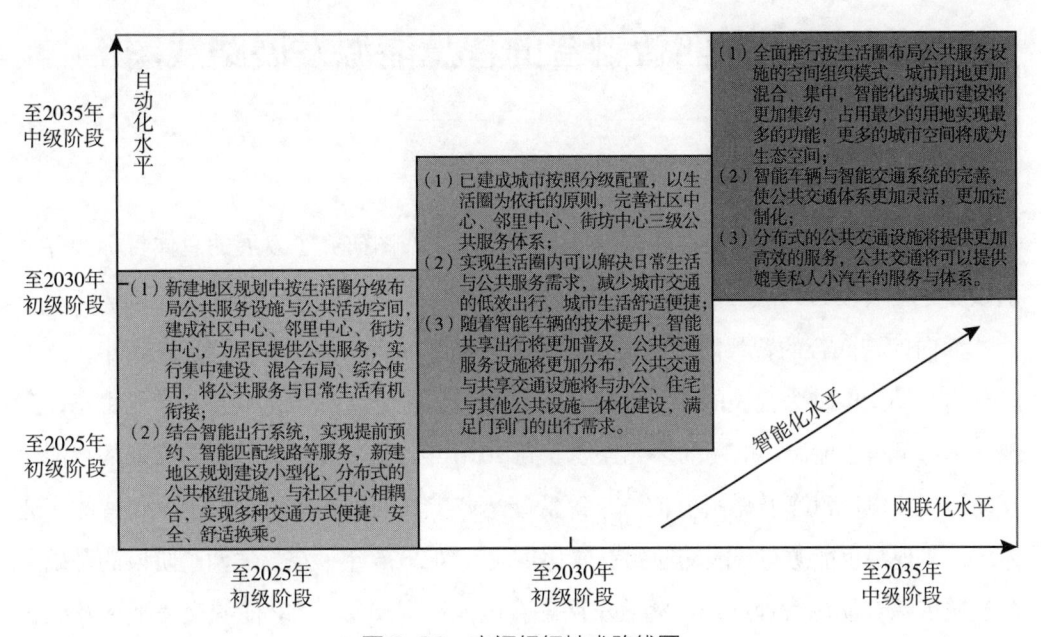

图3-36 空间组织技术路线图

表 3-46　空间组织技术分阶段发展路线

发展阶段	技术内容
初级阶段 （至 2025 年）	（1）新建地区规划中按生活圈分级布局公共服务设施与公共活动空间，建成社区中心、邻里中心、街坊中心，为居民提供公共服务，实行集中建设、混合布局、综合使用，将公共服务与日常生活有机衔接； （2）结合智能出行系统，实现提前预约、智能匹配线路等服务，新建地区规划建设小型化、分布式的公共枢纽设施，与社区中心相耦合，实现多种交通方式便捷、安全、舒适换乘
初级阶段 （至 2030 年）	（1）已建成城市按照分级配置，以生活圈为依托的原则，完善社区中心、邻里中心、街坊中心三级公共服务体系； （2）实现生活圈内可以解决日常生活与公共服务需求，减少城市交通的低效出行，城市生活舒适便捷； （3）随着智能车辆的技术提升，智能共享出行将更加普及，公共交通服务设施将更加分布，公共交通与共享交通设施将与办公、住宅和其他公共设施一体化建设，满足门到门的出行需求
中级阶段 （至 2035 年）	（1）全面推行按生活圈布局公共服务设施的空间组织模式，城市用地更加混合、集中，智能化的城市建设将更加集约，占用最少的用地实现最多的功能，更多的城市空间将成为生态空间； （2）智能车辆与智能交通系统的完善，使公共交通体系更加灵活，更加定制化； （3）分布式的公共交通设施将提供更加高效的服务，公共交通将可以提供媲美私人小汽车的服务与体系

3.6　面向四智融合的智慧能源发展路线图

3.6.1　智慧能源总体技术路线图

智慧能源与 SV、ST、SC 融合发展总体技术路线图研究了发展的总体目标，并分别以 2025 年、2030 年、2035 年为三个阶段，制定了技术发展及应用的里程碑。

面向四智融合的智慧能源阶段里程碑发展路线如表 3-47 所示。到 2025 年，发展以车网互动充电桩为代表的能源融合基础设施，构建电动汽车充电服务产业生态，实现汽车与可再生能源、电网的多元互动。到 2030 年，进一步扩大能源与交通的智能化互动，加快电动汽车及燃料电池汽车等低碳运载工具的推广应用，构建低碳智能交通体系，实现绿色能源与智能交通的一体化集成。到 2035 年，在上述两个阶段的基础上构建城市综合能源管理系统，涵盖车网融合电能线上交易、P2P 能源交易平台及综合能源服务平台等，全面实现车-桩-云-源-网-荷-储深度融合体系的高效运行。

表 3-47 智慧能源里程碑发展路线

发展阶段	技术内容
初级阶段 （至 2025 年）	（1）萌芽期； （2）发展以车网互动充电桩为代表的能源融合基础设施，构建电动汽车充电服务产业生态，实现汽车与可再生能源、电网的多元互动
初级阶段 （至 2030 年）	（1）发展期； （2）进一步扩大能源与交通的智能化互动，加快电动汽车及燃料电池汽车等低碳运载工具的推广应用，构建低碳智能交通体系，实现绿色能源与智能交通的一体化集成
中级阶段 （至 2035 年）	（1）成熟期； （2）构建城市综合能源管理系统，涵盖车网融合电能线上交易、P2P 能源交易平台及综合能源服务平台等，全面实现车－桩－云－源－网－荷－储深度融合体系的高效运行

面向四智融合的智慧能源应用发展路线如表 3-48 所示。到 2025 年，车网互动等典型应用场景实现示范应用。到 2030 年，推动动态无线充电公路、光伏智能公路等分布式供能基础设施的建设，能源与交通的智能化互动在我国部分地区实现小规模的推广应用。到 2035 年，能源与 3S 融合扩展到城市层面，使得智慧能源与 3S 融合应用场景不断丰富、商业模式不断成熟，在我国大部分地区实现规模化的推广应用。

表 3-48 智慧能源应用发展路线

发展阶段	技术内容
初级阶段 （至 2025 年）	车网互动等典型应用场景实现示范应用
初级阶段 （至 2030 年）	加快电动汽车及燃料电池汽车等低碳运载工具的推广应用，推动动态无线充电公路、光伏智能公路等分布式供能基础设施的建设，能源与交通的智能化互动在我国部分地区实现小规模的推广应用
中级阶段 （至 2035 年）	能源与 3S 融合扩展到城市层面，使得智慧能源与 3S 融合应用场景不断丰富、商业模式不断成熟，在我国大部分地区实现规模化的推广应用

面向四智融合的智慧能源总体技术发展路线如表 3-49 所示。到 2025 年，推动智能有序充放电及 V2G 技术的应用。到 2030 年，发展燃料电池汽车技术、电动汽车动态无线供电技术、光储充站构型技术等。到 2035 年，发展城市区域能量协同技术、城市电能聚合调控技术等。

表 3-49　智慧能源总体技术发展路线

发展阶段	技术内容
初级阶段（至 2025 年）	推动智能有序充放电及 V2G 技术的应用
初级阶段（至 2030 年）	发展燃料电池汽车技术、电动汽车动态无线供电技术、光储充站构型技术等
中级阶段（至 2035 年）	发展城市区域能量协同技术、城市电能聚合调控技术等

3.6.2　关键分领域技术路线图

3.6.2.1　能源技术

能源技术重点需要突破柔性多能转换技术、灵活多能存储技术、无线电能传输技术等，各项技术的发展路线分别如图 3-37~ 图 3-39 和表 3-50~ 表 3-52 所示。

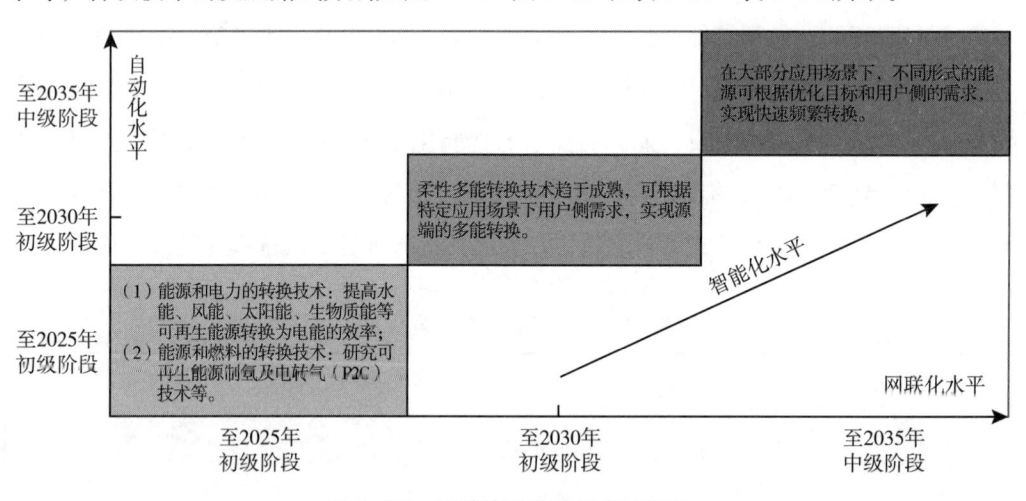

图 3-37　智慧能源转换技术路线图

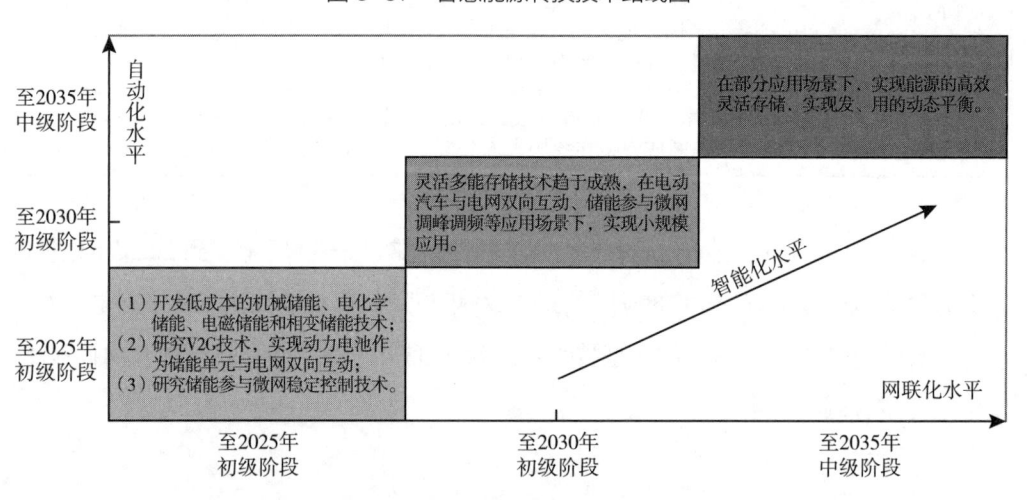

图 3-38　智慧能源存储技术路线图

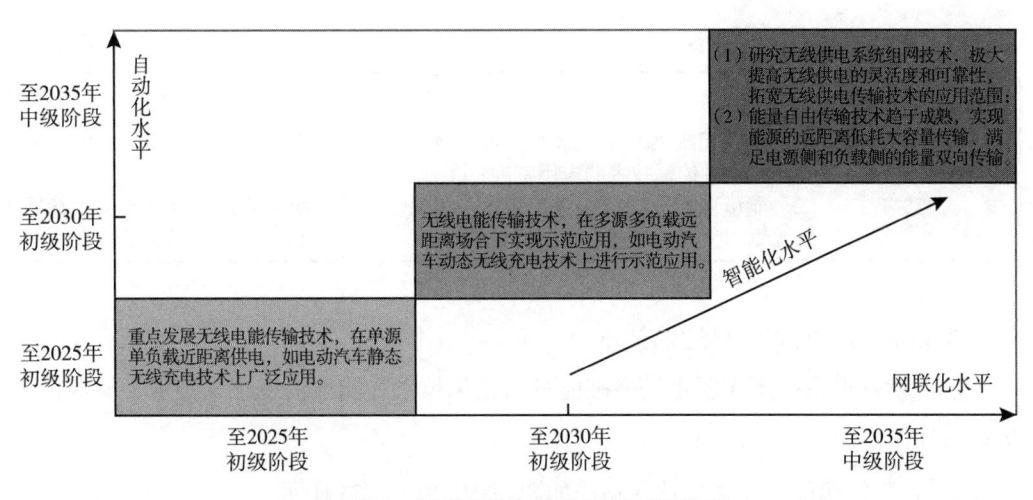

图 3-39　智慧能源能量传输技术路线图

表 3-50　智慧能源转换技术分阶段发展路线

发展阶段	技术内容
初级阶段 （至 2025 年）	（1）能源和电力的转换技术：提高水能、风能、太阳能、生物质能等可再生能源转换为电能的效率； （2）能源和燃料的转换技术：研究可再生能源制氢及电转气（P2G）技术等
初级阶段 （至 2030 年）	柔性多能转换技术趋于成熟，可根据特定应用场景下用户侧需求，实现源端的多能转换
中级阶段 （至 2035 年）	在大部分应用场景下，不同形式的能源可根据优化目标和用户侧的需求，实现快速频繁转换

表 3-51　智慧能源存储技术分阶段发展路线

发展阶段	技术内容
初级阶段 （至 2025 年）	（1）开发低成本的机械储能、电化学储能、电磁储能和相变储能技术； （2）研究 V2G 技术，实现动力电池作为储能单元与电网双向互动； （3）研究储能参与微网稳定控制技术
初级阶段 （至 2030 年）	灵活多能存储技术趋于成熟，在电动汽车与电网双向互动、储能参与微网调峰调频等应用场景下，实现小规模应用
中级阶段 （至 2035 年）	在部分应用场景下，实现能源的高效灵活存储，实现发、用的动态平衡

表 3-52　智慧能源能量传输技术分阶段发展路线

发展阶段	技术内容
初级阶段 （至 2025 年）	重点发展无线电能传输技术，在单源单负载近距离供电，如电动汽车静态无线充电技术上广泛应用
初级阶段 （至 2030 年）	无线电能传输技术，在多源多负载远距离场合下实现示范应用，如电动汽车动态无线充电技术上进行示范应用

续表

发展阶段	技术内容
中级阶段 （至 2035 年）	（1）研究无线供电系统组网技术，极大提高无线供电的灵活度和可靠性，拓宽无线供电传输技术的应用范围； （2）能量自由传输技术趋于成熟，实现能源的远距离低耗大容量传输、满足电源侧和负载侧的能量双向传输

3.6.2.2 能源信息通信技术

能源信息通信技术需要重点突破能量信息化技术、能源信息感知技术、能源信息传输与处理技术等。

1）智慧能源能量信息化技术路线如图 3-40、表 3-53 所示。

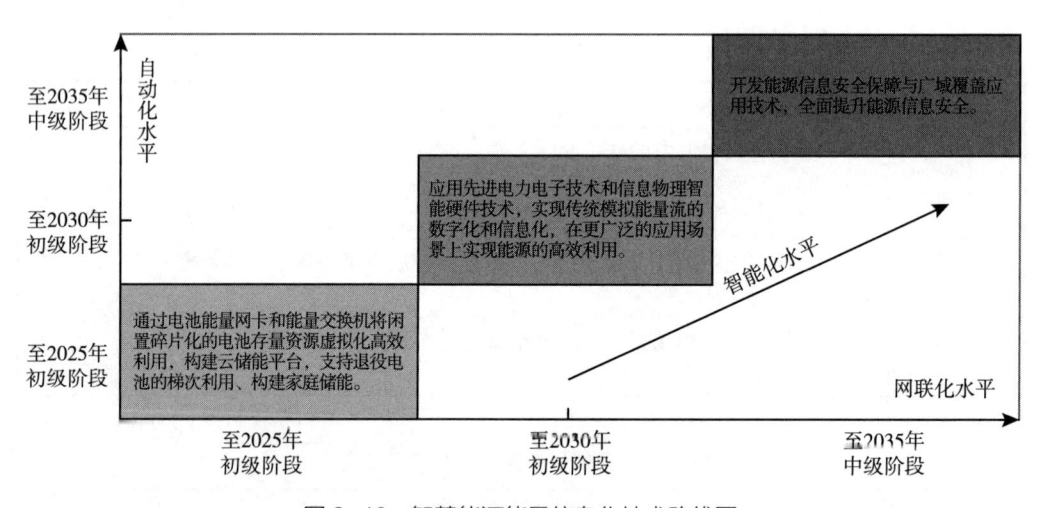

图 3-40 智慧能源能量信息化技术路线图

表 3-53 智慧能源能量信息化技术分阶段发展路线

发展阶段	技术内容
初级阶段 （至 2025 年）	通过电池能量网卡和能量交换机将闲置碎片化的电池存量资源虚拟化高效利用，构建云储能平台，支持退役电池的梯次利用、构建家庭储能
初级阶段 （至 2030 年）	应用先进电力电子技术和信息物理智能硬件技术，实现传统模拟能量流的数字化和信息化，在更广泛的应用场景上实现能源的高效利用
中级阶段 （至 2035 年）	开发能源信息安全保障与广域覆盖应用技术，全面提升能源信息安全

2）智慧能源信息感知技术路线如图 3-41、表 3-54 所示。

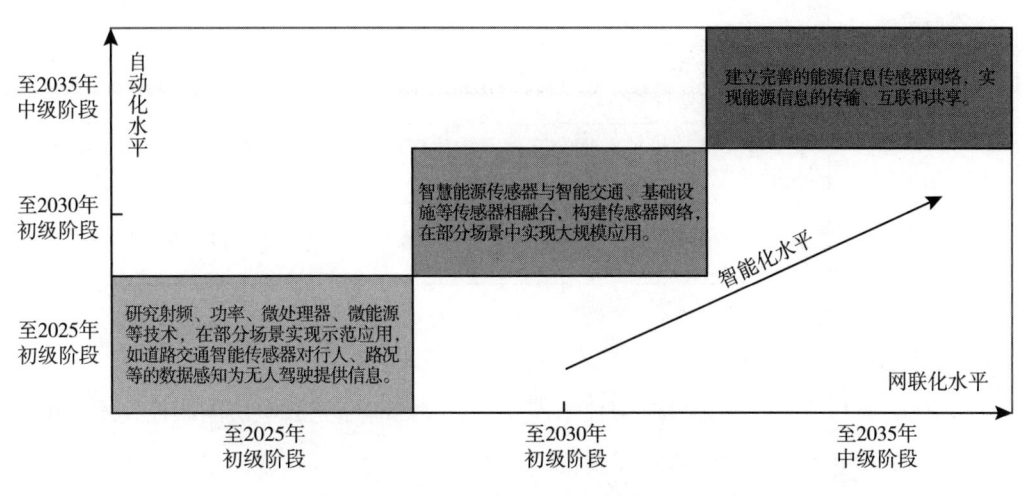

图 3-41　智慧能源信息感知技术路线图

表 3-54　智慧能源信息感知技术分阶段发展路线

发展阶段	技术内容
初级阶段 （至 2025 年）	研究射频、功率、微处理器、微能源等技术，在部分场景实现示范应用，如道路交通智能传感器对行人、路况等的数据感知为无人驾驶提供信息
初级阶段 （至 2030 年）	智慧能源传感器与智能交通、基础设施等传感器相融合，构建传感器网络，在部分场景中实现大规模应用
中级阶段 （至 2035 年）	建立完善的能源信息传感器网络，实现能源信息的传输、互联和共享

3）智慧能源信息传输与处理技术路线如图 3-42、表 3-55 所示。

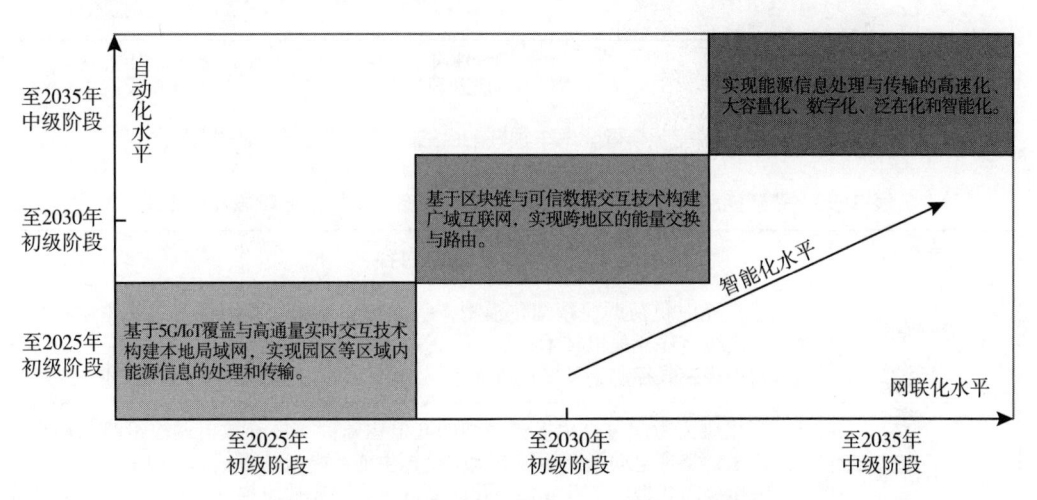

图 3-42　智慧能源信息传输与处理技术路线图

表 3-55　智慧能源信息传输与处理技术分阶段发展路线

发展阶段	技术内容
初级阶段（至 2025 年）	基于 5G/IoT 覆盖与高通量实时交互技术构建本地局域网，实现园区等区域内能源信息的处理和传输
初级阶段（至 2030 年）	基于区块链与可信数据交互技术构建广域互联网，实现跨地区的能量交换与路由
中级阶段（至 2035 年）	实现能源信息处理与传输的高速化、大容量化、数字化、泛在化和智能化

3.6.2.3　智慧能源与智能汽车领域融合技术

智慧能源与智能汽车领域融合技术需要重点突破有序充放电协同调控技术、电动汽车有序充放电技术、V2G 协同控制技术、车－桩－网－云互动技术、氢能及氢燃料电池技术等。

1）智慧能源与智能汽车领域融合的有序充放电技术路线如图 3-43、表 3-56 所示。

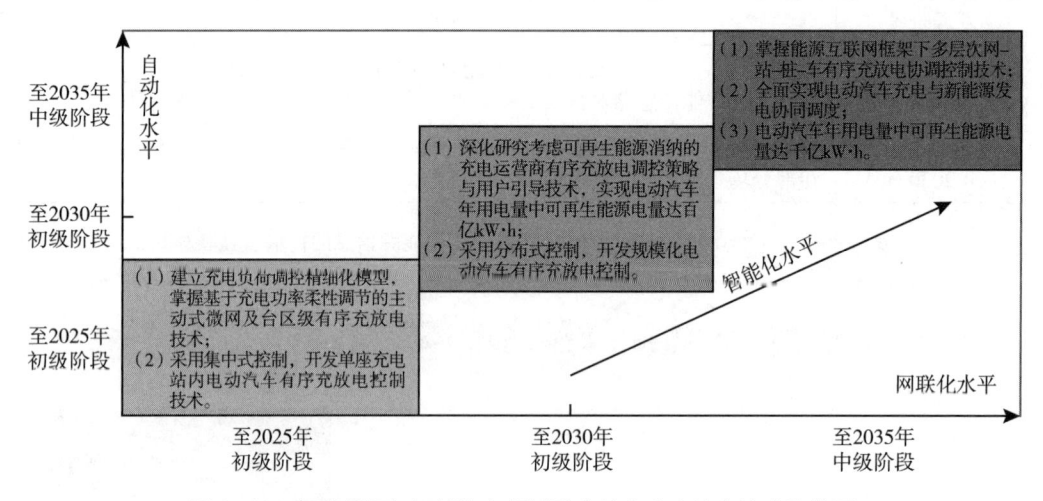

图 3-43　智慧能源与智能汽车领域融合的有序充放电技术路线图

表 3-56　智慧能源与智能汽车领域融合的有序充放电技术分阶段发展路线

发展阶段	技术内容
初级阶段（至 2025 年）	（1）建立充电负荷调控精细化模型，掌握基于充电功率柔性调节的主动式微网及台区级有序充放电技术； （2）采用集中式控制，开发单座充电站内电动汽车有序充放电控制技术
初级阶段（至 2030 年）	（1）深化研究考虑可再生能源消纳的充电运营商有序充放电调控策略与用户引导技术，实现电动汽车年用电量中可再生能源电量达百亿 kW·h； （2）采用分布式控制，开发规模化电动汽车有序充放电控制

续表

发展阶段	技术内容
中级阶段 （至2035年）	（1）掌握能源互联网框架下多层次网-站-桩-车有序充放电协调控制技术； （2）全面实现电动汽车充电与新能源发电协同调度； （3）电动汽车年用电量中可再生能源电量达千亿 kW·h

2）智慧能源与智能汽车领域融合的车-网互动 V2G 技术路线如图 3-44、表 3-57 所示。

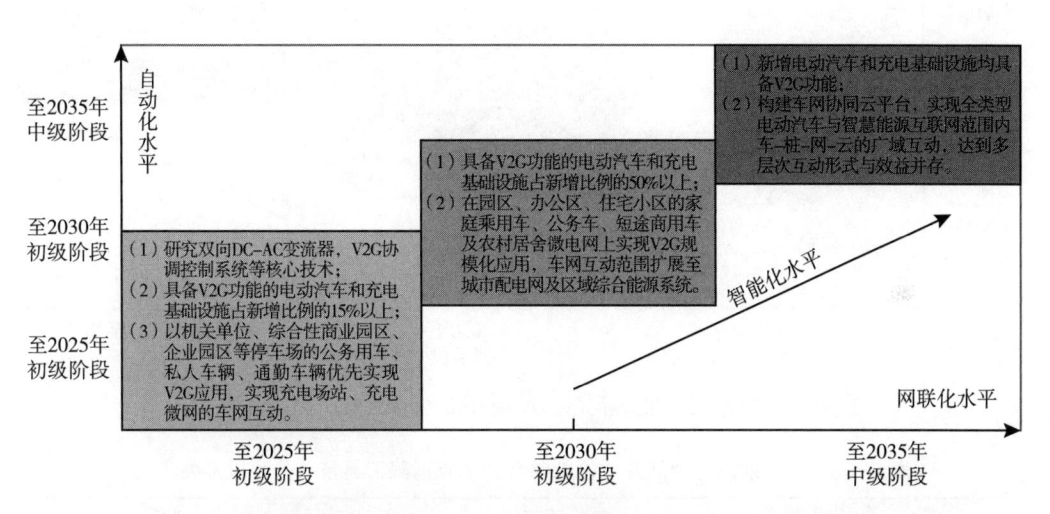

图 3-44 智慧能源与智能汽车领域融合的车-网互动 V2G 技术路线图

表 3-57 智慧能源与智能汽车领域融合的车-网互动 V2G 技术分阶段发展路线

发展阶段	技术内容
初级阶段 （至2025年）	（1）研究双向 DC-AC 变流器，V2G 协调控制系统等核心技术； （2）具备 V2G 功能的电动汽车和充电基础设施占新增比例的 15% 以上； （3）以机关单位、综合性商业园区、企业园区等停车场的公务用车、私人车辆、通勤车辆优先实现 V2G 应用，实现充电场站、充电微网的车网互动
初级阶段 （至2030年）	（1）具备 V2G 功能的电动汽车和充电基础设施占新增比例的 50% 以上； （2）在园区、办公区、住宅小区的家庭乘用车、公务车、短途商用车及农村居舍微电网上实现 V2G 规模化应用，车网互动范围扩展至城市配电网及区域综合能源系统
中级阶段 （至2035年）	（1）新增电动汽车和充电基础设施均具备 V2G 功能； （2）构建车网协同云平台，实现全类型电动汽车与智慧能源互联网范围内车-桩-网-云的广域互动，达到多层次互动形式与效益并存

3.6.2.4 智慧能源与智能交通领域融合技术

智慧能源与智能交通领域融合的重点在于推广应用低碳运载工具，构建分布式交通供能系统等。

1）智慧能源与智能交通领域融合的低碳运载工具技术路线如图 3-45、表 3-58 所示。

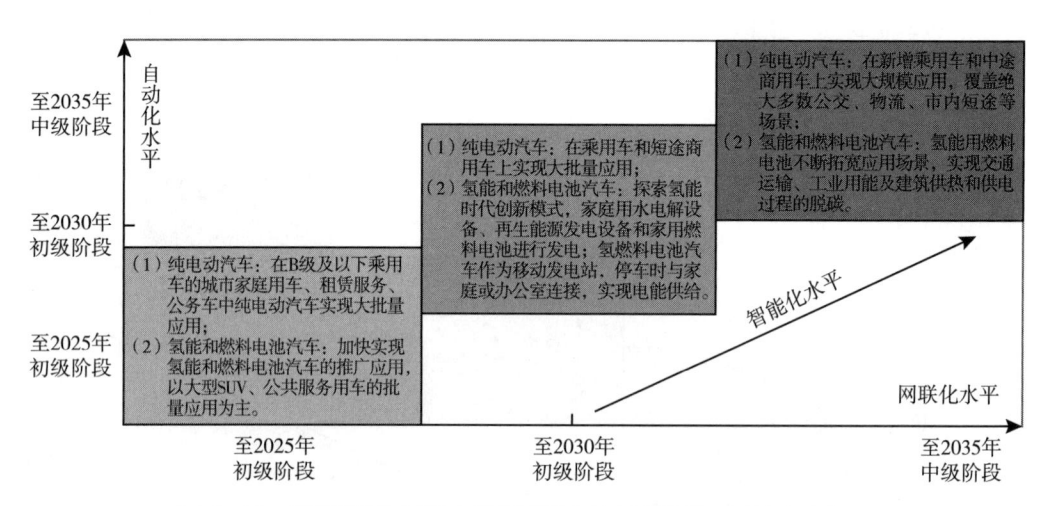

图 3-45 智慧能源与智能交通领域融合的低碳运载工具技术路线图

表 3-58 智慧能源与智能交通领域融合的低碳运载工具技术分阶段发展路线

发展阶段	技术内容
初级阶段 （至 2025 年）	（1）纯电动汽车：在 B 级及以下乘用车的城市家庭用车、租赁服务、公务车中纯电动汽车实现大批量应用； （2）氢能和燃料电池汽车：加快实现氢能和燃料电池汽车的推广应用，以大型 SUV、公共服务用车的批量应用为主
初级阶段 （至 2030 年）	（1）纯电动汽车：在乘用车和短途商用车上实现大批量应用； （2）氢能和燃料电池汽车：探索氢能时代创新模式，家庭用水电解设备、再生能源发电设备和家用燃料电池进行发电；氢燃料电池汽车作为移动发电站，停车时与家庭或办公室连接，实现电能供给
中级阶段 （至 2035 年）	（1）纯电动汽车：在新增乘用车和中途商用车上实现大规模应用，覆盖绝大多数公交、物流、市内短途等场景； （2）氢能和燃料电池汽车：氢能用燃料电池不断拓宽应用场景，实现交通运输、工业用能及建筑供热和供电过程的脱碳

2）智慧能源与智能交通领域融合的分布式交通供能技术路线如表 3-59、图 3-46 所示。

表 3-59　智慧能源与智能交通领域融合的分布式交通供能技术分阶段发展路线

发展阶段	技术内容
初级阶段 （至 2025 年）	光伏智能道路、动态无线充电、高速公路服务区光储充供电技术逐渐成熟，在特定场景内实现运行
初级和中级阶段 （至 2035 年）	分布式功能系统应用场景不断扩大，建设光伏、储能、充电一体化道路，实现绿色能源和绿色交通的有机融合，打造绿色交通系统

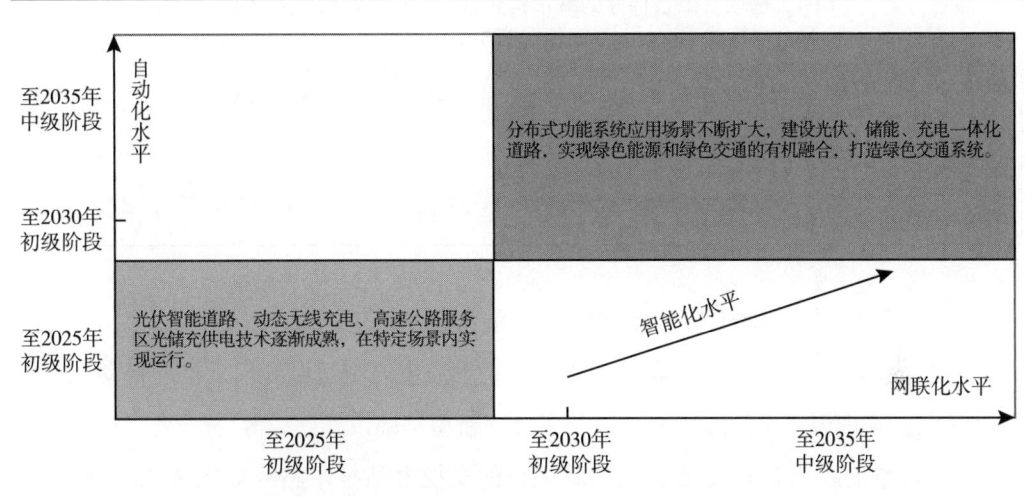

图 3-46　智慧能源与智能交通领域融合的分布式交通供能技术路线图

3.6.2.5　智慧能源与智慧城市融合技术

智慧能源与智慧城市融合发展的重点是构建城市综合能源管理系统，其技术路线图如图 3-47、表 3-60 所示。

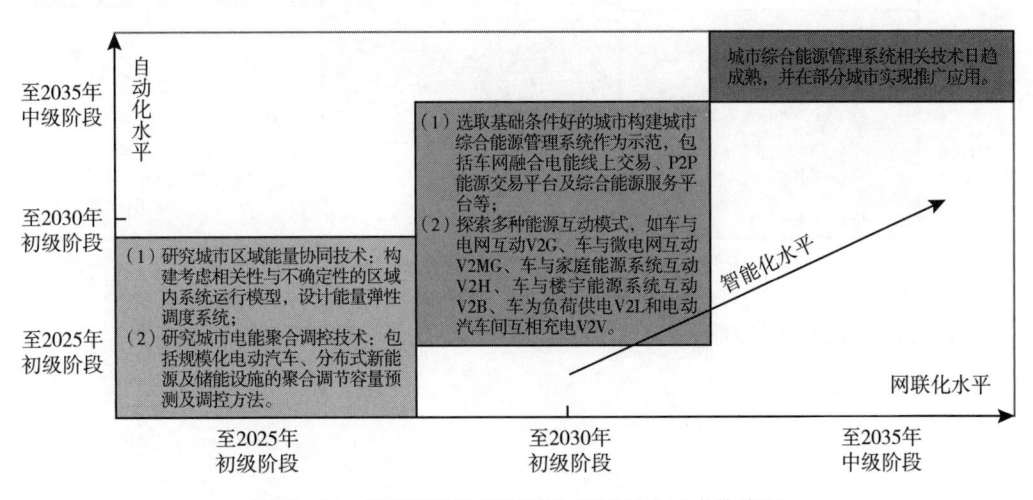

图 3-47　智慧能源与智慧城市领域融合技术路线图

表 3-60 智慧能源与智慧城市融合技术分阶段发展路线

发展阶段	技术内容
初级阶段 （至 2025 年）	（1）研究城市区域能量协同技术：构建考虑相关性与不确定性的区域内系统运行模型，设计能量弹性调度系统； （2）研究城市电能聚合调控技术：包括规模化电动汽车、分布式新能源及储能设施的聚合调节容量预测及调控方法
初级阶段 （至 2030 年）	（1）选取基础条件好的城市构建城市综合能源管理系统作为示范，包括车网融合电能线上交易、P2P 能源交易平台及综合能源服务平台等； （2）探索多种能源互动模式，如车与电网互动 V2G、车与微电网互动 V2MG、车与家庭能源系统互动 V2H、车与楼宇能源系统互动 V2B、车为负荷供电 V2L 和电动汽车间互相充电 V2V
中级阶段 （至 2035 年）	城市综合能源管理系统相关技术日趋成熟，并在部分城市实现推广应用

3.6.2.6 智慧能源与智能基础设施融合技术

智慧能源与智能基础设施融合的重点是扩大充电设施建设规模、推广自动充电和共享换电、实现可再生能源制氢，以及多合一新型基础设施建设等。

1）智慧能源与智能基础设施领域融合的充换电站技术路线如图 3-48、表 3-61 所示。

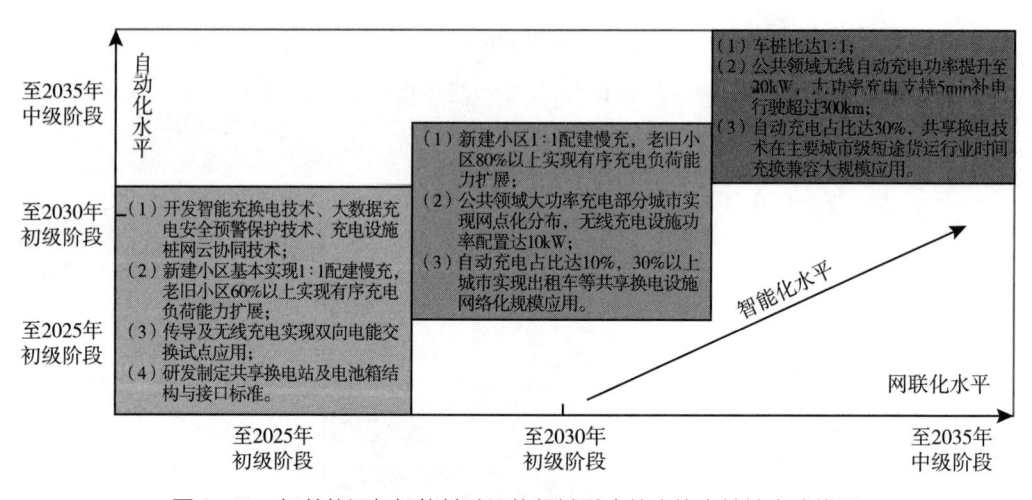

图 3-48 智慧能源与智能基础设施领域融合的充换电站技术路线图

表 3-61　智慧能源与智能基础设施融合的充换电站技术分阶段发展路线

发展阶段	技术内容
初级阶段 （至 2025 年）	（1）开发智能充换电技术、大数据充电安全预警保护技术、充电设施桩网云协同技术； （2）新建小区基本实现 1:1 配建慢充，老旧小区 60% 以上实现有序充电负荷能力扩展； （3）传导及无线充电实现双向电能交换试点应用； （4）研发制定共享换电站及电池箱结构与接口标准
初级阶段 （至 2030 年）	（1）新建小区 1:1 配建慢充，老旧小区 80% 以上实现有序充电负荷能力扩展； （2）公共领域大功率充电部分城市实现网点化分布，无线充电设施功率配置达 10kW； （3）自动充电占比达 10%，30% 以上城市实现出租车等共享换电设施网络化规模应用
中级阶段 （至 2035 年）	（1）车桩比达 1:1； （2）公共领域无线自动充电功率提升至 20kW，大功率充电支持 5min 补电行驶超过 300km； （3）自动充电占比达 30%，共享换电技术在主要城市级短途货运行业时间充换兼容大规模应用

2）智慧能源与智能基础设施领域融合的加氢站技术路线如图 3-49、表 3-62 所示。

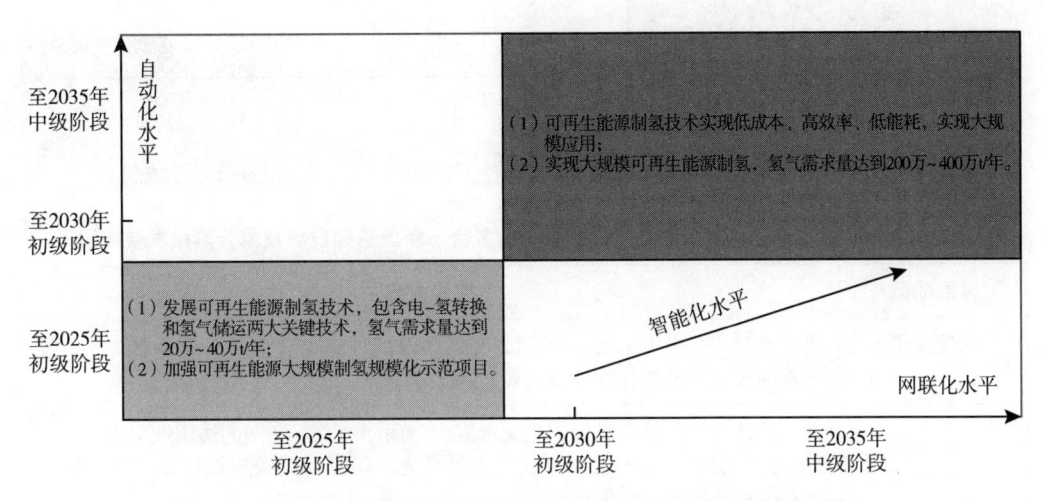

图 3-49　智慧能源与智能基础设施领域融合的加氢站技术路线图

表 3-62　智慧能源与智能基础设施领域融合的加氢站技术分阶段发展路线

发展阶段	技术内容
初级阶段 （至 2025 年）	（1）发展可再生能源制氢技术，包含电-氢转换和氢气储运两大关键技术，氢气需求量达到 20 万 ~40 万 t/年； （2）加强可再生能源大规模制氢规模化示范项目
初级和中级阶段 （至 2035 年）	（1）可再生能源制氢技术实现低成本、高效率、低能耗，实现大规模应用； （2）实现大规模可再生能源制氢，氢气需求量达到 200 万 ~ 400 万 t/年

3）智慧能源与智能基础设施领域融合的多合一新型基础设施技术路线如图 3-50、表 3-63 所示。

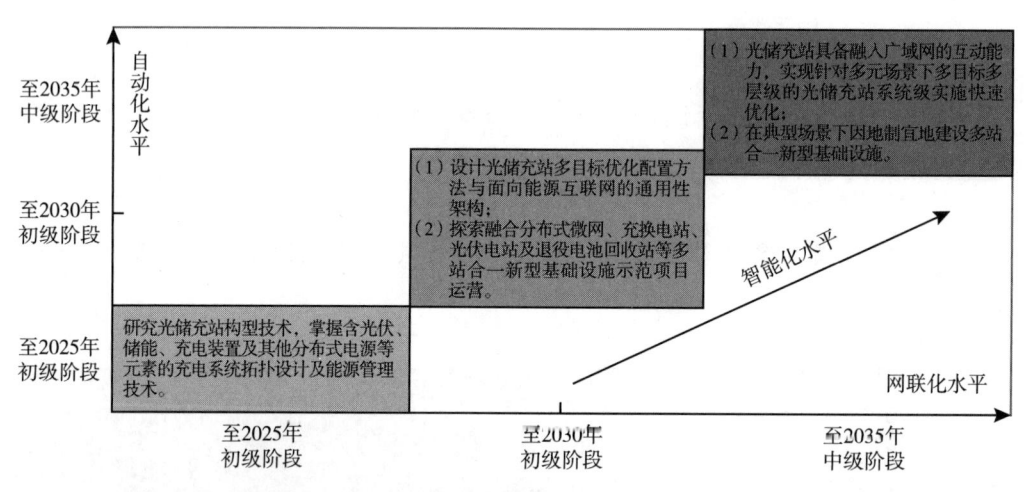

图 3-50　智慧能源与智能基础设施领域融合的多合一新型基础设施技术路线图

表 3-63　智慧能源与智能基础设施领域融合的多合一新型基础设施技术分阶段发展路线

发展阶段	技术内容
初级阶段 （至 2025 年）	研究光储充站构型技术，掌握含光伏、储能、充电装置及其他分布式电源等元素的充电系统拓扑设计及能源管理技术
初级阶段 （至 2030 年）	（1）设计光储充站多目标优化配置方法与面向能源互联网的通用性架构； （2）探索融合分布式微网、充换电站、光伏电站及退役电池回收站等多站合一新型基础设施示范项目运营
中级阶段 （至 2035 年）	（1）光储充站具备融入广域网的互动能力，实现针对多元场景下多目标多层级的光储充站系统级实施快速优化； （2）在典型场景下因地制宜地建设多站合一新型基础设施

第 4 章 四智融合发展政策建议

4.1 法律法规体系建设

新事物的出现通常会冲击原有的系统生态，这就要求交通法律法规体系应顺应科技发展趋势，打破传统体制束缚，及时修订市场和新形势不相适应的规则，适时制定新的规则。未来，需要重点解决以下三个方面法律规制：

1）规定新型无人驾驶交通工具的交通出行和运行允许环境、必备条件。

2）明确无人驾驶运载工具的法律责任主体，即发生交通安全事故、法律纠纷时，执法处罚的对象。

3）为网联预约出租汽车、共享汽车等新业态新模式市场化发展提供规范的市场监管制度和良好的市场秩序。

4.2 政策组合体系建设

推动四智融合发展，需要加强政策引领，完善顶层设计。构建创新激励政策体系，助力全面创新。

1）建议将新一代 SV 创新发展战略明确为国家战略，结合实际进展持续完善政策组合体系，充分发挥政府在跨行业发展统筹方面的主导作用；发挥"新型举国体制"的优势，建立跨机构的分工协作机制，通过"政、产、学、研、用"高效协同和深入合作，推动以 SV 为核心的四智融合发展。

2）贯彻落实创新驱动发展战略，制定创新激励政策，合理保持公共资源投入力度；加强产业人才培育和知识工程建设，以重点成果示范应用带动"政、产、学、研、用"协同创新环境建设与完善。

4.3 管理体制机制建设

我国四智融合发展要迈进强国的新时代，走高质、高效发展道路，必须从根本上解决管理体制问题。按照治理体系和治理能力现代化的要求，应从立法、职能归位、协调机制、绩效管理、投融资等多方面切入，提出综合治理改革方案。

1）法律制定修订。出台《四智融合基本法》，明确促进四智融合发展导向以及综合发展、规划、管理的基本原则。

2）明确责任主体。四智融合发展战略与规划、交通项目投融资政策、项目运营与维护、运营补贴与债务偿还、安全监管、节能环保、服务质量监管与普通服务、多式联运衔接、服务与组织创新、公众参与灯饰一个整体，不应该割裂。要进一步明确四智融合发展的管理责任主体，明确交通、财政、自然资源、公安等主管部门在四智融合中的行政责任分工。

3）完善运行机制。对国有产业实行绩效考核制度，重在建立安全与运营服务标准以及考核体系，加强政府部门对企业的监督管理。在中央层面建立完善跨部门的协调沟通机制。

4）加强经济手段。整合汽车、交通、城市建设、能源领域的专项税费中的财政资金资源，设立综合发展基金，用于促进综合四智融合发展。

5）建立科创体系，夯实技术支撑。SV 具有系统工程特征，需要政府、企业、学术界各方参与，构建涵盖 AI、通信、信息、网络安全在内的新一代 SV 科技研发体系。加快 AI 落地应用，全面提升车规级芯片的设计、制造、定制化水平；突破网络切片、自主进化网络等核心技术，尽快规划并制定相关行业标准，固化商业模式，解决成本与能耗问题；完善信息安全认证机制，构建系统安全架构，维护智能终端、网络、云端的数据安全。

4.4 完善行业市场机制

充分发挥市场机制的作用是实现四智融合发展的根本保障，要科学划定政府与市场界限，统筹处理好政府与市场的关系，使市场在资源配置中起决定性作用，以市场机制促进优势资源整合，推进产业融合。建议着力推动相关技术产业、服务产业与汽车、交通、能源、城市建设的深度结合，以市场机制促进各领域优势资源的高效利用，突出跨产业、跨领域协同发展，实现"1+1＞2"的综合效益。

1）完善四智融合发展市场规则。建立公平开放、统一透明的市场，完善市场准入制度，探索分类建立负面清单。探索四智融合发展对外商投资实行准入前国民待遇加负面清单的管理模式。

2）完善四智融合产业价格形成机制。关注四智融合各领域、各环节供求关系和竞争格局，及时放开新形成竞争的产品价格；在保障基本公共服务基础上，对各企业新开发、不属于基本公共服务的运输产品价格实行市场调节。

3）完善四智融合市场信用体系。建立健全涵盖汽车、交通、城市及能源等领域的行业信用体系。针对不同从业主体，逐步建立具有监督、申诉和复核机制的综合考核评价体系。制定并落实守信激励和失信惩戒制度，建立健全市场主体和从业人员"黑名单"制度，实施动态监管。

4）完善市场准入制度。构建公开、透明的竞争环境，加大城市建设、交通运输、能源等对社会资本的开放力度。在已开放的领域，破除政策限制与不公正待遇，充分释放市场的创新活力。

4.5 投融资体制改革

面向未来，建立可持续发展的交通投融资保障体系，应以加强财政保障能力建设、明确事权和支出责任、创新社会筹资、规范资金使用为重点，建立以公共财政为基础、权责一致、规范高效、合作共赢的现代投融资制度和政策体系。

1）投资保障方面：公共财政保障更加有力，体现和区别各级政府责任，科学安排分配投资资金，资金使用规范高效。

2）融资保障方面：降低融资成本，建立对社会投资人（特别是民间资本）更具吸引力的投融资机制，积极创新融资模式，严格防控债务风险。

4.6 设施建设与应用

积极发展高效协同的融合设施，要求协同汽车、交通、城市、能源等行业，加快四智融合设施部署应用，探索运营主体和商业模式创新，加速车联网终端用户渗透。

1）完善设施建设，保障技术落地。建议按照稳妥推进、适度超前的原则，完善 5G 基站、卫星地面定位基站、ST 基础设施、智慧电网等 4S 相关基础设施建设，促进技术应用与迭代，保障新一代 SV 的运营需求和产业成长空间。

2）开展示范应用，优化商业模式。加快新一代 SV 示范区建设，推进自动驾驶、车路协同、云平台等各项新技术的测试验证。建议在国家、地方协同推进不同层次的 ST、SC 平台建设，解决差异化的交通运输需求；整合 ST、SC 相关的共性与个性资源，开放并共享道路、交通、车辆、用户、商业服务等数据，打通各类交通工具，构建一体化出行服务平台；完善 V2X 运营，实现人、车、服务实时在线，提供主动式、智能化、规模化的网联服务。

4.7 人才队伍体系建设

人才是第一资源，建设科技强国，必须加强人才队伍体系建设。人才队伍建设要以高层次科技人才、高端智库人才、高技能实用人才、高素质管理人才为重点，加强对优秀拔尖人才和急需紧缺人才的培养，为四智融合发展提供坚强的人才保障和广泛的智力支持。

1）加强优秀拔尖人才培养。以人才创新能力建设为核心重点加强对科技领军人才和优秀青年人才的培养，加大人才引进力度。以战略性、前瞻性决策咨询治理建设为核心，大力培育和引进高端智库型人才，促进科学政府决策、行业改革推进和产业转型升级。

2）加强重点领域急需紧缺人才培养。大力培育汽车、交通、城市、能源领域急需紧缺科技人才，着力优化人才队伍的专业构成，在结构调整中实现人才总量的有效增长。

3）支持区域专业人才发展。贯彻落实国家区域发展战略，紧密结合各地四智融合发展的阶段特征，以增加人才总量、改善人才结构、提升人才素质为核心，实施对口援助、干部培训和科技合作等人才培养专项计划，促进中西部地区、东北地区高层次人才培养。

4）加强人才的国际化。打造具有国际影响力的知名专家、学者、企业家、科研团队，坚持高级人才引进来和走出去相结合，扩大中国在世界四智融合发展和管理中的影响力。

参考文献

[1] 艾欣，董春发.储能技术在新能源电力系统中的研究综述［J］.现代电力，2015，32（5）：1-9.

[2] 边明远，李克强.以智能网联汽车为载体的汽车强国战略顶层设计［J］.中国工程科学，2018，20（1）：52-58.

[3] 曹新颖，史辛琳，刘琳娜，等.分析电动汽车智能充电桩的设计与实现［J］.科技风，2019（15）：6.

[4] 常雪阳.智能网联汽车云控系统及其控制技术［D］.北京：清华大学，2019.

[5] 陈才.智慧城市的发展共识与"十四五"路径建议［J］.中国建设信息化，2021（17）：2.

[6] 陈丽丹，张尧，Antonio FIGUEIREDO.电动汽车充放电负荷预测研究综述［J］.电力系统自动化 2019，43（10）：177-197.

[7] 陈山枝，胡金玲，时岩，等.LTE-V2X车联网技术、标准与应用［J］.电信科学，2018，34（4）：1-11.

[8] 陈以明，李治.智慧能源发展方向及趋势分析［J］.动力工程学报，2020，40（10）：8.

[9] 崔明阳，黄荷叶，许庆，等.智能网联汽车架构、功能与应用关键技术［J］.清华大学学报（自然科学版），2022，62（3）：493-508.

[10] 丁飞，张楠，李升波，等.智能网联车路云协同系统架构与关键技术研究综述［J］.自动化学报，2022，48（12）：2863-2885.

[11] 丁革媛，李振江，郑宏云.智慧城市中的智能交通系统构建［J］.微型机与应用，2013.

[12] 丁继成."十四五"时期新型智慧城市建设的对策研究——以黑龙江省哈尔滨市为例［J］.上海城市管理，2023，32（2）：44-49.

[13] 董佳宝.基于V2G的电动汽车充放电机研究［D］.徐州：中国矿业大学，2014.

[14] 董鲁祺.国内外共享移动性综述研究［J］.现代经济信息，2017（14）：342.

[15] 范兴明，高琳琳，莫小勇，等.无线电能传输技术的研究现状与应用综述［J］.电工技术学报，2019，34（7）：1353-1380.

[16] 冯青文，王丹辉.信息化环境下城市智慧交通的建设与发展［J］.电脑知识与技术，2021，17（23）：157-159.

[17] 冯庆东.能源互联网与智慧能源［M］.北京：机械工业出版社，2019.

[18] 冯庆东.能源互联网与智慧能源［M］.北京：机械工业出版社，2019.

[19] 付长军，李斌，乔宏章.车联网产业发展现状研究［J］.无线电通信技术，2018，44（4）：5-9.

[20] 高柯夫，孙宏彬，王楠，等."互联网+"智能交通发展战略研究［J］.中国工程科学，2020，22（4）：5.

[21] 工业和信息化部官方网站.工业和信息化部 国家标准化管理委员会关于印发《国家车联网产业标准体系建设指南（智能汽车）》的通知（工信部联科〔2017〕332号）［EB/OL］.［2017-12-27］.

[22] 工业和信息化部官方网站.两部门关于印发《国家车联网产业标准体系建设指南（总体要求）》等系列文件的通知（工信部联科〔2018〕109号）［EB/OL］.［2018-06-08］.

[23] 郭仁忠，林浩嘉，贺彪，等.面向智慧城市的GIS框架［J］.武汉大学学报（信息科学版），2020，45（12）：1829-1835.

[24] 国网天津市电力公司，城市能源互联网发展与实践［M］.北京：中国电力出版社，2017.

[25] 郝铁亮，叶平，郝成龙，等.车联网技术研究［J］.汽车实用技术，2017（20）：141-143.

[26] 何宣虎.含移动储能单元的微网控制的研究［D］.北京：北京交通大学，2011.

[27] 何正友，向悦萍，廖凯，等.能源-交通-信息三网融合发展的需求、形态及关键技术［J］.电力系统自动化，2021，45（16）：73-86.

[28] 黄建梅.G524常熟段智慧公路建设及关键技术应用研究［C］.中国科学技术协会、中华人民共和国交通运输部、中国工程院、中国公路学会，2019：1058-1067.

[29] 黄锐.智慧城市中关于智能交通系统的建设研究［J］.商品与质量，2020，2：84.

[30] 节能与新能源汽车技术路线图战略咨询委员会，中国汽车工程学会.节能与新能源汽车技术路线图2.0［M］.北京：机械工业出版社，2020.

[31] 节能与新能源汽车技术路线图战略咨询委员会，中国汽车工程学会.节能与新能源汽车技术路线图2.0［M］.北京：机械工业出版社，2020.

[32] 匡旭.智能网联汽车综合效益及商业模式研究［D］.北京：清华大学，2019.

[33] 李德仁，邵振峰，杨小敏.从数字城市到智慧城市的理论与实践［J］.地理空间信息，2011，9（6）：1-5，7.

[34] 李换平.汽车云计划下城市自动驾驶车辆调度研究［D］.哈尔滨工业大学，2015.

[35] 李静.电动汽车无线充电技术及其商用模式［J］.汽车与配件，2018（20）：44-45.

[36] 李骏，等.人民交通出版社中国智慧城市、智能交通与智能汽车融合发展战略研究［M］.北京：人民交通出版社，2023.

[37] 李骏，张新钰，史天泽.智慧城市与智能汽车融合一体化科技创新研究［J］.建设科技，2022（1）：21-27.

[38] 李骏，张新钰，史天泽.智慧城市与智能汽车融合一体化科技创新研究［J］.建设科技，

2022，No.445（1）：21-27，33.

[39] 李克强，戴一凡，李升波，等．智能网联汽车（ICV）技术的发展现状及趋势［J］．汽车安全与节能学报，2017，8（1）：1-14.

[40] 李克强，戴一凡，李升波，等．智能网联汽车（ICV）技术的发展现状及趋势［J］．汽车安全与节能学报，2017，8（1）：1-14.

[41] 李克强，李家文，常雪阳，等．智能网联汽车云控系统原理及其典型应用［J］．汽车安全与节能学报，2020，11（3）：261-275.

[42] 李克强．智能网联汽车现状及发展战略建议［J］．经营者（汽车商业评论），2016（2）：170-175，15.

[43] 李梦，黄海军．考虑共享出行的用户均衡交通分配模型［J］．系统工程理论与实践，2019，39（7）：1771-1780.

[44] 李娜，李志远，王楠，等．氢储能调峰站发展路径探索研究［J］．中国能源，2021（1）：55-67.

[45] 李瑞敏．出行即服务（MaaS）概论［M］．北京：人民交通出版社股份有限公司，2020.

[46] 李鑫慧，郭蓬，戎辉，等．高精度地图技术研究现状及其应用［J］．汽车电器，2019（6）：1-3.

[47] 刘超群，魏斌，吴晓康，等．电动汽车移动式无线充电技术工程化应用研究［J］．电网技术，2019，43（6）：2211-2218.

[48] 刘超群，魏斌，吴晓康，等．电动汽车移动式无线充电技术工程化应用研究［J］．电网技术，2019，43（6）：2211-2218.

[49] 刘经南，吴杭彬，郭迟，等．高精度道路导航地图的进展与思考［J］．中国工程科学，2018，20（2）：99-105.

[50] 刘经南，詹骄，郭迟，等．智能高精地图数据逻辑结构与关键技术［J］．测绘学报，2019，48（8）：939-953.

[51] 刘帅，李秋伟，承林涛．基于无人驾驶技术的无人配送物流服务体系研究［J］．中国新通信，2021，23（1）：73-74.

[52] 刘苏晴．5G网络环境下的"无人机+车辆"应急物资配送优化方案［J］．信息系统工程，2023（5）：112-115.

[53] 刘天洋，余卓平，熊璐，等．智能网联汽车试验场发展现状与建设建议［J］．汽车技术，2017，No.496（1）：7-11，32.

[54] 刘晓飞，张千帆，崔淑梅．电动汽车V2G技术综述［J］．电工技术学报，2012，27（2）：121-127.

[55] 刘芯汝，高辉，张卫国，等．基于区块链技术的P2P电能交易平台与配电网协同仿真［J］．计算机系统应用，2021，30（4）：54-61.

[56] 刘宗巍，史天泽，郝瀚，等．中国汽车技术的现状、发展需求与未来方向［J］．汽车技术，2017（1）：1-6.

［57］刘宗巍，宋昊坤，郝瀚，等．基于四智融合的新一代智能汽车创新发展战略研究［J］．中国工程科学，2021，23（3）：10．

［58］刘宗巍．赵福全论汽车产业（第二卷）［M］．北京：机械工业出版社，2020．

［59］刘宗巍．赵福全论汽车产业（第一卷）［M］．北京：机械工业出版社，2017．

［60］陆化普，李瑞敏．城市智能交通系统的发展现状与趋势［J］．工程研究－跨学科视野中的工程，2014，6（1）：6-19．

［61］陆化普，孙智源，屈闻聪．大数据及其在城市智能交通系统中的应用综述［J］．交通运输系统工程与信息，2015，15（5）：45-52．

［62］陆王琳，陆启亮，张志洪．碳中和背景下综合智慧能源发展趋势［J］．动力工程学报，2022，42（1）：9．

［63］陆哲元．基于高精地图的车路协同智能交通系统［J］．中国公共安全，2019（11）：101-103．

［64］络的汽车产品设计／制造／服务一体化研究［J］．科技管理研究，2017，37（12）：97-102．

［65］吕玉琦，丁启枫，杜昊，等．汽车自动驾驶和V2X标准进展现状［J］．数字通信世界，2019（3）：19-20．

［66］缪立新，王发平．V2X车联网关键技术研究及应用综述［J］．汽车工程学报，2020，10（1）：1-12

［67］潘霞，张庆余，朱强．高精度地图在自动驾驶领域的作用及意义解析［J］．时代汽车，2019（4）：49-50，53．

［68］钱卫列．城市智能基础设施与智能汽车协同发展［J］．中国建设信息化，2021（13）：2．

［69］钱志鸿，田春生，郭银景，等．智能网联交通系统的关键技术与发展［J］．电子与信息学报，2020，42（1）：2-19．

［70］钱志鸿，田春生，郭银景，等．智能网联交通系统的关键技术与发展［J］．电子与信息学报，2020，42（1）：2-19．

［71］秦严严，王昊，冉斌．CACC车辆跟驰建模及混合交通流分析［J］．交通运输系统工程与信息，2018，18（2）：60-65．

［72］邱佳慧，刘琪，康世明．车辆高精度定位技术研究［J］．信息记录材料，2019（6）：201-204．

［73］邱宇凡．智慧城市理念在城市交通规划中的应用研究［J］．城市建设理论研究（电子版），2023，437（11）：164-166．

［74］全国汽车标准化技术委员会．车用操作系统测试评价研究报告［M］．天津：汽标委智能网联汽车分标委资源管理与信息服务标准工作组，2021．

［75］任晓红，柳春花．共享出行领域研究现状、热点及前沿——基于CiteSpace的文献计量分析［J］．科学技术与工程，2022，22（12）：5009-5019．

［76］沈山，曹远琳，孙一飞．国际智慧城市发展实践与研究前瞻［J］．现代城市研究，2015

（1）：7.

[77] 沈振江，李苗裔，林心怡，等. 日本智慧城市建设案例与经验［J］. 规划师，2017（5）：26-32.

[78] 孙超. 浅谈虚拟现实技术在智慧城市领域的应用［J］. 中国公共安全，2017，295（1）：73-78.

[79] 孙海鹏. 我国智能网联汽车产业发展规划与发展政策浅析［J］. 时代汽车，2021，000（4）：40-41.

[80] 孙宏斌，郭庆来，潘昭光，等. 能源互联网：驱动力、评述与展望［J］. 电网技术，2015，39（11）：3005-3013.

[81] 孙皎. 智慧城市发展研究［J］. 农业科学，2021，4（1）：55-56.

[82] 孙亮，吴静媛，梁翠兰，等. 面向群体感知的智能汽车协同通信方法［J］. 无线电工程，2022，52（1）：28-32.

[83] 孙溥茜. 京东物流：智能物流体系中的配送机器人与无人机技术［J］. 机器人产业，2022（5）：56-58.

[84] 孙羽，汪沛. 无人驾驶技术在未来智慧港口的应用［J］. 珠江水运，2019（23）：5-7.

[85] 孙志勇，刘梦雪. 新型智慧城市：本土化现状与发展趋势［N］. 中国房地产报，2022-02-19.

[86] 唐国建，杨金龙. 共享出行的实践逻辑与绿色生活方式建构［J］. 哈尔滨工业大学学报（社会科学版），2022，24（5）：67-75.

[87] 唐洁，刘少山. 面向无人驾驶的边缘高精地图服务［J］. 中兴通信技术，2019，25（3）：58-67，81.

[88] 唐斯斯，张延强，单志广，等. 我国新型智慧城市发展现状，形势与政策建议［J］. 电子政务，2020（4）：11.

[89] 童光毅，杜松怀. 智慧能源体系［M］. 北京：科学出版社，2019.

[90] 万雄，彭忆强，邓鹏毅，等. 电动汽车V2G关键技术研究综述［J］. 汽车实用技术，2020（2）：9-12.

[91] 王成山，董博，于浩，等. 智慧城市综合能源系统数字孪生技术及应用［EB/OL］. （2021-01-20）［2021-02-25］. https：//kns.cnki.net/KCMS/detail/detail.aspx?dbcode=CAPJ&dbname=CAPJLAST&filename=ZGDC20210119002&v=MTc1MDI1N1QzZmxxV00wQ0xMN1I3cWRadVpzRkMzbFVyM09KVjQ9UHlyUGJiRzRITkRNcm81TVpPc05ZdzlNem1SbjZq.

[92] 王成山，李鹏. 分布式发电、微网与智能配电网的发展与挑战［J］. 电力系统自动化，2010，34（2）：10-14，23.

[93] 王国锋，宋鹏飞，张蕴灵. 智能交通系统发展与展望［J］. 公路，2012（5）：217-222.

[94] 王建凯. 气象观测系统助力新型智慧城市发展［J］. 中国建设信息化，2020（18）：2.

[95] 王建强，黄荷叶，李克强，等. 迈向L5级自动驾驶汽车的发展原则［J］. Engineering，2021，7（9）：253-278.

[96] 王兰 .TomTom：打通高精地图的闭环［J］. 汽车观察，2019（6）：86-87.

[97] 王淼，徐文城，刘洋 . 自动驾驶交通街景下智慧道路系统设计［J］. 公路交通科技（应用技术版），2019，15（10）：260-262.

[98] 王润民，张心睿，赵祥模，等 . 混行环境下网联信号交叉口车路协同控制方法［J］. 交通运输工程学报，2022，22（3）：139-151.

[99] 王帅琪，金玉婷，陈英实 . 光伏技术在路面结构中的应用分析［J］. 交通建设，2019（11）：246-247.

[100] 王笑京 . 智能交通系统研发历程与动态述评［J］. 城市交通，2008，No.22（1）：6-12.

[101] 王笑京 . 中国智能交通系统发展战略［J］. 人民交通出版社，2006.

[102] 王玉艳 . 智慧城市理念与未来城市发展分析［J］. 城市住宅，2020，27（11）：128-129.

[103] 王云鹏，鲁光泉，陈鹏，等 . 智能车联网基础理论与共性关键技术研究及应用［J］. 中国科学基金，2021，35（S1）：185-191.

[104] 王云鹏，鲁光泉，于海洋，等 . 路车融合的道路交通系统智能化分级及发展建议［J］. 中国公路，2022（10）：38-40.

[105] 王云鹏，鲁光泉，于海洋 . 车路协同环境下的交通工程［J］. 中国工程科学，2018，20（2）：106-110.

[106] 王云鹏，鲁光泉，于海洋 . 车路协同环境下的交通工程［J］. 中国工程科学，2018，20（2）：106-110.

[107] 王云鹏，严新平 . 智能交通技术概论［M］. 北京：清华大学出版社，2020.

[108] 王云鹏 . 国内外 ITS 系统发展的历程和现状［J］. 汽车零部件，2012（6）：36.

[109] 王振，夏婷 . 新基建形式下智慧交通建设解决方案［J］. 互联网天地，2020（10）：42-47.

[110] 魏垚，王庆扬 .C-V2X 蜂窝车联网标准分析与发展现状［J］. 移动通信，2018，42（10）：9-12.

[111] 吴戡，宋晓峰，季玮，等 . 智慧高速车路协同系统发展现状与趋势［C］. 中国智能交通协会 . 第十五届中国智能交通年会科技论文集（2）.

[112] 伍朝辉，武晓博，王亮 . 交通强国背景下智慧交通发展趋势展望［J］. 交通运输研究，2019，5（4）：26-36.

[113] 夏亮，刘光毅 .3GPP 中 V2X 标准研究进展［J］. 邮电设计技术，2018（7）：11-16.

[114] 谢伯元，李克强，王建强，等 ."三网融合"的车联网概念及其在汽车工业中的应用［J］. 汽车安全与节能学报，2013，4（4）：348-355.

[115] 徐辉 . 基于"数字孪生"的智慧城市发展建设思路［J］. 学术前沿，2020（8）：94-99.

[116] 徐名赫，朱雷，郝峥嵘，等 . 自动驾驶出租车商业化现状及挑战［J］. 智能网联汽车，2020（4）：40-47.

[117] 徐志刚，李金龙，赵祥模，等 . 智能公路发展现状与关键技术［J］. 中国公路学报，2019，32（8）：1-24.

[118] 许鸿贯，骆千珺，覃杰，等.自动化集装箱码头的海铁联运设计[J].水运工程，2022（10）：48-52，104.

[119] 许庆瑞，吴志岩，陈力田.智慧城市的愿景与架构[J].管理工程学报，2012，26（4）：1-7.

[120] 羊树文.电动汽车动态无线供电功率稳定控制策略研究[D].南京：南京师范大学，2020.

[121] 杨金才.粤港澳大湾区：打造世界级智慧城市群[N].CPS中安网，2022-04-15.

[122] 杨澜，赵祥模，吴国垣，等.智能网联汽车协同生态驾驶策略综述[J].交通运输工程学报，2020，1-26.

[123] 杨黎晖，许昭，等.电动汽车在含大规模风电的丹麦电力系统中的应用[J].电力系统自动化，2011，35（14）：43-47.

[124] 易晓峰.智能汽车的未来和出行服务生态的构建[J].智能网联汽车，2019，No.2（1）：65.

[125] 余涛.电动汽车有序充放电策略与鲁棒优化调度[D].长沙：湖南大学，2020.

[126] 俞学豪，袁海山，叶昀.综合智慧能源系统及其工程应用[J].中国勘察设计，2021（1）：87-91.

[127] 袁建华，王敏，陆文杰，等.国外自动驾驶测试示范区现状[J].汽车与安全，2018（3）：40-48.

[128] 张东，俞忠东，侯晓宇.智慧城市出行新生态及大中城市的建设应用[J].交通世界，2019，509（23）：10-14.

[129] 张纪升，李斌，王笑京，等.智慧高速公路架构与发展路径设计[J].公路交通科技，2018（1）：88-94.

[130] 张进明，孙灿，刘兆丹，等.智能网联汽车高精地图技术指标及标准化需求研究[J].中国汽车，2019（10）：49-52.

[131] 张军，王云鹏，鲁光泉，等.中国综合交通工程科技2035发展战略研究[J].中国工程科学，2017，19（1）：43-49.

[132] 张宁，马文双.自动驾驶对于高精地图的技术需求分析[J].物流技术与应用，2020，25（1）：135-137

[133] 张小雨，邵春福，王博彬，等.新冠疫情影响下居民共享出行方式选择行为研究[J].交通运输系统工程与信息，2022，22（2）：186-196，205.

[134] 张新钰，邹镇洪，李志伟，等.面向自动驾驶目标检测的深度多模态融合技术[J].智能系统学报，2020，15（4）：14.

[135] 张扬.人工智能赋能城市交通精细化管理的思考[J].交通与港航，2020，7（5）：46-50.

[136] 张毅，姚丹亚，李力，等.智能车路协同系统关键技术与应用[J].交通运输系统工程与信息，2021，21（5）：40-51.

[137] 张永伟. 自动驾驶应用场景与商业化路径[M]. 北京：机械工业出版社，2020.

[138] 张振. 浅析面向未来智慧公路的发展思考[C]. 中国智能交通协会. 第十三届中国智能交通年会大会论文集. 中国智能交通协会：中国智能交通协会，2018：136-146.

[139] 赵福全，刘宗巍，郝瀚，等. 汽车产业变革的特征、趋势与机遇[J]. 汽车安全与节能学报，2018，9（3）：5-21.

[140] 赵福全，刘宗巍，郝瀚，等. 中国实现汽车强国的战略分析和实施路径[J]. 中国科技论坛，2016（8）：45-51，76.

[141] 赵福全，刘宗巍，杨克铨，等. 汽车技术创新[M]. 北京：机械工业出版社，2019.

[142] 赵福全，刘宗巍. 中国发展智能汽车的战略价值与优劣势分析[J]. 现代经济探讨，2016（4）：49-53.

[143] 赵祥模，惠飞，史昕，等. 泛在交通信息服务系统的概念、架构与关键技术[J]. 交通运输工程学报，2014，14（4）：105-115.

[144] 赵悦，魏雅蕾，李梓暄，等. 雄安新区智慧交通标准化建设研究[J]. 中国标准化，2022（S1）：311-319.

[145] 郑明媚，聂聪迪.《新型智慧城市概论》[M]. 北京：中国城市出版社，2020.

[146] 中国经济网. 两部门签署《全面推进智能交通发展战略合作协议》[N]. 中国财经，2017.

[147] 中国经济信息社. 2016—2017中国物联网发展年度报告[R]. 无锡：中国经济信息社，2017.

[148] 中国汽车工程学会，节能与新能源汽车技术路线图2.0[M]. 北京：机械工业出版社，2020.

[149] 中国汽车工程学会、国汽（北京）智能汽车研究院有限公司. 中国智能汽车产业发展报告（2020），智能汽车蓝皮书[M]. 北京：社会科学文献出版社，2020

[150] 中国汽车技术研究中心有限公司，冯屹、王兆. 自动驾驶测试场景技术发展与应用[M]. 北京：机械工业出版社，2020，2：32-36.

[151] 中国通信学会. 车联网产业与技术发展路线图[M]. 北京：中国科学技术出版社，2022.

[152] 中国智能网联汽车产业创新联盟. 国内外智能网联汽车法律法规对标白皮书[R]. 北京：国汽（北京）智能网联汽车研究院有限公司，2022.

[153] 中国智能网联汽车产业创新联盟. 基于C-V2X的智能化网联化融合发展路线图[R]. 北京：国汽（北京）智能网联汽车研究院有限公司，2023.

[154] 钟志华，乔英俊，王建强，等. 新时代汽车强国战略研究综述（一）[J]. 中国工程科学，2018，20（1）：1-10.

[155] 周婷婷，黄耿志，曹凯滨. 基于空间数据与3S技术的县域数字城市建设规划——以广东增城为例[J]. 测绘与空间地理信息，2015，38（9）：177-179.

[156] 朱剑，陈海云，赵江南，等. 智能驾驶环卫车5G远程驾驶系统[J]. 汽车实用技术，

2021，46（6）：52-57.

[157] 朱维政. 智慧城市能源服务［M］. 北京：中国电力出版社，2019.

[158] 祝月艳，赵琳. 国内智能网联汽车测试示范区发展现状分析及建议［J］. 汽车工业研究，2018（11）：36-43.

[159]《广东省新型城镇化规划（2021—2035年）》，广东省人民政府，2021.

[160]《国民经济和社会发展第十四个五年规划和2035年远景目标纲要》，国家发展和改革委员会发展战略和规划司，2021.

[161]《深圳市数字政府和智慧城市"十四五"发展规划》，深圳市人民政府，2022.

[162]《粤港澳大湾区发展规划纲要》，国务院，2019.

[163]《质量强国建设纲要》，国务院，2023.

[164]《中国公路学报》编辑部. 中国汽车工程学术研究综述·2017［J］. 中国公路学报，2017，30（6）：1-197.

[165]《珠海市新型智慧城市"十四五"规划》，珠海市人民政府，2021.

[166] 3GPP. Study on enhancement of 3GPP support for 5G V2X services［J］. Tech. Rep. 22.886 V16.2.0, 2018.

[167] Agrawal D, Bemstein P, Bertino E, et al. Challenges and opportunities with big data［J］. Challenges and Opportunities with Big Data–ResearcGate, 2012, 6（12）: 2032-2033.

[168] Alapuranen P O. An intelligent transportation system and method: WO2007040900A3［P］. 2017.

[169] Alexander P, Haley D, Grant A. Cooperative intelligent transport systems: 5.9-GHz field trials［J］. Proceedings of the IEEE, 2011, 99（7）: 1213-1235.

[170] Bian K, Zhang G, Song L. Security in use cases of vehicle-to-everything communications［C］//2017 IEEE 86th Vehicular Technology Co-nference (VTC-Fall), Sept 24-27, 2017, Toronto, ON, Canada. Piscataway: IEEE Press, 2017: 1-5.

[171] Chehri A, Mouftah H T. Autonomous vehicles in the sustainable cities, the beginning of a green adventure［J］. Sustainable Cities and Society, 2019, 51: 101751.

[172] Chen A, Ramanandan A, Farrell J A. High-precision lane-level road map building for vehicle navigation［C］//IEEE/ION position, location and navigation symposium. IEEE, 2010: 1035-1042.

[173] Chen S Z, hu j L, Shi Y, et al. LTE-V: a TD-LTE-based V2X solution for future vehicular network［J］. IEEE Internet of Things Journal, 2016, 3（6）: 997-1005.

[174] Dibaei M, Zheng X, Jiang K, et al. Attacks and defences on intelligent connected vehicles: A survey［J］. Digital Communications and Networks, 2020, 6（4）: 399-421. Kuang X, Zhao F Q, Hao H, et al. Intelligent connected vehicles: The industrial practices and impacts on automotive value-chains in China［J］. Asia Pacific Business Review, 2018, 24(1): 1-21.

[175] Feneri A, Rasouli S, Timmermans H. Modeling the effect of Mobility-as-a-Service on mode

choice decisions [J]. The International Journal of Transportation Research, 2022, 14 (4): 324-331.

[176] Gautam V. Analysis and application of vehicular ad hoc network as intelligent transportation system [C]//Mobile Radio Communications and 5G Networks: Proceedings of MRCN 2020. Springer Singapore, 2021: 1-17.

[177] Haiyang Yu, Rui Jiang, Zhengbing He, et al. Automated vehicle-involved traffic flow studies: A survey of assumptions, models, speculations, and perspectives [J]. Transportation Research Part C: Emerging Technologies, 2021, 127.

[178] Hamida E B, Noura H, Znaidi W. Security of cooperative intelligent transport systems: standards, threats analysis and cryptographic countermeasures[J]. Electronics, 2015, 4(3): 380-423.

[179] Hu J, Creutzig F. A systematic review on shared mobility in China [J]. International Journal of Sustainable Transportation, 2022, 16 (4): 374-389.

[180] Hyun K, Naz F, Cronley C, Leat S. User characteristics of shared-mobility: a comparative analysis of car-sharing and ride-hailing services [J]. Transportation Planning and Technology, 2021, 44 (4): 436-447.

[181] J Jeong, I Lee. Classification of lidar data for generating a high-precision roadway map [J]. The International Archives of the Photogrammetry, Remote Sensing and Spatial Information Sciences, 2016, XLI-B3.

[182] Jain A K. Working model of self-driving car using convolutional neural network, Raspberry Pi and Arduino [C]//2018 Second International Conference on Electronics, Communication and Aerospace Technology(ICECA). IEEE, 2018: 1630-1635.

[183] JIAO J L. Machine Learning Assisted High-Definition Map Creation [C]//2018 IEEE 42nd Annual Computer Software and Applications Conference (COMPSAC). Japan: IEEE, 2018: 367-373. DOI: 10.1109/COMPSAC.2018.00058.

[184] KABASHKIN I. Reliability of bidirectional V2X communications in the intelligent transport systems [C]//2015 Advances in Wireless and Optical Communications (RTUWO), Nov 5-6, 2015, Riga, Latvia. Piscataway: IEEE Press, 2015: 159-163.

[185] Koryagin S, Klachek P, Liberman I. Technology of hybrid computational intellect and problems associated with intelligent vehicle control systems development- ScienceDirect [J]. Transportation Research Procedia, 2018, 36: 326-333.

[186] Kuehbeck T, Hakobyan G, Sikora A, et al. Evaluation of Performance Enhancement for Crash Constellation Prediction via Car-to-Car Communication [C]//International Workshop on Communication Technologies for Vehicles. Springer, Cham, 2014: 57-68.

[187] Li D, Deng L, Cai Z. Intelligent vehicle network system and smart city management based on genetic algorithms and image perception [J]. Mechanical Systems and Signal Processing,

2020, 141: 106623.

[188] Li Y, Li Z, Wang H, et al. Evaluating the safety impact of adaptive cruise control in traffic oscillations on freeways [J]. Accident Analysis & Prevention, 2017, 104: 137-145.

[189] Lu H, Poellabauer C. Analysis of application-specific broadcast reliability for vehicle safety communications [C]//Proceedings of the Eighth ACM international workshop on Vehicular inter-networking, 2011: 67-72.

[190] Luo D, Ding C, Huang H. Parallelization with multiplicative algorithms for big data mining. Proceedings of IEEE 12th International Conference on Data Mining, Brussels, Belgium, 2012: 489-498.

[191] Manfreda A, Ljubi K, Groznik A. Autonomous vehicles in the smart city era: An empirical study of adoption factors important for millennials [J]. International Journal of Information Management, 2021, 58: 102050.

[192] McDonald Mike et al. Intelligent Transport Systems in Europe: Opportunities for Future Research [M]. WORLD SCIENTIFIC, 2006.

[193] NHTSA. Vehicle safety communications project task 3 final report: Identify intelligent vehicle safety applications enabled by DSRC [R]. Washington, D.C. U.S. Department of transportation, 2005.

[194] Olia A, Abdelgawad H, Abdulhai B, et al. Assessing the potential impacts of connected vehicles: mobility, environmental, and safety perspectives [J]. Journal of Intelligent Transportation Systems, 2016, 20 (3): 229-243.

[195] Olia A, Razavi S N, Abdulhai B, et al. Traffic capacity implications of automated vehicles mixed with regular vehicles [J]. Journal of Intelligent Transportation Systems, 2018, 22 (3): 244-262.

[196] Pan S, Zhou W, Piramuthu S, Giannikas V, Chen C. Smart city for sustainable urban freight logistics [J]. International Journal of Production Research, 2021, 59 (7): 2079-2089.

[197] Phan D, Bab-Hadiashar A, Lai C Y, et al. Intelligent energy management system for conventional autonomous vehicles [J]. Energy, 2020, 191: 116476.

[198] Qiangqiang Guo, Li Li, Xuegang (Jeff) Bana. Urban traffic signal control with connected and automated vehicles: A survey [J]. Transportation Research Part C: Emerging Technologies, 2019, 101: 313-334.

[199] Qiu L, Qian L, Abdollahi Z, et al. Engine-Map-Based Predictive Fuel-Efficient Control Strategies for a Group of Connected Vehicles [J]. Automotive Innovation, 2018, 1 (4): 311-319.

[200] Salazar-Cabrera R, de la Cruz Á P, Molina J M M. Sustainable transit vehicle tracking service, using intelligent transportation system services and emerging communication technologies: A review [J]. Journal of Traffic and Transportation Engineering (English

Edition), 2020, 7 (6): 729-747.

[201] Schilling M A. 技术创新的战略管理 [M]. 谢伟, 王毅, 李培馨, 等译. 北京: 清华大学出版社, 2005.

[202] Schindler A, Maier G, Janda F. Generation of high precision digital maps using circular arc splines [C]//2012 IEEE Intelligent Vehicles Symposium. IEEE, 2012: 246-251.

[203] Shim K. MapReduce algorithms for big data analysis, and storage of big data. Proceedings of the VLDB Endowment, Istanbul, Turkey, 2012: 2016-2017.

[204] Stager A, Bhan L, Malikopoulos A, et al. A Scaled Smart City for Experimental Validation of Connected and Automated Vehicles – ScienceDirect [J]. IFAC-PapersOnLine, 2018, 51 (9): 130-135.

[205] Sumit Ghosh and Tony Lee and Tony S. Lee. Intelligent Transportation Systems [M]. Taylor and Francis; CRC Press, 2000.

[206] Taiebat M, Xu M. Synergies of Four Emerging Technologies for Accelerated Adoption of Electric Vehicles: Shared Mobility, Wireless Charging, Vehicle-to-Grid, and Vehicle Automation [J]. Journal of Cleaner Production, 2019, 230 (SEP.1): 794-797.

[207] Tajani A. Mission Growth: Europe at the Lead of the New Industrial Revolution [C]//High—level conference Brussels.

[208] Tan H, Zhao F, Hao H, et al. Estimate of safety impact of lane keeping assistant system on fatalities and injuries reduction for China: Scenarios through 2030 [J]. Traffic Injury Prevention, 2020, 21 (2): 156-162.

[209] Taniguchi E, Shimamoto H. Intelligent transportation system based dynamic vehicle routing and scheduling with variable travel times [J]. Transportation Research Part C Emerging Technologies, 2004, 12 (3/4): 235-250.

[210] Technical Committee: ISO/TC 204 Intelligent transport systems. Intelligent transport systems — Evolved-universal terrestrial radio access network — Part 3: LTE-V2X: ISO 17515-3: 2019 [P]. 2019-08.

[211] van Arem B, van Driel C, Visser R. The impact of cooperative adaptive cruise control on traffic-flow characteristics [J]. IEEE Transactions on Intelligent Transportation Systems, 2006, 7 (4): 429-436.

[212] Van, Brummelen, Jessica, et al. Autonomous vehicle perception: The technology of today and tomorrow [J]. Transportation Research Part C: Emerging Technologies, 2018, 89: 384-406.

[213] Yan B, Rhodes P J. Toward automatic parallelization of spatial computation for computing clusters [C]//Proceedings of the 17th international symposium on High performance distributed computing, 2008: 45-54.

附录 1

我国智能网联汽车相关法律法规

领域	时间	部门	法规名称	主要内容
产品准入与上路通行	2018年11月	工业和信息化部	《道路机动车辆生产企业及产品准入管理办法》	因采用新技术、新工艺、新材料等原因，不能满足本办法规定的准入条件的，企业在申请道路机动车辆生产企业及产品准入时可以提出相关准入条件豁免申请
	2021年3月	公安部	《道路交通安全法》（修订建议稿）	有自动驾驶功能的汽车开展道路测试应当在封闭道路、场地内测试合格，取得临时行驶车号牌，并按规定在指定的时间、区域、路线进行
	2021年8月	工业和信息化部	《关于加强智能网联汽车生产企业及产品准入管理的意见》	加强智能网联汽车数据安全、网络安全、OTA升级等管理
	2022年4月	工业和信息化部	《关于开展汽车软件在线升级备案的通知》	企业实施OTA升级活动，应当确保汽车产品符合国家法律法规、技术标准及技术规范等相关要求，保障汽车产品生产一致性
	2023年11月	工业和信息化部、公安部、住房和城乡建设部、交通运输部	《关于开展智能网联汽车准入和上路通行试点工作的通知》	针对L3和L4级自动驾驶汽车，遴选具备量产条件的智能网联汽车产品，开展准入试点。对取得准入的产品，在限定区域内开展上路通行试点，用于运输经营的需满足有关运营资质和运营管理要求
事故认定与执法	2021年3月	公安部	《道路交通安全法》（修订建议稿）	发生道路交通安全违法行为或者交通事故的，应当依法确定驾驶人、自动驾驶系统开发单位的责任，并依照有关法律、法规确定损害赔偿责任。构成犯罪的，依法追究刑事责任
	2021年7月	工业和信息化部、公安部、交通运输部	《智能网联汽车道路测试管理规范（试行）》	在测试期间发生交通违法行为的，由公安机关交通管理部门，按照现行道路交通安全法律法规对测试驾驶人进行处理。在测试期间发生交通事故，应认定当事人的责任，并依照有关法律法规及司法解释确定损害赔偿责任。构成犯罪的，依法追究刑事责任

续表

领域	时间	部门	法规名称	主要内容
事故认定与执法	2023年12月	交通运输部	《自动驾驶汽车运输安全服务指南（试行）》	从事道路运输经营的自动驾驶汽车应按照《中华人民共和国道路交通安全法》《中华人民共和国道路运输条例》《机动车交通事故责任强制保险条例》以及《关于印发智能网联汽车道路测试与示范应用管理规范（试行）的通知》有关要求，提供交通事故责任强制险凭证以及交通事故责任保险凭证或事故赔偿保函。在车辆发生事故或自动驾驶功能失效时，应自动记录和存储事发前至少90秒的运行状态信息
高精地图	2022年8月	自然资源部	《关于做好智能网联汽车高精度地图应用试点有关工作的通知》	鼓励管理创新、技术创新和服务业态创新，支持不同类型地图面向自动驾驶应用多元化路径探索，支持不同主体就不同技术路线、不同应用场景开展测试验证和应用推广，支持试点城市根据产业实际需求，开展高级辅助驾驶地图城市普通道路、高精度位置导航应用等先行先试和示范应用
高精地图	2022年8月	自然资源部	《关于促进智能网联汽车发展维护测绘地理信息安全的通知》	对智能网联汽车（包括智能汽车、网约车、智能公交以及移动智能配送装置等）涉及的测绘地理信息数据采集和管理等相关法律法规政策的适用与执行问题进行规定
网络与数据安全	2021年8月	国家互联网信息办公室、国家发展和改革委员会、工业和信息化部、公安部、交通运输部	《汽车数据安全管理若干规定（试行）》	规范汽车数据处理活动，保护个人、组织的合法权益，维护国家安全和社会公共利益，促进汽车数据合理开发利用
网络与数据安全	2021年9月	工业和信息化部	《关于加强车联网网络安全和数据安全工作的通知》	加强车联网网络安全和数据安全管理工作，健全完善车联网安全保障体系
网络与数据安全	2021年9月	工业和信息化部	《关于加强车联网卡实名登记管理的通知》	为切实加强车联网卡实名登记管理工作，保障用户权益，维护网络安全
网络与数据安全	2022年2月	工业和信息化部	《关于印发车联网网络安全和数据安全标准体系建设指南的通知》	到2023年底，初步构建起车联网网络安全和数据安全标准体系，完成50项以上急需标准的研制。到2025年，形成较为完善的车联网网络安全和数据安全标准体系，完成100项以上标准的研制

附录 2

我国 C-V2X 相关标准

标准分类	标准名称	标准等级	标准组织
接入层协议	基于 LTE 网络的车联网无线通信系统总体技术要求	国家标准/行业标准	TC485/CCSA
	基于 LTE 的车联网无线通信技术空中接口技术要求	国家标准/行业标准	TC485/CCSA
网络层协议	基于 LTE 的车联网无线通信技术 网络层技术要求	行业标准	CCSA
	基于 LTE 的车联网无线通信技术 网络层测试方法	行业标准	CCSA
消息层协议	合作式智能运输系统 车用通信系统应用层及应用数据交互标准	团体标准	C-SAE/C-ITS
	基于 LTE 的车联网无线通信技术 消息层技术要求	行业标准	CCSA
	合作式智能运输系统车用通信系统 应用层及应用数据交互标准 第一阶段	团体标准	CSAE/C-ITS
	合作式智能运输系统 车用通信系统应用层及应用数据交互标准 第二阶段	团体标准	CSAE/C-ITS
	基于车路协同的高等级自动驾驶数据交互内容	团体标准	CSAE/C-ITS
	基于 LTE 的车联网无线通信技术 消息层测试方法	行业标准	CCSA
安全标准	基于 LTE 的车联网通信 安全技术要求	行业标准	CCSA
	基于 LTE 的车联网无线通信技术 安全证书管理系统技术要求	行业标准	CCSA

续表

标准分类	标准名称	标准等级	标准组织
技术要求规范	基于 LTE 的车联网无线通信技术 支持直连通信的车载终端设备技术要求	行业标准	CCSA
	基于 LTE 的车联网无线通信技术 支持直连通信的车载终端设备测试方法	行业标准	CCSA
	基于 LTE 的车联网无线通信技术 基站设备技术要求	行业标准	CCSA
	基于 LTE 的车联网无线通信技术 基站设备测试方法	行业标准	CCSA
	基于 LTE 的车联网无线通信技术 核心网设备技术要求	行业标准	CCSA
	基于 LTE 的车联网无线通信技术 直连通信系统路侧单元技术要求	团体标准	C-SAE/C-ITS
	基于 LTE-V2X 直连通信的车载信息交互系统技术要求	国家标准	NTCAS
	基于 ISO 智能交通系统框架的 LTE-V2X 技术规范	国际标准/团体标准	ISO/C-ITS
	基于 LTE 的车联网无线通信技术 支持直连通信的路侧设备测试方法	行业标准	CCSA
	基于 LTE 的车联网无线通信技术 支持直连通信的车载终端设备测试方法	行业标准	CCSA
	增强的 V2X 业务应用层交互数据要求	行业标准	CCSA
	基于 LTE 的车联网无线通信技术直接通信路侧系统技术要求	团体标准	CSAE/C-ITS
	基于 LTE 的车联网无线通信技术 应用标识分配及映射	行业标准	CCSA

附录 3

国内外智能网联汽车核心技术与产业发展对比

国家或地区	国家战略	法律法规	标准规范	关键技术	示范应用	产业化
美国	2016—2020年相继发布自动驾驶系统1.0~4.0，逐步放宽智能网联汽车创新和发展限制，持续不断优化政策产业环境、推动市场规范，加强不同部门之间的协作统一，以保持技术和商业化领先优势。2021年发布《自动驾驶综合计划》，聚焦行业发展障碍破除、基础支持体系建设以及生态伙伴协作，加快自动驾驶商业落地的发展趋势愈为明显	自动驾驶立法停留在州一级，联邦层面尚未正式出台合法案。2011年，内华达州通过了美国第一部自动驾驶汽车法律，目前已有40多个州出台了自动驾驶监管法案	2021年发布《自动驾驶汽车安全指南》，详细介绍了企业应如何根据特定攻击活动的相关目标、准确识别自动驾驶车辆风险等。2022年发布《无人驾驶汽车乘客保护标准》，是首个针对无人驾驶车辆的乘客安全保护技术标准	美国在基础软件、核心芯片、激光雷达等方面保持领先优势。2020年将5.895~5.925GHz频段划分给C-V2X，标志着美国放弃DSRC转向C-V2X，制定CARMA计划，促进协同驾驶自动化CDA的研究和开发	为加快网联化，密歇根州建成全球领先的网联式自动驾驶测试场MCity和ACM，发布网联式自动驾驶走廊项目，探索全面部署基础设施后的成熟商业模式。加州持续推动Robotaxi商业化，许可L4级无人驾驶"无限制"商用	美国主机厂和科技公司在智能网联汽车基础软件、核心芯片、激光雷达等方面继续保持领先优势。通用、红帽等公司通过合作并购，建立汽车软件能力护城河。英特尔、英伟达等科技公司在自动驾驶核心零部件上不断形成突破

续表

国家或地区	国家战略	法律法规	标准规范	关键技术	示范应用	产业化
欧洲	2015年ERTRAC发布智能网联汽车技术路线图并持续修正与更新，以加强顶层规划，促进各国协同推进。2018年欧盟委员会发布《通往自动化出行之路：欧盟未来出行战略》，公布自动驾驶推进时间表。2019年Zenzic发布《英国互联与自动驾驶出行路线图》并持续更新，以指导决策者、政策制定者和投资者，加速英国在智能网联汽车方面的生态	2022年，新版欧盟网联汽车通用安全法规修正号更新，建立了L3级及以上车辆的法律框架，8月发布自动化出行。欧盟未来出行战略。2021年英国提出修改《公路法》，德国《"道路交通法"和"强制保险法"修正案-自动驾驶汽车法》正式生效	2017年英国交通部发布《联网与自动驾驶汽车网络安全主要原则》2021年德国政府推出了关于自动驾驶技术的首套伦理道德标准	2019年ERTRAC明确提出基础设施支撑的网联自动驾驶(ISAD)架构，对道路基础设施进行了等级划分CCAD理念，对协同驾驶路侧基础设施建设、智能汽车与智能基建的融合进行了深化拓展	欧洲智能网联汽车发展起源于ITS，并逐步通过车辆化实现车与交通网联化实现车与交通系统的协同发展。在Horizon2020等计划的资金支持下，通过AdaptIVe、C-ITS、PEGASUS、SCOOP、INFRAMIX等项目的实践，在基础设施建设方面积累丰富经验	欧洲L3级自动驾驶车辆开始进入市场，整车企业和汽车电子零部件供应商面向高级别自动驾驶加速转型。梅赛德斯奔驰Drive Pilot成为首个获准在欧洲公共道路上使用的L3级自动驾驶系统。AUTOPILOT、ICT4CART、TransAID、SHOW等科技支撑项目探索实践不断深入，为技术研发应用、商业模式探索奠定良好基础
日本	2016年日本政府制定《官民ITS构想路线图》并持续年度动态修订、优化，调整发展过程中所面临的时间表和投入方向。日本组建自动驾驶研究工作组，自2017年起每年发布一版《日本自动驾驶政策方针》，研究制定日本自动驾驶技术路线图，讨论自动驾驶测试验证方式，推动相关标准协调工作	为了实现L3、L4级别的自动驾驶，日本分别于2020年、2022年对《道路交通法》进行了修订，同时还对《道路运输车辆法》进行了修订	2017年日本警察厅发布《远程自动驾驶系统道路测试许可处理基准》，并于2019年允许无人驾驶道路测试2018年发布《自动驾驶汽车安全技术指南》	从先进安全汽车(ASV)项目到《战略性创新创造项目(SIP)》，都极力推动V2X协同通信等一系列技术的研究日本在相关规划及车型布局、自动驾驶核心零部件方面形成良好布局，激光雷达等自动驾驶核心零部件方面不断突破	2007年完成Smartway东京部分公路试验，2009年完成大规模测试和推广应用。2011年，ITS SPOT System在全国高速公路上安装使用，已经1600个路侧设备安装，城际高速公路安装间隔为10~15千米，城市高速公路约为4千米	日本基于良好的汽车电子产业基础逐步推进自动驾驶，在相关测试验证及车型规划方面形成良好布局。索尼、东芝自动驾驶核心零部件方面不断形成突破。面向2030年，日产、三菱汽车企业绕汽车智能化明晰中远期发展路线图

续表

国家或地区	国家战略	法律法规	标准规范	关键技术	示范应用	产业化
中国	2015年国务院发布《中国制造2025》，将智能网联汽车与新能源汽车、新能源汽车并列作为我国汽车产业未来发展的三大战略方向 2017年工信部等联合发布的《汽车产业中长期发展规划》将智能网联汽车提升至国家战略高度，同年成立"车联网产业发展专项委员会" 2020年国家发改委等11个部委联合出台《智能汽车创新发展战略》，提出六大具体任务	目前我国自动驾驶监管体系还处于初步搭建阶段，出台了道路测试规范、相关规范，在立法进度上与世界基本保持一致 2022年，中国首部智能网联汽车管理法规《深圳经济特区智能网联汽车管理条例》发布	2021年工信部、公安部、交通运输部联合印发《智能网联汽车道路测试与示范应用管理规范（试行）》 2023年工信部和国标委联合印发《国家车联网产业标准体系建设指南（智能网联汽车）》	我国智能网联部分关键技术研发处于全球并跑阶段，技术基础体系和生态建设进一步夯实，激光雷达、车载芯片、信息通信、高精度定位等技术取得瞩目成果，Robotaxi、自动驾驶巴士、末端配送等特定场景下高级别自动驾驶技术各项应用不断创新升级	目前已开放测试道路里程超1.5万千米，Robotaxi、Robobus、AVP、干线物流以及无人配送等多场景示范应用有序开展。在全国17个国家车联网示范区、16个"双智"试点城市，7个网联化上，装备7000多千米道路智能化升级改造，装配路侧网联设备7000余台套	各环节共同发力，初步形成较为完备的智能网联汽车产业链。跨行业融合带动建设产业生态体系。激光雷达、车载芯片、信息通信、高精度定位等产业链关键环节取得产业成果，智能座舱新产品、新应用不断涌现，Robotaxi、自动驾驶巴士、港口、矿山、末端配送、环卫清扫等特定场景下自动驾驶技术各项应用不断创新升级

附录 4

国内外智能交通核心技术与产业发展对比

国家或地区	总体发展情况	第一阶段发展情况	第二阶段发展情况	第三阶段发展情况
美国	• 重视顶层设计的延续性和继承性，滚动式制定智能交通战略规划 • 以自动驾驶技术政策为引领，全面推进多模式车联网综合运输一体化发展 • 以服务全人群、打通全链条为目标，全面推进完整出行服务部署	20世纪70年代末至2000年：大力推进交通信息化系统建设，1989年确定IVHS主要研究开发先进的交通管理系统等。1999年发布了《美国ITS项目五年（1999—2003）计划》，明确了ITS建设目标	2000—2010年：确立ITS系统建设的重要地位，注重系统集成、应用智能化，逐步开启车路协同研究应用。2002年发布《美国ITS项目十年计划》，2009年发布《智能交通系统战略规划：2010—2014》，提出打造一个车辆、道路、乘客便携设备之间相互连接的交通环境	2010年至今：美国ITS全面推向车联网产业，以自动驾驶和车联网技术为契机，跟进通信、传感、人工智能等新兴技术。2020版ITS战略规划从突破到新兴科技全面创新布局，完善基于技术生命周期的发展策略。由DOT主导的美国国家ITS参考架构ARCIT已经演进到9.0版本，考虑了车路云协同自动驾驶

续表

国家或地区	总体发展情况	第一阶段发展情况	第二阶段发展情况	第三阶段发展情况
欧洲	• 由各国单独建设逐步走向欧盟统一规划指导，构建了统一发展框架体系和标准规范 • 强化基础设施互联互通建设，着力打造跨国合作式智能交通系统走廊工程 • 倡导绿色出行与可持续发展理念，不断推广出行即服务新型出行模式	20世纪70年代末至2000年：以交通管控、路线导航、道路收费等信息部署为主，同时大力推动交通之间通信网络的一体化。1988年制定了以道路基础设施的研究为主体的DRIVE计划，1992年成立的CEN/TC278工作组，致力于运输和通信标准化工作	2000—2011年：进一步推动跨国界的交通通信互联互通，加强交通信息服务、管控智能化建设，开展车路协同探索。2001年加大实现车路协同的投资，2008年发布《跨欧交通网络开发指南》，2009年发布车路协同标准制定指令（Mandate453）	2011年至今：强调可持续交通发展，进一步提升交通管控、服务智慧化水平。2011年发布《欧洲智能交通系统发展框架与行动计划》，推动实时交通和行程信息开发利用，推动车路协同等。2014年提出《Mobility as a service》，整合多模式交通资源，为民众提供"门到门"公告交通出行服务
日本	• 编制系统手册和规划，将智能交通作为IT国家战略的重要组成部分，推动智能交通发展 • 以高速公路和枢纽为载体推进高速公路施更新升级，推动基于ETC2.0的高速公路精准调控和推行MaaS出行服务 • 推出MaaS出行试点，打造新型出行模式范例	20世纪50年代至1995年：以道路交通管控等信息系统建设为主，旨在改善交通拥堵和交通安全，逐步由各部门独立建设转变为多部门协同建设。1971年制定了综合车辆交通控制系统的研究计划，1993年提出UTMS计划，全面推进ITS研究	1995—2011年：大力建设基础设施，推进ITS系统交互整合。1996年制定了首个ITS发展战略《关于推进智能交通系统的整体构想》和《日本ITS框架体系》2004年提出智慧道路建设计划，开展AHS和ASV的研发和试验，2007年实现部分地区使用，2010年实现全国性运营，发展十分迅速	2011年至今：注重车路协同技术研究应用，强化自动驾驶技术探索。2011年提出集智驾驶等功能的新一代辅助驾驶车载终端，2013年提出ITS Spot Cooperative-ITS，2015年发布《i-Japan战略》《日本振兴战略纲要》，提供ETC2.0服务
中国	• 关注交通大数据中心建设，促进交通精细化管理和运营服务 • 推动数据共享共性系统集成，建立交通运行指挥调度体系 • 注重交通精细化管理运营，打造未来交通智慧出行体验	20世纪80年代至2005年：由简单的、经验型的交通管理逐渐向引进先进技术的信息化管理转变。北京1998年实施以智能交通为支撑的"科技工程"。上海、广州引进了澳大利亚交通信号自适应控制系统SCATS。深圳建设全国首个城市交通仿真系统	2005—2015年：强调数据融合共享，注重信息服务。推进数据融合共享，推动智能交通信息中心。2003年北京成立交通信息中心。"服务奥运、方便出行、缓解拥堵"为目标建立"一个共享平台"。七个应用领域"智能交通"科技工程。上海世博会实现了道路交通、公共交通、对外交通信息汇集、融合和诱导服务。广州注重智慧交通。深圳明确智慧交通"1+6"架构	2015年至今：进一步强化数据采集、分析、共享，提升管理效率和出行体验。北上广深均建成交通行业大数据中心，实现了交通信息数据在一个平台的汇集、处理、发布、共享。深圳启动福田中心区、侨香路等智慧化提升